東洋文庫
880

徂徠集 序類 2

荻生徂徠 著
澤井啓一 岡本光生
相原耕作 高山大毅 訳注

平凡社

装幀　原　弘

目次

第1巻目次

徂《そ》徠《らい》集《しゅう》 序《じょ》類《るい》 2

荻《おぎ》生《ゆう》徂《そ》徠《らい》 著

澤《さわ》井《い》啓《けい》一《いち》
岡《おか》本《もと》光《みつ》生《お》
相《あい》原《はら》耕《こう》作《さく》
高《たか》山《やま》大《だい》毅《き》 訳注

22　旧事本紀解《くじほんぎかい》の序(1)

（享保四年・一七一九、徂徠集巻八―⑩）

わが東方（日本）(2)は昔から神道を奉じていると言われてきた。古《いにし》えの六経《りくけい》の内容をつつしんで考えるに、「この神道は」虞《ぐ》［舜］・夏・商・周の聖人が「道」としたものと同じであり、わが東方（日本）に限られたものではない。(3)

孔子は、「政治は天にもとづき［天に］ならって命令を降す。土地神（社《しゃ》）にもとづきならって降されたものを「殽地《こうち》」と言い、山川にもとづきならって降されたものを「興作《こうさく》」と言い、五祀から命令を降したものを「制度」と言う」と語っている。(4)そうであるがゆえに、「道」とは先王が制作したものなのである。先王を天とともに祭祀することによって、後の王者は、天道を奉戴《ほうたい》して政治を行い、［天と祖先の神霊である］鬼神の名のもとに爵禄や賞罰を降したのであった。(5)これらは［天と祖先という］「本」を一つにすることである。(6)

そのため孔子は、「郊社《こうしゃ》・禘嘗《ていしょう》の儀礼とその制作意図（義）に通じていれば、国を治めることは手のひらの上の物を見るように簡単だ」と語っている。(7) そもそも六経は広くものごとを扱っているが、天に言及しないことがあるだろうか〔、すべてが天に関わることがらを述べている〕。礼には必ず祭祀が伴い、〔政治や軍事といった〕事業にはみな祭祀が伴い、〔古代の人々は〕畏れおののき、鬼神に罰せられないことをひたすら願っていた。〔そこで〕聖人は神秘な道によって人々を教化しようとしたのである。これは火を見るよりも明らかなことであろう。

〔ところが〕礼楽が廃れて性理《せいり》の学が起こると、「天には心はない」、「鬼神は気であり、祭祀では自分の誠を尽くすだけだ」といった説が現れた。(8) これは「先王は〔鬼神は実在すると語って〕自分たちを欺いたのだが、自分たちはその意図をひそかに見抜いた」と考えているの〔と同じ〕である。知を好んで、学問を好まないあまり、道をそこなうまでに至ってしまった。自分こそが聖人であると考えるがゆえに、このようなことになってしまったのだ。(9)

わたくし茂卿《もけい》は遅れて生まれてきたために、〔残念ながら〕わが東方の道について知ることができなかった。しかし、日本の国のあり方を見ると、〔古代の天皇は〕祖先を天とし、天を祖先としており、祭祀を政治とし、政治を祭祀としていて、神への供物《くもつ》と租税とを区別しなかった。(10) 〔天皇が〕神であるか、人であるか、民は現在に至るまで疑い、現在に至るまで信じている。このため〔天皇は〕長きにわたって君主の地位にあって変わることがなかった。[11]これこそが『礼記』礼運篇で言う］「安全に身を保つもの」と言えよう。[12]これから先に中国で聖人が出現すれば、日本の神道を採用するに違いない。［夏の末裔である］杞《き》と［殷の末裔である］宋［に伝承されていたであろう夏と殷の礼］を検証することはできなかったので、孔子の徒［である儒学者］は周代の礼だけを伝え、［後の］儒学者は先王の道は周代の礼だけであると思うようになった。これは思慮が足りないのである。虞・夏・商はどうして知ることができようか。しかし、聖人でなければ、どうしてこのようなことができようか。

わが東方においてその道を伝承しているのは、卜部《うらべ》氏・斎部《いんべ》氏・吾道《あち》氏である。[13]そして豊《とよ》聡《さと》王子（聖徳太子）の書［である『旧事大成経《くじたいせいきょう》』］こそがもっとも内容が備わっており、琴《きん》鶴丹侯《かくたんこう》（黒田直邦《なおくに》）はその書に対して微に入り細を穿った解説を施したので、[14]その釈義はもっとも詳細である。

［侯は］わたくし茂卿に序文を書くように命じられた。侯は昔、常憲院（徳川綱吉）の治世に仕え、近侍の臣のなかでひとり好学で有名であられたが、わたくしのことを講論の席上で知ってから二十年になる。[15]わたくしは、侯が富貴になっても変わらずに好学であることをよく承知している。しかし、わたくしはいまだに神道がよく分かっていないので、侯が施された注釈に対しては一言もつけ加えることができない。そこで、わたくしが学び知っていることだけを述べ、序文としたのである。

享保四年己亥《きがい》冬十一月、甲斐の国の臣、物部茂卿がつつしんで撰文した。

訳注

（1）本作品の成立は、作品の末尾に「享保四年己亥冬十一月」とあるように、享保四年（一七一九）の十一月であった。『旧事本紀解《くじほんぎかい》』なる書物が黒田直邦《なおくに》の著作であることは確かであるが、同一題名の著作の存在は今のところ確認されていない。おそらく『先代旧事本紀大成経《せんだいくじほんぎたいせいきょう》』——以下、『旧事大成経』と呼ぶ——に関する注釈書であったと思われるが、『旧事大成経』に関する注釈書にも、同名の書籍はない。黒田直邦の経歴については注（14）で述べるが、直邦の『旧事大成経』に関する著作として『鳴鶴鈔《めいかくしょう》』という書籍が残っているものの、現在知られている『鳴鶴鈔』の諸本には徂徠の序文は付されていない。したがって、徂徠がどのような種類の『旧事大成経』に序文を書いたのか、詳しいことは不明とするしかない。

　ところで『旧事大成経』とは別に、そのもととなった『先代旧事本紀』があり、これは中世から近世前期まで『日本書紀』と並んで重視されてきた歴史書で、天地開闢から推古天皇までが扱われているが、なかでも物部氏の伝承には注目すべき記述がある。序文には、聖徳太子や蘇我馬子らが著したとあるが、現在では九世紀から十世紀にかけての間に成立したと考えられている。度会《わたらい》神道や吉田神道で重視され、垂加神道の教義や新井白石の『古史通』にも影響しているが、国学系の多田義俊《ただよしとし》（一六九八〜一七五〇）や本居宣長（一七三〇〜一八〇一）らによって偽書とされ、それに代わって『古事記』が重視されるようになる。一方、『旧事大成経』は延宝七年（一六七九）に江戸の書店で発見され、当時大いに話題となった書物である。しかし、その内容が伊勢神宮別宮・伊雑宮《いざわのみや》で主張されていた、伊雑宮こそが日神を祀《まつ》る神社であり、内宮《ないくう》・外《げ》宮《くう》は星神・月神を祀るものだという説に近かったため、内宮・外宮側がこの書に関する詮議を幕府に求めた。天和元年（一六八一）、幕府は『旧事大成経』を偽書と断定して、版元の戸嶋惣兵衛、神道家の永野《ながの》采女《うねめ》と僧潮音道海《ちょうおんどうかい》、さらに偽作を依頼したとして伊雑宮の神職らを処罰し、その出版・販売が禁止された。しかし、その後も『旧事大成経』はひそかに出まわりつづけた。黒田直邦の注釈書作成は、そうした事実を裏づける例証と言えよう。

（2）日本のことを「我東方」と呼ぶ例は、徂徠以前だと、人見《ひとみ》竹洞《ちくどう》が朱舜水および東皐心越《とうこうしんえつ》に宛てた書簡で使用しているが（「寄朱舜水」、「与東皐師書」）、ともに中国出身の人物に対して日本を語る文脈のなかで用いられたものである。ほかに木下順庵が「御法一貫集序」という武芸書の序文で使用した例があるが、いずれにしてもそれほど多くない。

徂徠では「楽楽堂記」（巻十三）に「睹于我東方之楽」、「跋万尊者詩後」（巻十八）に「在我東方古今無両」という例がある。楽楽堂は本多《ほんだ》忠統《ただむね》が、領国である河内・西代に建てた楽堂であり、忠統は正徳元年（一七一一）に西代に陣屋を構えているから、その頃の作品であろう。また万尊者は、万庵原資《ばんあんげんし》（一六六六〜一七三九）のことで、芙《ふ》蓉軒《ようけん》とも号し、古文辞による華麗な詩風で知られていた。万庵原資の現存する詩集は、すべて彼の死後に出版されているので、それ以前に亡くなっている徂徠がいつ頃「跋万尊者詩後」を書いたのか、詳しいことは分からない。徂徠門下における「我東方」の使用例は、平野金華に「与玄海上人書」（『金華稿刪』巻四）と「送岡仲錫適水藩序」（同・巻五）があるほか、太宰春台に「鬼門弁」（『紫芝園前稿』巻五）、「刻親族正名序」（『紫芝園後稿』巻三）、「和漢帝王年表序」（同・巻五）など、多くの用例がある。人見竹洞などの用例があるものの、全般的には蘐園の人々の間で用いられた語句と言うことができるだろう。

（3）原文の「奉神道」という表現は、きわめて日本的な表現である。もちろん、『易経』観卦・象伝《たんでん》に「観天之神道而四時不忒、聖人以神道設教而天下服矣」とあるから、「天之神道」や「神道」という実体的なものがあるという理解は可能であるが、『朱子語類』（巻七十）に「観天之神道、只是自然運行底道理、四時自然不忒、聖人神道、亦是説他有教人自然観感処（「観天之神道」というのは、その運行がスムーズで秩序だっており、季節の循環に間違いがないことを言うのであり、聖人の神道というのも、その教えがスムーズで秩序だっていることを説いたものである）」というように、比喩的な表現と見るのが一般的である。

それに対して、日本では『日本書紀』用明天皇紀に「天皇信仏法、尊神道」とあり――これは『先代旧事本紀』帝皇本紀・用明天皇にも同じ表現が見える――、「神道」という実体的な何か、祭祀行為、あるいは宗教と呼べるものがあったという理解が定着していることがわかる。こうした日本の「神道」が、中国における聖人の教え、すなわち儒教と同じだという理解は、江戸時代の儒学者には一般的なものであった。いわゆる神儒一致論である。林鵞峰の「碩果林記」（『鵞峰林学士文集』巻三）には「本朝者神国也、神道者王道也、王道者儒道也」と、素朴な一致論が説かれている。

徂徠の場合、『徂徠集』に収録された作品では、「舎利記」（巻十三）に「聖人以神道設教」、「対問」（巻十七）に「亦神道設教、因以勧善懲悪、庸何傷乎」、「答東玄意問」（巻二十八）に「如卜筮、聖人以神道設教、奉天命以行之」、「与悦峯和尚」第四（巻二十九）に「神道設教、有以将之歟」といった用例があるが、すべて『易経』観卦・彖伝の語句に関するものである。また『弁名』道には、「曰大学之道、曰父之道、曰母之道、曰臣之道、曰子之道、曰神道、皆先王之道、以其別言之」と、「先王の道」に対する別な表現として「神道」があることを指摘するだけで、踏み込んだ解釈はされていない。ただ『論語』子罕篇の子欲居九夷章に関する『論語徴』では、「夫配祖於天、以神道設教、刑政爵賞、降自廟社、三代皆爾、是吾邦之道、即夏商古道也、今儒者所伝、独詳周道、遽見其与周殊、而謂非中華聖人之道、亦不深思耳（「配祖於天、以神道設教、刑政爵賞、降自廟社」ということは、三代すべて同じである。わが国の道は夏・商の古道と同じである。現在の儒学者は周の道についてのみ詳しく、周と異なるところがあると、中華の聖人の道ではないと言うが、それは深く考えないからである）」と述べ、古代日本の「神道」が、周代以前の、夏や商の「古道」と同じものだという注目すべき見解が示されている。本作品では、周代の「道」も含まれていて、『論語徴』の議論とやや異なるが、後文で「孔子の徒」が周代の制度のみを伝えたために後代の儒学者に誤解が生じたと述べているので、最終的にはほぼ同じことについて述べていると考えてよいだろう。

（4）『礼記』礼運篇の一節で、「夫政必本於天、殽以降命、命降于社、之謂殽地、降于祖廟、之

謂仁義、降於山川、之謂興作、降於五祀、之謂制度、此聖人所以蔵身之固也（政治は天に基づき、天と交わりならって、命を降すものでなければならない。社から命を降すことを地と交わりならうといい、祖廟から命を降すことを仁義といい、山川から命を降すことを興作といい、中霤《ちゅうりゅう》・門・戸・竈《そう》・行の五祀から命を下ろすことを制度という。このようにして聖人は身をおさめることを強固にした）」とある。徂徠の引用は字句に若干の異同があり、また一部が省略されているが、この一節の意味は、古注の『礼記正義』に従えば、統治者が天の運行に法《のっと》って政治を行い、大地がさまざまな生き物を養うのに法って人々を養い、山川が動植物を生みだすのに法って道具を作り、神の宿る中霤・門・戸・竈・行を定めて住居の制度を作るという意味である。天・地・山川・五祀に「法」ることに力点を置いた解釈となっている。一方、朱子学に拠った新注の『礼記大全』では、天・地・山川・五祀に対して祭祀を行って、天理に基づき、尊卑《そんぴ》を定め、土木工事をし、建築を行う命令を出すと解釈している。

そこで、徂徠がこの一節にどのような解釈を施していたかを考える必要がある。徂徠は『弁名』天命帝鬼神で、「自古聖帝明王、皆法天而治天下、奉天道以行其教（古代から聖帝明王は、みな天に法って天下を治め、天道を奉じて教化した）」と言い、古代の聖王は「天に法」りながら統治を行っていたとしている。この場合の「天に法る」とは、具体的には次のようなことを指している。「蓋祀与戎、国之大事、其它諸大礼、重事也、君子奉天道以行之、建旌旗以象日月、設百官有司象星辰、明等威以象天地（思うに祀と戎とが国家の最大の公事であり、そのほかの諸儀礼はそれに次ぐ重要な公事である。そこで君主は、天道を奉戴して祀・戎などを行い、旗や幟を立てて太陽や月になぞらえ、もろもろの官職を設けて星々になぞらえ、上下を厳しく区別して天と地になぞらえる)」(『論語徴』学而篇・子曰君子不重則不威章)。すなわち、「天に法る」とは、「天」の日月星辰などを象徴するものを用い、その働きをなぞるような祭祀儀礼を行うことを指している。ここから、『礼記』礼運篇の経文の「政必本於天、殽以降命」についても、日月星辰に関する上記のような祭祀儀礼が行われていたことを徂徠は読み取っていたと思われ、より古注に近い解釈をしていたと考えられる。

(5) 徂徠は、三代の天子は天と祖宗をともに祭祀(配祀)して、その命令として、さまざまな政治的行為を行ったと考えていた。儒教の天の祭祀である「郊祀」では、天の「神主」と祖先の「神主」を円形の壇の上に安置して祭祀することが行われており、「郊祀」については、古来からさまざまな議論がなされているが、少なくとも徂徠の「配祀」のイメージは、こうした具体的な儀礼のやり方に基づいていたと考えられる。徂徠は『書経』皐陶謨《こうようぼ》の「天叙天秩」について、『弁名』礼で言及し、「書曰、天秩有礼。是堯舜之制礼、奉天道以行之、所以神其教也、如三代天子、出一政、興一事、亦祀祖宗配之天、而以天与祖宗之命出之、以卜筮行之、古之道為爾(『書経』に「天、有礼を秩す」と言うのは、堯・舜が礼を制定するのに、天道を奉じて行ったことを指す。その教えを神秘化(神)するためである。三代の天子は、一つの政策を命じるにも、一つの事業を行うにも、祖先を天とともに祭祀して、天と祖宗からの命令として、卜筮《ぼくぜい》によって占ったうえで実施した。これこそが古えの道である)」と述べる。

また「社」「山川」「五祀」についても、それらの神々を想定し、その命令とすることによって、統治の神秘化が行われていたと徂徠は考えていたと思われる。「廟社」から「命」を降すことについては、『弁名』中庸和衷が参考になる。そこでは、『書経』湯誥《とうこう》の「上帝降衷於下民」の「降」が、『礼記』礼運篇の当該箇所における「降」と同じ意味であり、「称君子之表正其民而帰之天者、如天叙天秩之天（君子がその民を表正するのに、これらを天に基づける（帰）のは、天叙・天秩と言う場合の天と同じである）」と述べていた。なお「鬼神」について徂徠は、「人鬼」（人の神霊）と「天神」（および地の神である「地示」すなわち地祇）をあわせて称した「名」であり、この「名」は聖人によって制作されたものだと説明する。たとえば、『弁名』天命帝鬼神で、「古人有疑、問諸天与祖考、蓍亀皆伝鬼神之命、是易所以言鬼神也（古代の人々は、はっきりしないことがあれば、天と祖考とに問い、蓍亀《しき》などによって「鬼神」からの命令を伝えてもらった。これが『易経』で「鬼神」と言う理由なのである）」とあり、「天」と「祖考（祖先）」をあわせて「鬼神」と呼んでいる。

（6）『弁名』恭敬荘慎独で、徂徠は「人唯以天為本、以父母為本、先王之道、祭祖考配諸天、是合天与父母而一之、是謂一本（人は天を「本」とし、父母を「本」とする。先王の道では、祖考を祭祀するのに天に配する。これを天と父母をあわせて一つにする、本を一つにすると言うのである）」と言う。観念的に一つだとするのではなく、具体的な祭祀儀礼においてともに祀ることを指すと理解していたことになる。

（7）原文の「明乎郊社之礼、禘嘗之義、治国其如示諸掌乎」は、『中庸』の一節である。「郊《こう》」は天の祭祀、「社《しゃ》」は地の祭祀、「禘《てい》」は春の祭、「嘗《しょう》」は秋の祭を指す。なお、この一節は孔子が武王・周公を賞賛して、「善継人之志、善通人之事」が「孝」であるとし、その具体例として禘嘗などの祭祀を取りあげたという内容であった。徂徠は『中庸解』で、鄭玄《じょうげん》と朱熹の解釈を批判しながら——朱熹注への批判の方が多い——、細かなところでは説明のつかない箇所もあるが、それは子思が孔子の発言を引用したものだからであり、全体としては、古代の儀礼は祖先を天に配したものであるので、その継承的実践が「孝」となるのだと述べている。

（8）原文の「天無心也」については、「天地無心而成化、聖人有心而無為（天地は心無くして化を成し、聖人は心有りて無為なり）」という程頤《ていい》の発言が『朱子語類』などに見える。また「鬼神気也」は、朱熹の『中庸章句』などに引用された張載《ちょうさい》の説、「鬼神者、二気之良能也（鬼神は二気の良能なり）」を指すであろう。さらに「祭則致我誠焉耳」は、『論語集注』八佾《はちいつ》篇の「祭則致我誠焉耳」に引用された范氏《はんし》語、「君子之祭七日戒三日斉、必見所祭者誠之至也、……有其誠則有其神、無其誠則無其神、可不謹乎（君子が祭祀するとき、七日戒して三日斉する。祭祀したときにその神が降りてくるのは誠を尽くしたからである。……誠が尽くされれば神が降りてくるし、誠が尽くされなければ神は降りてこない。だからこそ、謹まなければならないのである）」を指していると思われる。これらに関しては、『弁名』天命帝鬼神でも詳しく述べられているが、徂徠は宋儒が鬼神を本心では信じていないと見ていた。

（9）徂徠は『弁道』で「先王之道、莫不本諸敬天敬鬼神者焉、是無它、主仁故也、後世儒者尚知務窮理、而先王孔子之道壊矣、窮理之弊、天与鬼神、皆不足畏而已、迺傲然独立於天地間也、是後世儒者通病、豈不天上天下唯我独尊乎（先王の道は、天を敬い、鬼神を敬うことに基づいている。これは仁を中心に置いたからである。ところが、後世の儒学者は知を尊び、理を追究することに力を注いだので、先王・孔子の道は廃絶されてしまった。理を極めようとする弊害は、天も鬼神も畏れるに足らないものと見なし、自分だけが天地の間に傲然と立ちはだかるものである。これが後世の儒学者に共通する弊害であり、「天上天下唯我独尊」と釈迦が言ったのと何ら違いがない)」と述べるが、本作品の言うところとほぼ趣旨を同じくしている。

(10) 原文の「天祖祖天」は、『史記』礼書で「配天」について述べた「王者天太祖(王者は太祖を天とす)」を踏まえた表現であろう。注(6)でも指摘したように、徂徠は『弁名』恭敬荘慎独で、古代中国では「祭祖考配諸天(祖考を祭祀するのに天に配する)」と述べていたが、これと同じことが古代日本でも行われていたと考えたのである。また『太平策』において、「唯吾国ノ神道トモ云ベキコトハ、祖考ヲ祭テ天ニ配シ、天ト祖考ヲ一ツニシテ、何事ヲモ鬼神ノ命ヲ以テトリ行フコト、文字伝ハラザル以前ヨリノコトナレドモ、是又唐虞三代ノ古道也」とも述べている。

　また原文後文の「神物」は神への供物、「官物」とは租税のことであるが、『古語拾遺』に「当此之時、帝之与神其際未遠、同殿共床、以此為常。故神物官物、亦未分別矣。宮内立蔵、号曰斎蔵(この時代は、帝と神との間は遠くなく、寝殿を同じくしたり、寝床を共にすることが常の状態であった。そこで神物・官物を明確に分けることをせず、宮殿内に蔵を建てて、斎蔵と呼んでいた)」とある。北畠親房『職原鈔』にも「神物官物無分」とあるほか、神道五部書などにも引かれて、近世の書紀注釈に取り込まれてゆく。もちろん『先代旧事本紀』および

『旧事大成経』天皇本紀にも『古語拾遺』の引用とほぼ同文が見えていて、徂徠の直接的な典拠はたぶんこれであろう。

(11)　この徂徠の一文は、注(3)で触れた『論語』子罕篇の子欲居九夷章に関わっている。この孔子がとどまりたいと言った「九夷」について、東方の九種類の「夷《えびす》」とするのが古注以来の解釈であり、皇侃《おうがん》の義疏では八番目に「倭人」を挙げていた。

伊藤仁斎の『論語古義』では、孔子は日本に来たがったのだとしたうえで、「苟有礼義則夷即華也、無礼義則雖華不免為夷(礼儀があれば、東方にいる夷狄でも「中華」であるし、礼儀がなければ中央の中国であっても「夷狄」であることを免れない)」と、「華夷」の区別は「礼」が実践されているかどうかにあるとし、さらに「吾太祖即位元年、実丁周恵王十七年、到今君臣相伝綿綿不絶、尊之如天、敬之如神、実中国之所不及、夫子之欲去華而居夷、又有由也、今去聖人既二千有余歳、吾日東国人不問有学無学、皆能尊吾夫子之号、而宗吾夫子之道、則豈可不謂聖人之道包乎四海而不棄、又能先知二千歳之後乎哉(わが国の太祖(神武天皇)の即位は周の恵王十七年に当たるが、現在までも君臣の義が連綿と継承されてきて、天皇を天のように、また神のように仰いでいる。これは中国が及ぶところではない。孔子が中華を離れて、夷狄である日本に来たいと願ったのも、理由のあることなのだ。現在は聖人孔子から二千年が過ぎているが、わが東国日本(日東国)の人々が、学問をする者も、そうでない者も、すべてが孔子と孔子の道を尊崇しているのだから、どうして聖人の道が世界全体を包み込んで行われないということが起ころうか。孔子は二千年先のことであってもそうなることがはっきりと分かっていたのである)」と述べている。徂徠は『論語徴』で、この仁斎の意見について、「仁斎乃謂東方有君子国、故曰君子居之、而不容孔子自称君子、以済其諛、……若夫吾邦之美、外此有在、何必付会論語、妄作無稽之言乎(仁斎は、東方君子の国ということから、孔子が君子である自分はそこに居たいと述べたと解釈するが、孔子が自分で君子と称したことになり、その解釈は受け入れられず、ごまかしにすぎない。……わが国の美点は、これ以外にあるから、論語に付会して、荒唐無稽な作り話をする必要はない)」と批判する。

以上のことは吉川幸次郎氏が『中国古典選 論語』(朝日選書一〇〇一、一九九六)のなかで指摘し、つとに知られたことではあるが、徂徠が仁斎を批判するのは、『論語』の文章と結びつけて論じたことに対してであり、「到今君臣相伝綿綿不絶、尊之如天、敬之如神、実中国之所不及」という仁斎の議論についてではなかったことに注意する必要がある。古代日本の天皇による祭政一致的な政治を、仁斎は日本独自のものと見なし、徂徠は周以前の中国にも存在したものと見なす点は異なるにしても、祭政一致的な政治や天皇のあり方については、むしろ徂徠は仁斎と同じような理解であったと言えるし、後文に見られるように、のちのち中国が日本を手本とする可能性を主張する点でも共通しているのである。この点、吉川氏の説明は不充分なので、注意を喚起する意味で記しておく。

(12) 原文の「蔵身之固」は、注(4)で触れた『礼記』礼運篇の語句である。『礼記正義』に引かれた鄭玄の解釈では、「蔵、謂輝光於外、而形体不見、若日月星辰之神(蔵とは、外に向かって光り輝いているので、その姿形を見ることができないさまが、まるで日月星辰の神のようであることを言っている）」とされる。つまり、政治という現象が光り輝くことによって、その本体である王者の姿を隠すから、王者は安全・安泰だという理解である。このことが天皇の祖先が太陽神とされたこととどこまで関わるかは、礼運篇の語句が記紀や『先代旧事本紀』などで用いられた形跡がないので即断しがたいが、そうした連想を徂徠が抱いた可能性をここでは指摘しておく。

（13）ここで徂徠は卜部《うらべ》氏・斎部《いんべ》氏・吾道《あち》氏を挙げるが、『旧事大成経』では、序文の冒頭で、この書物は、聖徳太子が蘇我馬子に命じて、朝廷にある記録と、吾道・物部《もののべ》・斎部・占部《うらべ》・出雲・三輪の六家に家蔵されていた記録を集めて編纂したものだと述べる。また占部（卜部）氏が「宗源神道」を、忌部（斎部）氏が「斎元神道」を、吾道氏が「霊宗神道」をそれぞれ伝承したとも述べている。卜部氏・斎部氏はともかく、吾道氏に関するこうした説明は、記紀はもちろんのこと、『先代旧事本紀』にも見えない。『先代旧事本紀』では、思兼命《おもいかねのみこと》と天表春命《あめのうわはるのみこと》（天上春命とも書く）が「信乃阿智祝部等祖」であるという一文があるが、「吾道」という言葉は使用されていない。本作品の題名に「旧事本紀」とありながらも、実際には『旧事大成経』の注釈書に対するものであることは、これによって明らかであろう。そこで本作品の現代語訳では、原文で「王子豊聡所志」と書かれている書物を『先代旧事本紀』ではなく、『旧事大成経』として解釈した。

忌部（斎部）氏は、記紀では「天岩戸」の段に出てくる天太玉命《あめのふとたまのみこと》の子孫とされ、宮中の祭祀を担当していたが、中臣氏に圧迫されて、権限を失ってゆく。その過程で編纂されたのが斎《いん》部広成《べのひろなり》の『古語拾遺』であった。また卜部（占部）氏は、亀卜を担当した品部で、伊豆・壱岐・対馬の卜部氏が神祇官の官人に任じられていた。このうち伊豆系から吉田神社の祭祀を担当する吉田氏が出た。吾道氏が「阿知使主《あちのおみ》（阿智使主）」と関わることはその名称からも窺われるが、「阿知使主」の系統では渡来系の東漢氏《やまとのあやうじ》がよく知られている。吾道氏と東漢氏との関係ははっきりしない。ただ先に挙げた『先代旧事本紀』の思兼命の記述と関わりがあると思われる信濃・伊那の阿智神社に『吾道宮縁由《あちのみやえんゆう》』という文書があり、それによると、阿智神社の社家は天表春命の末裔だとされているので、別系統ということになる。さらに『吾道宮縁由』では、『旧事大成経』を引いて、孝元天皇五年に天八意命《あめのやごころのみこと》（思兼命）と、その子供の手力雄命《たぢからおのみこと》が科野（信濃）の国に天降り、「吾道宮」を建てて鎮座し、その後手力雄命は戸隠山に遷り、岩窟を作って鎮座したという伝承を挙げている。じつは『吾道宮縁由』は、伊豆・龍沢寺《りゅうたくじ》の東嶺《とうれい》円慈《えんじ》（一七二一〜九二）が『旧事大成経』を信奉して著したとされていて、本作品よりもかなり遅れて成立しているので、吾道氏の来歴に関してはあまり参考にはならないのであるが、それでも「吾道氏」なる氏族が『旧事大成経』と深く関わっていることは確認できる。

(14) 黒田直邦の経歴に関しては、前出（第1巻18）の「下館侯の五十の初度を寿ぐの序」を参照のこと。直邦は儒教を始め、さまざまな分野に関心をもち、その才能を発揮した人物であるが、とくに『旧事大成経』の研究に心血を注ぎ、『鳴鶴鈔』などの注釈を残している。小笠原春夫氏の『国儒論争の研究』（ぺりかん社、一九八八）によれば、偏無為《へんむい》の号で知られる依田《よだ》貞鎮《さだしず》（一六八一〜一七六四、字《あざな》は伊織）から『旧事大成経』について学び、その「神事呪象」

の伝授を受けていた。また徂徠門下では太宰春台と親しく、春台の『弁道書』は直邦が『旧事大成経』に傾倒しすぎていることを諌めるために書かれたものだという。もっとも、春台が顕彰しようとした『古文孝経』を広めることにも直邦は一役買っていて、その交流は必ずしも対立的なものではなかったとのことである。さらに小笠原氏の指摘によると、依田貞鎮の墓碑には、享保十三年（一七二八）に将軍吉宗の腹心の大島古心《おおしまこしん》から『旧事大成経』中の一篇である「未来本紀」について諮問を受けたという記述が見える。享保十三年は徂徠が亡くなった年であるから、そのことは本作品とは直接関わりはないにしても、大島古心は『政談』や『太平策』の成立とも関わりのある人物なので、徂徠周辺の出来事として興味深い。一方、黒田直邦は、この時期に寺社奉行を務めており、幕府の宗教政策に深く関与していた。一度は禁止となっていた『旧事大成経』が再び注目を集めるようになった背景には、幕府の宗教政策と結びついた何らかの動きがあったように思われる。

　以上のことを勘案すると、本作品は、徂徠の「神道」観を示す資料としてよく用いられるが、その扱いには注意が必要である。一般に書物への「序」は、その対象となる書物と密接な関わりをもち、多くの場合、その書物を賞賛する内容となる。しかし、本作品では、直邦が信奉する『旧事大成経』の「神道」の内容には深入りせずに、古代中国の祭祀と日本の神道とが同じものであるという見解を述べるにとどまっていて、ここに『旧事大成経』および黒田直邦に対する徂徠の姿勢を見てとることができよう。本作品で展開された古代中国の祭祀と日本の神道との一致という理解が徂徠の「自説」であるとはたして断定してよいかという問題を含めて、徂徠の「神道」観に関しては、あくまでも『旧事大成経』で述べられていた内容との対比のなかで理解されるべきであろう。

(15) 原文に「細席之上者二十年」とあるが、『荀子』大略篇の「臨患難而不忘細席之言(患難に臨みて細席の言を忘れず)」の楊倞《ようりよう》注に「或曰、細席、講論之席(ある説では、細席とは講論の席のことだ)」とある。また本作品が書かれた享保四年(一七一九)の二十年前は元禄十二年(一六九九)となる。この二十という数字は概数であろうが、徂徠が柳沢家に仕えた元禄九年(一六九六)頃から、綱吉は江戸城で『易経』の講釈をしたり、柳沢邸を訪れたりしている。柳沢邸に「御成《おなり》」の際、徂徠は柳沢家に仕えていた他の学者とともに綱吉の前で議論をした。黒田直邦は十四歳のとき、綱吉の子であり、世継ぎであった徳松の「傅《ふ》(守役)」になったが、天和三年(一六八三)に徳松が亡くなった翌年に綱吉の小姓として仕えている。それ以降、綱吉「御成」の際に随行して講説に同席したことが、直邦の『暇之記《いとまのき》』に見える。こうしたことから、徂徠は元禄十二年前後の講説の席で直邦と知りあったのであろう。『暇之記』については、酒入陽子「下館藩主黒田直邦の暇——正徳三年「暇之記」に見える黒田直邦」(『小山工業高等専門学校研究紀要』第四二号、二〇一〇)を参照のこと。

原文

旧事本紀解序

蓋我□東方。世世奉神道云。恭稽古昔。六経所載。虞夏商周聖人所為道。豈翅我已哉。仲尼曰。

政必本諸天。殽以降命。命降于社。之謂殽地。降于山川。之謂興作。降于五祀。之謂制度。是故道也者。先王所為道也。祀先王。配諸天。後王迺奉天道以行之。爵禄刑賞。降于鬼神。所以一其本也。故仲尼又曰。明乎郊社之礼。禘嘗之義。治国其如示諸掌乎。夫六経雖博。何称非天。礼必有祭。事皆有祭。惴惴栗栗。唯恐獲罪于鬼神也。聖人以神道設教。豈不較然著明乎哉。迨乎礼楽廃。而性理興焉。曰天無心也。曰鬼神気也。祭則致我誠焉耳。是其意謂先王我欺也。而我覘其心。夫好知而不好学。以至於賊夫道。人之自聖。一至于斯乎。不佞茂卿。生也晩。未聞我□東方之道焉。雖然。窃観諸其為邦也。天祖祖天。政祭祭政。神物之与官物也無別。神乎人乎。民至於今疑之。而民至於今信之。是以王百世而未易。所謂蔵身之固者。非邪。後世有聖人興于中国。則必取諸斯已。杞宋弗徴。孔氏之徒。独伝周礼。而儒者迺謂先王之道是而已矣。亦不深思也。虞夏与商。我何知之。雖然。非聖人其孰能与于斯乎。我□東方之伝其道者。卜部氏。斎部氏。吾道氏。而王子豊聡所志。莫備焉。琴鶴丹侯。取其書解之。剖蚕糸。析牛毛。其所以言其義者。亦莫詳焉。俾茂卿叙之。侯昔者仕□憲廟之世。侍従臣独以好学著称。則知茂卿於細席之上者二十年。亦深知其不以富貴易所好也。乃茂卿之未聞其道也。故不能賛一辞于其所為解。而唯言我所嘗学知者。是足以叙已。享保四年己亥冬十一月。甲斐国臣物部茂卿拝手撰。

書き下し

旧事本紀解《くじほんぎかい》の序《じょ》

蓋《けだ》し我《わ》が□東方《とうほう》は世世《よよ》神道《しんとう》を奉《ほう》ずると云《い》えり。恭《うやうや》しく古昔《こせき》の六経《りくけい》の載《の》する所《ところ》を稽《かんが》うるに、虞《ぐ》・

夏《か》・商《しょう》・周《しゅう》の聖人《せいじん》の道《みち》と為《な》す所《ところ》、豈《あ》に翅《た》だ我《われ》のみならんや。

仲尼《ちゅうじい》曰わく、政《まつりごと》は必《かなら》ずこれを天《てん》に本《もと》づき、殽《なら》いて以《もっ》て命《めい》を降《くだ》す。命《めい》は社《しゃ》より降《くだ》る。これを地《ち》に殽《なら》うと謂《い》う。山川《さんせん》より降《くだ》る。これを興作《こうさく》と謂《い》う。五祀《ごし》より降《くだ》る。これを制度《せいど》と謂《い》う、と。この故《ゆえ》に道《みち》なる者《もの》は先王《せんのう》の道《みち》と為《な》す所《ところ》なり。先王《せんのう》を祀《まつ》りてこれを天《てん》に配《はい》し、後王《こうおう》は迺《すなわ》ち天道《てんどう》を奉《ほう》じて以《もっ》てこれを行《おこな》い、爵禄刑賞《しゃくろくけいしょう》は鬼神《きしん》より降《くだ》る。その本《もと》を一《いっ》にする所以《ゆえん》なり。

故《ゆえ》に仲尼《ちゅうじ》また曰《い》わく、郊社《こうしゃ》の礼《れい》、禘嘗《ていしょう》の義《ぎ》に明《あき》らかなれば、国《くに》を治《おさ》むること、それ諸《これ》を掌《たなごころ》に示《み》るが如《ごと》きか、と。それ六経《りくけい》は博《ひろ》きと雖《いえ》ども、何《いず》れか称《しょう》するに天《てん》に非《あら》ざらん。礼《れい》に必《かなら》ず祭有《まつりあ》り、事《こと》に皆《み》な祭有《まつりあ》り。惴惴栗栗《ずいずいりつりつ》、唯《た》だ罪《つみ》を鬼神《きしん》に獲《う》ることを恐《おそ》るるなり。聖人《せいじん》は神道《しんとう》を以《もっ》て教《おし》えを設《もう》く。豈《あ》に較然《こうぜん》として著明《ちょめい》ならざらんや。

礼楽廃《れいがくはい》されて、性理《せいり》興《おこ》るに迨《およ》びて、天《てん》は心無《こころな》きなりと曰《い》い、鬼神《きしん》は気《き》なり、祭《まつ》れば則《すなわ》ち我《わ》が誠《まこと》を致《いた》すのみと曰《い》う。これその意《い》に謂《おも》えらく、先王《せんのう》、我《われ》を欺《あざむ》くなり、と。而《しか》れども我《われ》、その心《こころ》を覘《うかが》えば、それ知《ち》を好《この》みて学《がく》を好《この》まず、以《もっ》てかの道《みち》を賊《そこな》うに至《いた》る。人《ひと》の自《みずか》らを聖《せい》とすること、一《いっ》に斯《ここ》に至《いた》るか。

不佞《ふねい》、茂卿《もけい》、生《うま》るるや晩《おそ》く、未《いま》だ我《わ》が□東方《とうほう》の道《みち》を聞《き》かず。然《しか》りと雖《いえ》ども窃《ひそ》かにこれをその邦《くに》を為《おさ》むるに観《み》るに、祖《そ》を天《てん》とし、天《てん》を祖《そ》とし、祭《まつり》を政《まつりごと》とし、政《まつりごと》を祭《まつり》とし、神物《しんもつ》と官物《かんもつ》との別《べつ》無《な》し。神《かみ》か人《ひと》か、民《たみ》、今《いま》に至《いた》るまでこれを疑《うたが》い、而《しか》して民《たみ》、今《いま》に至《いた》るまでこれを信《しん》ず。ここを以《もっ》て百世《ひゃくせい》に王《おう》たりて、未《いま》だ易《か》わらず。所謂《いわゆる》身《み》を蔵《かく》することの固《こ》なる者《もの》に非《あら》ずや。後世《こうせい》、聖人《せいじん》の中国《ちゅうごく》に興《おこ》ること有《あ》れば、則《すなわ》ち必《かなら》ずこれを斯《ここ》に取《と》らん。杞《き》・宋徴《そうちょう》せざれば、孔氏《こうし》の徒《と》、独《ひと》り周礼《しゅらい》を伝《つた》えて、儒者《じゆしや》は酒《すなわ》ち謂《おも》えらく、先王《せんのう》の道《みち》はこれのみ、と。また深《ふか》く思《おも》わざるなり。虞《ぐ》・夏《か》と商《しよう》とは我《われ》何《なん》ぞこれを知《し》らんや。然《しか》りと雖《いえ》ども聖人《せいじん》に非《あら》ざれば、それ孰《たれ》か能《よ》く斯《ここ》に与《あずか》らん。

我《わ》が□東方《とうほう》の、その道《みち》を伝《つた》うる者《もの》、卜部氏《うらべし》、斎部氏《いんべし》、吾道氏《あちし》なり。而《しか》して王子《おうじ》豊聡《とよさと》の志《しる》す所《ところ》、焉《これ》より備《そな》うるは莫《な》し。琴鶴丹侯《きんかくたんこう》、その書《しよ》を取《と》りてこれを解《かい》し、蚕糸《さんし》を剖《さ》き、牛毛《ぎゆうもう》を析《さ》き、それその義《ぎ》を言《い》う所以《ゆえん》の者《もの》、また焉《これ》より詳《つまび》らかなるは莫《な》し。

茂卿《もけい》をしてこれを叙《じよ》せしむ。侯《こう》、昔者《むかし》□憲廟《けんびよう》の世《よ》に仕《つか》え、侍従《じじゆう》の臣《しん》に独《ひと》り好学《こうがく》を以《もつ》て著《あきら》かに称《しよう》せらるれば、則《すなわ》ち茂卿《もけい》を細席《さいせき》の上《うえ》に知《し》ること二十年《にじゆうねん》なり。また深《ふか》くその富貴《ふうき》を以《もつ》て好《この》む所《ところ》を易《か》えざるを知《し》るなり。乃《すなわ》ち茂卿《もけい》、未《いま》だその道《みち》を聞《き》かざるなり。故《ゆえ》に一辞《いちじ》をその解《かい》を為《な》す所《ところ》に賛《さん》すること能《あた》わず。而《しか》して唯《た》だ我《わ》が嘗《かつ》て学《まな》び知《し》る所《ところ》の者《もの》を言《い》いて、これ以《もつ》て叙《じよ》するに足《た》るのみ。

享保四年己亥《きようほうよねんきがい》、冬十一月《ふゆじゆういちがつ》、甲斐《かい》の国《くに》の臣《しん》、物部茂卿《もののべもけい》、拝手《はいしゆ》して撰《せん》す。

23　帰《き》鞍吟草《あんぎんそう》の叙(1)

（享保五年・一七二〇、徂徠集巻八―⑧）

鎮西《ちんぜい》（九州）の中君《しんくん》（神屋《かみや》立軒《りっけん》）(2)に「帰鞍吟草」という作品がある。その友人の竹春庵《ちくしゅんあん》（竹田《たけだ》春庵）(3)が遠くから手紙をよこし、わたくしの言葉を求めてきた。

貝先生《ばいせんせい》（貝原益軒）(4)以来、筑前では詩書について詳しく論ずる者が多くいるが、そのなかでも中君がもっとも学識が広いとされているという。もっとも中君は文武両立を自負していて、経学《けいがく》の徒として知られることを望んでいないそうであるが、多くの書籍を渉猟して古《いにし》えを熟知しており、また老荘や禅にも造詣が深く、[文章の]正攻法も奇抜な方法も自由自在であって、本当にその才能は測りしれない。

もしも、わたくしやその仲間と突然に広陵《こうりょう》（広島）(5)の船上で会ったならば、酒を酌《く》み交わし、法子《ほっす》を振るいながら、広大で雄々しい思いを述べ、[安芸《あき》の]大海を眺めて心楽しく論議し、[海の]怒濤と呼応しながらお互いを競ったならば、弇州《えんしゅう》（王世貞）と於大夫《おたいふ》との出会いにも劣りはしないだろう。(6) だが、こちらは出かけることができず、あちらもまた来ることができないからには、匏《ほう》［という星］が［瓜《か》という星とは］別の天空に繋《か》かっているようなものである。(7) 今はただ、この作品から申君の容貌を想像するだけで、恨みはまことに尽きない。

申君は詩によって［後世に］名を残そうとしたわけでもなく、また詩が申君のことをすべて尽くしているのでもない。しかし、わたくしは申君のことを詩において知るだけであり、申君が詩によって名を残すこともまた「命《めい》」と言うしかないのである。

だが、頼みとするところは、今まさに筑前侯（黒田継高《つぐたか》）が新たに継嗣《けいし》され、(8) 陋習を一新する政治改革が行われ、いままで疎《うと》んじられていた人々が新たに登用されようとしていることにある。さすれば、申君が詩によって名を残すことはなくなるだろう。やはり詩は申君のことを尽くすものではないのである。

訳注

（1）　早稲田大学図書館蔵『帰鞍吟草』（享保七年・一七二二、阿州徳島通町書林中村忠兵衛板）には、『徂徠集』所収のものと同文の「帰鞍吟草跋」が載せられているが、その日付は「享保庚子《こうし》夏四月」となっている。ここから本作品の成立時期が享保五年（一七二〇）四月であったことが確認できる。平石直昭氏は、『荻生徂徠年譜考』（平凡社、一九八四）のなかで、本文で触れている黒田継高の継嗣時期から本作品の成立を享保四年冬ないし享保五年春と推定していたが、それよりもやや遅れた享保五年夏のことであった。なお、出版に際して、題名の「叙」が「跋」に変わった経緯についてはよく分からない。

（2）神屋立軒（一六六四〜一七三〇）、名は亨、字《あざな》は原明、別号に松堂などがある。貝原存斎《そんさい》（一六二二〜九六）・益軒（一六三〇〜一七一四）兄弟に師事し、福岡藩儒となる。正徳の朝鮮通信使においては藩の接待役に従事した。著作に『帰鞍吟草』のほかに『西海勝覧』『宗像春秋』がある。『帰鞍吟草』は、神屋立軒が宝永元年（一七〇四）十月に江戸を発って福岡に帰るまでの間に作った詩文を集めたものであるが、前述の早稲田大学図書館蔵『帰鞍吟草』には「宝永丙戌季冬十日」（宝永三年、一七〇六）という日付をもつ貝原損軒（益軒）の「書帰鞍吟草後」が載せられていることから、すでにこの頃には出版が計画されていたと考えられる。なお、『帰鞍吟草』には、徂徠・益軒以外にも、「正徳乙未五年」の日付がある釈大潮《しゃくだいちょう》の「帰鞍吟草序」と「享保戊戌（三年）」の日付がある三宅観瀾《かんらん》の「題帰鞍吟草」が載せられている。

本作品の初めの箇所で、神屋立軒に関する叙述で使用された原文「弁博」は、『徂徠先生文集解』では、応劭《おうしょう》『風俗通義』正失第二「淮南王安、天資弁博、善為文辞」を挙げている。「弁博」の使用例は多くあるが、とりあえず内容とよく合致していると思われるので、注記しておく。また原文「馳騁百氏」の「百氏」は、『徂徠先生文集解』では『漢書』叙伝「総百氏、賛篇章」を挙げるが、『宋書』袁粲伝や『芸文類聚』序文などに見える「九流百氏」を意識しているかもしれない。ここで使用されている原文の「馳騁」「凌厲」「千古」は、いずれも典拠がありそうなのだが、使用例が多くて、どれか一つに確定することは難しい。本作品が書かれた時期になると、徂徠の古文辞的な技巧が上達し、典拠がすぐに分からないように工夫されているということであろう。

（3）　竹田春庵（一六六一〜一七四五）、名は定直、字は子敬。京都出身であったが、神屋立軒と同じく貝原益軒に師事し、益軒の推薦で福岡藩儒となる。たびたび朝鮮通信使の接待役を務めた。著書は『自娯集』や『孝経釈義便蒙』などそれほど多くないが、益軒を助けて校正や浄書などに活躍したことで知られている。竹田春庵が徂徠と面識をもつのは、平石直昭氏の考証によれば、享保元年（一七一六）末頃からである。春庵は『帰鞍吟草』の出版を実質的に進めた人物と考えられ、徂徠の序文はもちろんのこと、釈大潮や三宅観瀾の序文なども、この春庵の働きによって入手されたと推測されるが、なかでも釈大潮との交流は重要な役割を果たしたと思われる。

釈大潮は、前出（第1巻19）の「魯子の海西に帰るを送るの序」で紹介しておいたが、正徳二年（一七一二）に江戸に来て蘐園との交流が始まり、享保二年（一七一七）に長崎に帰っている。釈大潮に関しては、享保元年頃に春庵が書いたと推測される「復月成書」（『春庵文稿』巻八）には、釈大潮が仏教だけでなく中国の書籍にも造詣が深いことや中国語と詩文に巧みなことが書かれているが、その釈大潮と前年の秋頃に知りあったこと、さらに釈大潮が観瀾と徂徠と親しいことなどが書かれている。もっとも「復月成書」には、江戸の大家として、かれら以外に「九巣」（室鳩巣）・「林祭酒」（林鳳岡）・「新井先生」（新井白石）・佐藤直方などの名前も見えていて、春庵がいろいろと情報を得ていたことが分かる。そうしたなかで本書の序跋の書き手として観瀾と徂徠が選ばれた理由としては、やはり釈大潮の交遊関係が大きく関わっていたと考えて間違いはないだろう。

（4）　貝原益軒の経歴について注記は不要であろうが、徂徠と益軒との関係に関しては、平石直昭氏の考証が注目される。それによると、益軒の『大和律』二巻を春庵から徂徠が借りていたらしく、時期は不明であるものの、本作品が書かれた享保五年（一七二〇）から数年後に当たる時期にそれを返却していることが、春庵の「復徂徠書」（『春庵遺文』巻十）に見えるということである。享保七年（一七二二）頃に、徂徠を中心に「明律」研究が進められていたから――『明律国字解』として出版されるのは翌年の享保八年である――、あるいはそれに関わって益軒の著作も参考にしたのかもしれない。

（5）　ここでなぜ「広陵」の名が出てくるのかはよく分からない。『帰鞍吟草』でとくに広陵の景勝が詠まれていたわけではない。後文に見える王世貞と於大夫との話が「武陵」においてであったことから、それに類似した「広陵」の名が連想されたとも、前出（第1巻9）の「広陵問槎録の序」に見えるように「広陵」がとりわけ詩にふさわしい場所だと徂徠が考えていたためとも推測されるが、いずれも確証はない。「広陵問槎録の序」でもそうであったが、波濤の描写では枚乗《ばいじょう》の「七発」が援用され、そこで「広陵」が出てくるのは確かであるが、それだけが理由であったかと言えば、そう断定するだけの根拠はない。

なお原文の「猝然相遇」は、「卒然相遇」であれば、『呂氏春秋』忠廉篇や蘇軾《そしょく》の留侯論（『東坡外制集』巻九）などの用例があり、また「命觴」は、謝恵連「秋懐」に使用例が見られる。そのほか「対塁」「称快」「高談」も用例は多いが、それぞれ『晋書』宣帝紀「与之対塁、百余日」、同・楊駿伝「六軍大叫称快」、同・殷浩伝「高談荘老説」を襲うという『徂徠先生文集解』の指摘を注記しておく。もちろん、これらの語句の使用例は非常に多いので確定的ではない。

（6）　王世貞（一五二六〜九〇）が於大夫（於《お》信夫《しんぷ》）なる人物に会い、詩の応酬や歓談を楽しんだということは、『弇州山人四部稿』巻三十二所収の七言古体詩の詩序に「癸酉冬、余遷嶺右、阻大風江上、武陵夢玄子於信夫軽舟過訪、劇談二宿而別、甲戌冬、余領襄漢節甫之鎮、而信夫書至矣、余且将有太和之登、信夫能修江上故事、躡屩従我乎歌以招之、且紀旧事」という文章があり、また巻五十二の七言絶句の詩題にも「送於信夫還武陵」という一文がある。癸酉は万暦元年（一五七三）、甲戌はその翌年に当たる。さらに巻六十四には「於大夫集序」があり、以前に序文を依頼されていた於大夫が嵐をものともせずに訪問してきたということや世貞のことを呉明卿《ごめいけい》（国倫《こくりん》）から知ったということなどが書かれており、両者が面会した年代は巻三十二の詩序と同じである。

なお、於信夫は、名を文徴といい、信夫は字である。武陵の人で、嘉靖十九年（一五四〇）に挙人となったことが『湖南通士山』に見え、同一人物だろうというのが楊文信氏の推定である（楊文信「批評・紹介　鄭利華『王世貞年譜』」、『東洋史研究』第五五巻三号、一九九六）。

（7）『論語』陽貨篇「吾豈匏瓜也哉、焉能繫而不食」を踏まえた表現である。朱熹に従えば、この孔子の発言は、「わたしは苦瓜ではない。あのようにひとところにぶら下がって、何も食べずにいることはできない」という意味になり、それを批判した仁斎も、「わたしは苦瓜ではない。人に食べられないで、あのようにぶら下がっていることはできない」と、二つの章句を結びつけて解釈している。ところが徂徠は、二つの章句を分けたうえで、匏と瓜は星の名前であり、それにちなんだ諺があって、それを孔子が引用したと理解する。ここではそれに従って翻訳をした。以下、少し長いが、『論語徴』の当該箇所を引用しておく。ただし、徂徠の解釈は全体として意味が分かりにくい。

吾豈匏瓜也哉。古来以為苦匏。焦弱侯独以為星名。得之。広雅曰。匏瓠也。匏即壺蘆。豈分苦。詩匏有苦葉。其葉苦已。豈足以為苦匏之証乎。且所謂繫者。如日月星辰繫焉之繫。豈為星名則得。以為苦匏則不得也。且以苦匏為喩。鄙俚之甚。以星為喩。如維南有箕。不可以簸揚。維北有斗。不可以挹酒漿、三代以上。亡論士大夫。雖閭巷児女輩。能識星緯。故時有是諺。而孔子引之。豈不然乎。石氏星経。史記。隋書。或曰瓜瓠。或曰瓠瓜。或曰匏瓜。星近須女。須女賤女象。掌果蓏蔬菜事。凡星皆以類相從。匏瓜乃匏与瓜。亦為蔬蓏総名。以命之已。蓋在古言。匏瓜当為二物。以為苦匏。則為一物。是後世之言耳。故知焦説為是。

「吾豈匏瓜也哉」について。[「匏瓜」は]古くから「苦瓜《にがうり》」と解釈されてきたが、焦竑《しょうこう》だけは星の名前とする（『焦氏筆乗』巻一）。『広雅』には「匏は瓠である」とある。匏は壺盧《ゆうがお》のことであるから、苦い、甘いがあるはずがない。『詩経』（邶風）に「匏有苦葉」とあるのは、葉が苦いことを言ったのである。これを証拠に苦瓜と解釈することはできない。そのうえ「繫」という語は「『中庸』の」「日月星辰繫焉」のように「天空に」繫かるという意味である。それゆえ、星の名前とすれば通りはよいが、苦瓜では意味が通じない。さらに苦瓜を比喩とするのは、なんとも卑俗な解釈ではないか。星の名前を比喩として用いることは、「『詩経』小雅・大東に」「維南有箕、不可以簸揚、維北有斗、不可以挹酒漿」の例がある。三代以前は、士大夫は言うまでもなく、巷の女子供までも星について知っていたから、当時の諺としてこのような言葉があり、孔子がそれを引用したことは明らかである。『石氏星経』『史記』『隋書』を見ると、「瓜瓠」とか「瓠瓜」、あるいは「匏瓜」と記されている。その星は「須女」のようであり、「須女」とは「はした女」であるが、果物や野菜などのことを管理していた。星の名前はその似たところからつけられているから、「匏瓜」は「匏」と「瓜」であるが、蔬菜《そさい》などをひっくるめて呼ぶときの名称で、その形状から命名されたのである。このように「古言」では「匏瓜」は二つのものであるのに、苦瓜と解釈すると一つのものでしかなくなる。ここからも焦竑の説が正しいことが分かるはずだ。

焉能繫而不食。何晏曰。吾自食物。当東西南北。不得如不食之物繫滞一処。得之。朱子曰。匏瓜繫於一処而不能飲食。果其言之是乎。則孔子之往。為餔啜也。仁斎先生曰。夫子昔者所言。即君子守身之定法。篤信者或能焉。然未尽仁也。夫聖人之視天下。猶己之身。視其疾苦。猶己之遭焚溺。苟有善意以嚮之。則豈拒其召也哉。若拒而不答。則是善自我絶。而幾乎棄絶天下矣。可謂仁哉。夫人生斯世。当為斯世之用。若生斯世而無資於斯世。則曽草木之不若。豈足為学乎。故曰吾豈匏瓜也哉。而門人於弗擾仏肸二章。皆記其欲往。而不記其卒不往者。蓋示人以夫子仁天下之心。而其不往者不暇論焉。有味乎其言之。

「焉能繫而不食」について。何晏《かあん》は、「わたしはものを食べ、あちこち動き回っている。［匏瓜のように］何も食べずにひとところにぶら下がっていられようか」と解釈しているが、これが正しい。朱子は「匏瓜は、［苦いがゆえに］ひとところにぶら下がって、人に食べられずにいる」と解釈するが、正しい理解ではない。孔子が［仏肸《ひっきつ》のもとに］出かけるのは、『孟子』離婁上篇に見える「餔餟《ほてい》」、すなわち生きるがためである。仁斎先生は、「孔子が昔に言われたことではあるが、君子の身を守るための定法である。篤く信ずる者には可能であろう。しかし仁を尽くすものではない。聖人は、天下を自分の身体のように見なし、天下の苦しみを自分が災難に出会ったかのように見る。善意をもって何事にも向かうのであれば、仏肸の招きであろうとも拒む理由はない。もしも拒んだとしたら、善を自分から断つことになり、天下を見捨てるに近い。これを仁と言うことはできない。人間は、この時代に生まれたのであれば、この時代に役立つことをしなければならない。この時代に生まれながらも、この時代の助けとならないのであれば、草木にも劣ることになる。学問をすると言えようか。だから、孔子は「わたしはぶら下がった匏瓜ではない」と言ったのである。さらには門人が、弗擾《ふつじょう》・仏肸の二章で、孔子が出かけようとしたことを記録して、最終的には出かけなかったことを書かなかったのは、孔子に天下への仁なる心があることを人々に示そうとして、出かけなかったことはわざわざ触れる必要がなかったからである」と述べている。なんとも味わいのある言葉ではないか。

（8）黒田継高（一七〇三〜七五）の継嗣は、享保四年（一七一九）十一月のことである。継高は、支藩の直方《のおがた》藩主黒田長清《ながきよ》の長男として誕生し、正徳四年（一七一四）に宗家であり、従兄に当たる福岡藩主黒田宣政《のぶまさ》の養嗣子となる。享保四年に藩主となり、吉田栄年《まさとし》を用いて藩政改革を進めた。とくに享保十七年（一七三二）に起きた大飢饉では窮民対策に力を注ぎ、それによって名君として賞賛された。ただし、竹田春庵や神屋立軒らが重用されたという記録は残っていない。

原文

帰鞍吟草叙

鎮西申君。有帰鞍吟草之作。其友人竹春菴。千里寄示。謁予一言。夫筑。自貝先生而後。尠不称説詩書者。而申君最弁博哉。蓋其人文武自負。不欲以経生自見。馳騁百氏。凌厲千古。出玄入禅。奇正雲湧。其才洵不可測也已。叚使与吾曹猝然相遇広陵船中。命觴飛籌。拄麈対塁。宏思豪懐。瞰大海以称快高談劇論。応怒濤而争雄。則弇州之於於大夫不啻也。然此莫得往。彼不能来。匏繫各天。徒想其眉宇此編焉耳。可不恨恨哉。夫申君豈欲以詩伝。而詩尽申君乎。然予識申君於此。而申君独以此伝。可謂命矣。所頼者。方今筑矦新立。綱紀悉張。耆旧遺耉。行将試用。則申君何必以詩伝哉。詩果不尽申君也。

書き下し

帰鞍吟草《きあんぎんそう》の叙《じょ》

鎮西《ちんぜい》の申君《しんくん》、帰鞍吟草《きあんぎんそう》の作有《さくあ》り。その友人《ゆうじん》、竹春菴《ちくしゅんあん》、千里《せんり》、示《じ》を寄《よ》せ、予《よ》が一言《いちごん》を謁《もと》む。

それ筑《ちく》は、貝先生《ばいせんせい》よりして後《のち》、詩書《ししょ》を称説《しょうぜつ》せざる者尠《ものすくな》きも、申君《しんくん》は最《もっと》も弁博《べんはく》なり。蓋《けだ》しその人《ひと》、文武《ぶんぶ》もて自負《じふ》し、経生《けいせい》を以《もっ》て自《みずか》ら見《あらわ》すを欲《ほっ》せず。百氏《ひゃくし》を馳騁《ちてい》して、千古《せんこ》を凌厲《りょうらい》し、玄《げん》を出《い》でて禅《ぜん》に入《い》り、奇正雲湧《きせいうんゆう》、その才洵《さいまこと》に測《はか》るべからざるなり。叚使《も》し吾曹《ごそう》と猝然《そつぜん》として広陵《こうりょう》の舶中《はくちゅう》に相遇《そうぐう》すれば、觴《しょう》を命《めい》じて籌《ちゅう》を飛《と》ばし、麈《しゅ》を拄《ささ》えて塁《るい》を対《たい》し、宏思豪懐《こうしごうかい》、大海《たいかい》を瞰《なが》めて以《もっ》て快《かい》と称《しょう》し、高談劇論《こうだんげきろん》して、怒濤《どとう》に応《おう》じて雄《ゆう》を争《あら》えば、則《すなわ》ち弇州《えんしゅう》の於大夫《おたいふ》におけるも啻《ただ》ならざるなり。然《しか》れども此《これ》は往《ゆ》くを得《う》ること莫《な》く、彼《かれ》は来《きた》る能《あた》わざれば、匏《ほう》、各《おのおの》の天《てん》に繫《かか》り、徒《た》だその眉宇《びう》をこの編《へん》に想《おも》うのみ。恨恨《こんこん》せざるべけんや。

それ申君《しんくん》、豈《あ》に詩《し》を以《もっ》て伝《つた》うるを欲《ほっ》せんや。而《しか》して詩《し》は申君《しんくん》を尽《つく》さんや。然《しか》れども、予《よ》は申君《しんくん》を此《ここ》に識《し》れば、申君独《しんくんひと》り此《ここ》を以《もっ》て伝《つた》うるも、命《めい》と謂《い》いつべし。

頼《たよ》る所《ところ》の者《もの》は、方今《ほうこん》、筑侯新《ちくこうあら》たに立《た》ちて、綱紀悉《こうきことごと》く張《は》り、耆旧遺耉《ききゅういこう》、行《ゆくゆ》く将《まさ》に試用《しよう》されんとす。則《すなわ》ち申君何《しんくんなん》ぞ必《かなら》ずしも詩《し》の伝《つた》うるを以《もっ》てせんや。詩《し》は果《はた》して申君《しんくん》を尽《つく》さざらん。

24　同斎越先生八十の寿《じゅ》の序(1)

（享保六年・一七二一、徂徠集巻九―⑩）

同斎《どうさい》先生（曲直瀬《まなせ》同斎）(2)は、代々受け継いだ厚禄の位により、それに加えて将軍の側近として仕えた功労により、もろもろの優秀な医師たちの祭酒《さいしゅ》（官医の長）の地位に重々しくいること、数十年にわたっている。

今年、享保辛丑《しんちゅう》（享保六年）、先生は八十歳を迎え、しかも正月十九日丁巳《ていし》はその誕生の日である。そこで、親戚、知人や友人から、門生や恩義のある人々に至るまで、多くの者が集まって先生の八十歳を祝おうと相談した。かくして［その子息である］君瑞《くんずい》（越智雲夢《おちうんぼう》）(3)がわたくしに文章を求めることになったのである。

わたくしは、諸侯の臣にすぎず、病を抱えて、［江戸の］城北の郊外に隠棲している。(4)しかも、近隣は粗末で貧しい家々や、田舎風の言葉遣いであり、それらにすっかり慣れてしまったので、どうして宴席で文章を修め、先生の寿の祝いにあずかることができようか。とはいうものの、先生はわが父の友人であり、しかもまた辱《かたじけな》くも子息の君瑞はわが門に従遊しているからには、どうして辞退することができようか。

今、国家の透けるように清らかな、厚く偉大なる化育は、四海に溢れ、天地にあまねく、輝く光の照らすところ、穏やかな風がそよぎ、恵みの雨が降ること、百年の久しきを越える。民はその徳化に浴し、上《かみ》においては、文武の官はともになすべきこともなく太平を楽しみ、下《しも》においては、民は飽食し、何の憂いもなく生を楽しみ、帝《みかど》の力などわれわれには何の関わりもない(5)としている。これこそ「人々の」長寿の理由である。

ときには寒暑の調和がすこしく乱れ、わざわい、たたり、疫病がその化育を妨げることもあるが、そのときには、もろもろの秀《すぐ》れた医師たちが、その匙《さじ》を操《あやつ》り、薬液を調合し、手や足の麻痺を治癒し、瀕死の人を蘇生させ、痩せこけた人を肥らせ、民を溌剌《はつらつ》として長寿たらしめ、天子の大いなる仁徳が下に行きわたるのを輔《たす》けるのである。かくして古人は、医師たちの功績を秀れた武将の治績に次ぐものとしているが(6)、それは、けっして嘘ではない。これもまた「人々の」長寿の理由である。

しかし、あるいは名誉に追われ、あるいは生活の糧のために走り回って忙しく、頭を低くしてどこにでも赴き、かくして生の調和を損ねて早死《はやじ》にしてしまう。そういう者が世間には少なくない。これは、天が応報を惜しんだわけではない。かれらがあまりにも性急に応報を嚢《ふくろ》に詰め込もうとしたことの過ちなのである。

ただ、先生だけはそうではない。先生のご先祖(7)は滅ぼされた前朝（豊臣時代）の世に出仕されたのだが、［医術によって］戦乱で傷ついた人々を救い、広大な恩沢を被《こうむ》らせることができた理由は、国家が新しく生まれ変わったことにあろう。かくして、その大いなる医術を守り、仁愛は世によく適《かな》い、その業をますます盛んにし、やはりまた百年の久しきを経て先生の代に至った。かくして名望の高さと家の富裕さはわれわれをはるかに抜きんでたのである。どうして世の医術で生活の糧《かて》を得ている者たちと同類であろうか。

そのうえ、わたくしは、わが父から次のような言葉を聞かされている。

《先生は君子である。それに加えて［先生の］性格はさっぱりしており、よく父母に事《つか》え、兄弟に親しむことを志とし、善を楽しみ、博《ひろ》く施し、行いには心をこめ、人の危急を見棄てず、人の危窮を利用せず、みずからの名を傷つけても人を済《すく》い、たとえ獲物を失おうとも、狩猟に際してみずからの規範を守る［という人柄である］。また早くから「至人《しじん》」(8)の道を学んで、塵《ちり》や埃《ほこり》にまみれた俗世をさっぱりと捨て、精妙なる心は汚れず、氷雪のように清らかだ。だから、赫赫《かくかく》たる名誉はないが、誠実なる行いのある人物、先生こそがそのような人なのである。》

これこそが、天が先生に長寿を賜った理由であろう。先祖からの仁をわが身に厚く集め、先生はそれを［毎年少しずつ］薄く享受したのであって、先生の長寿には、もちろんそれだけの理由があるのだ。

今、［子息の］君瑞は、学問に研鑽し、よく家を修めて、まさに広く仁を培《つちか》い、数代にわたる秀れた医術を完成させようとしている。そもそも、君瑞が先生に孝を尽くして事《つか》え、その心を満足させることのできるのは、ただ柔らかくて美味しい食事、夏は涼しく冬は温かい住居、そして接するに和《やわ》らいだ表情、ただそれだけであろうか。もしそれだけであるならば、先生には憂いがあるに違いない。憂いこそが寿命を損なうのだが、子息［の君瑞］がこのようにきちんと後を継いでいるのだから、また何の憂いがあろうか。

先生の［天から与えられた］寿命は、まだまだ尽きることはないであろう。八十歳を「耄《ぼう》」というが、先生は「耄」の歳ではあるが、いまだ「耄（老人）」ではない。「耄」より「耋《てつ》（九十歳）」、「耋」より「期頤《きい》（百歳）」に至っても、寿命が尽きることはない。(9)

君瑞は、ここにおいて立ち上がり、頭を下げて、言った。

《わたくし、珪は愚かではありますが、願わくはあなたの言葉を一言も忘れず、長く父に事えたいものです。どうか、それによってわたくしのこれまでの罪を免れたいと思います。そうなれば、父ばかりでなく、わたくしにとっても幸いというものです。》

わたくし、物子もまた頭を下げ、こう述べた。

《やはり、そうであるべきでしょう。先生はこれからもますます長寿を保ち、老衰して寿命が尽きるということなどないでしょう。わたくしも幸福な気持ちで胸がいっぱいです。そこで、詩の「南山有台」の章(10)を詠《うた》い、先生の長寿のお祝いといたしましょう。》

訳注

(1) 本文の初めの箇所に「享保辛丑」「正月十有九日」という記述があり、そこから享保六年(一七二一)正月に書かれたことが分かる。

(2) 曲直瀬同斎(一六四三~一七二八)、名は正球、別号に平庵。幕府医官曲直瀬玄理《まなせげんり》の子として江戸に生まれる。父の後を継いで法眼、さらに法印に叙せられ、曽祖父以来の養安院を踏襲した。幕府に三十年以上仕え、たびたび加増を受けて、晩年は千九百石ほどの知行を得たという。同斎の名前については「正珍」「正璆」とする説もあるが、ここでは服部南郭の「故法印平菴先生墓誌銘」(『南郭文集』二編・巻八)に従って「正球」とする。また生没年についても、生年を「寛永十九年(一六四二)」、没年を「享保十一年(一七二六)」とする説もあるが、やはり南郭の「故法印平菴先生墓誌銘」に記載された年代に従う。

なお、同斎を徂徠が「越先生」と呼ぶのは、注(7)で詳述するが、曽祖父の曲直瀬正琳《せいりん》が「一柳《ひとつやなぎ》氏」出身であり、その「一柳氏」は「河野《こうの》氏」の支族であったが、さらにその「河野氏」が古代の豪族で伊予を拠点としていた「越智氏」の末裔であるという伝承に基づいている。

おそらく同斎の頃から、上記の伝承をもとに、医官としては曲直瀬姓を、文人としては越智姓を名乗ることにしたのではないかと思われる。

（3）　越智雲夢（一六八六～一七四六）、字は君瑞、医官名は曲直瀬正珪《せいけい》。別号に神門叟、雪翁がある。曲直瀬同斎の三男として生まれるが、兄たちが早く亡くなったために、父の後を継いで幕府医官となり、法眼に叙せられた。また徂徠の門人となり、服部南郭や平野金華と交遊したほか、徂徠の主治医も務めた。著書に『懐仙楼集』『神門余筆』などがある。

なお『徂徠集』（巻二十二）には雲夢宛の書簡二通が収録されており、そのうちの一通には、のちに宇佐美灊水《しんすい》が『徂徠先生素問評』（明和二年、一七六五）として出版する『素問』の読解に関する話題が扱われている。徂徠は、自分は医学から儒学へと逃げたので、医学について語るのは『孟子』に見える「馮婦」が猛勇を奮うようなものだと謙遜しながらも、文章に関する知識から『霊枢』や『素問』の問題も分かると述べている。また『徂徠先生素問評』の灊水の序文や雲夢の子息の曲直瀬正山《しょうざん》の跋文には、徂徠は雲夢が持ち込んだ『素問』諸篇に評点を加えて返却したこと、雲夢がそれを尊崇して、ながく秘蔵していたことが記されている。徂徠が評点を加えたこのテキストは現在、静嘉堂文庫に所蔵されている。

さらに雲夢宛の同じ書簡には「流求楽器図」なる書物についても言及がある。徂徠は宝永七年（一七一〇）十一月琉球使節が綱吉の廟所を訪問した際の様子を『琉球聘使記』として記録しているが、そのなかで使節の行進の際に使用された「月琴」について詳しく述べているので、こうした琉球王朝で独自に発達した楽器類に強い関心を抱いていたことが分かる。同書簡では、

「流求楽器図」について、「昌英氏《しょうえい》」――「土《ど》伯曄《はくよう》」で知られる徂徠の門人で、姓は土屋、名を昌英、字を伯曄、号を藍洲といい、延岡藩主牧野貞通に医師として仕えていた人物であるが、詳しいことは後出の「土伯曄の豊城に帰るを送るの序」を参照のこと――に返却するつもりであったが、所在不明であると述べている。それゆえ同書は徂徠ではなく別の人物が書いた作品であると思われるが、この頃から徂徠は書画だけなく、広く芸術全般への関心を向けるようになり、明清の楽器の影響を受けながらも、独自に発達した琉球の楽器についても調べようとしたのであろう。そして、このような徂徠の「楽」全般への関心が、最晩年の幕命による『楽書』校閲や『楽律考』の執筆につながったと考えられる。これらに関しては、陶徳民「荻生徂徠の『楽書』校閲とその所産」（同『日本漢学思想史論考』所収、関西大学出版部、一九九九）を参照のこと。

（4）「城北の郊外」とは「赤城《あかぎ》下《した》」を指している。徂徠は、享保五年（一七二〇）五月頃に牛込から赤城下に転居した。徂徠は享保九年（一七二四）七月初めまでそこに居住し、その後市谷仲之《なかの》町に転居する。この間の経緯に関しては平石直昭氏の考証を参照のこと。これまで享保六年とされていた徂徠宅の火事が享保八年末であったことを明確にし、そこから徂徠の市谷時代を確定した点で、同氏の考証は高く評価されよう。

（5）晋・皇甫《こうほ》謐《ひつ》（二一五～二八二）の『帝王世紀』に、「帝堯之世、天下大和、百姓無事、有八九老人、撃壌而歌、日出而作、日入而息、鑿井而飲、耕田而食、帝何力於我哉（帝堯の世、天下は太平、人々は事なし。八十九十の老人は、地面をたたいて歌を歌う。日の出とともに農事にいそしみ、日の入りとともに休息し、井戸をほって水を飲み、田を耕して穀物を食べ、歌って曰く、帝の力などわれわれには何の関わりもない、と)」と見える。『帝王世紀』のこの話は、『十八史略』などにも採られ、「鼓腹撃壌」の熟語で広く知られている。徂徠は、江戸時代が平和で繁栄した時代となったことを強調するときにこの話を用いており、前出（第1巻4）の「江若水の詩に叙す」にも見えている。

（6） ここでいう「古人」は、林鵞峰が野間三竹に宛てた書簡（「謝示野篤」、『鵞峰林学士文集』巻三十四）で、「夫人有病、猶国之有敵、……古人以良医比良将、則良将亦比良医也（人間に病気があるのは、国家に敵があるようなものだ。古人は良医を良将に比定したが、良将も良医に比定することができる）」と書いているので、後世の医学書などに典拠があるのかもしれない。ただその「古人」が誰であるか確定できていない。さらにその元を考えると、『管子』立政篇および立政九敗解篇に見える議論を踏まえてのものではないかと推測される。『管子』立政篇では、管子が理想とする政治について述べるなかで、それを妨げる諸思想を挙げて批判しており、さらにそれだけをとくに論じたのが立政九敗解篇である。管子は、理想的な政治体制を阻む九つの議論のうち、とりわけ宋鈃《そうけん》の「寝兵之説」、墨子の「兼愛之説」、楊朱の「全生之説」を君主が受容した場合、国は守られず、士卒は戦わず、群臣は勇敢さを失い、死を恐れ、いたずらに生を貪《むさぼ》ることになると主張する。これらの説を採用しないことによって、はじめて勇敢なる士卒が良将に率いられ勝利を得ることができると管子は説いている。ただし、そこでは医師が部将に次ぐ位置にあると直接論じられていたわけではない。戦場における負傷は必然であり、負傷者を救う万全の措置があらかじめ用意されていなければ、士卒を勇敢に戦わしめることはできない。そこで、それに対する万全の措置、すなわち医術が用意されていることもまた士卒を勇敢たらしめる重要な条件となる。こうした思考の手順を経て、徂徠は「古人等其功烈、亜諸良将之治」と述べたのかもしれない。

なお、徂徠が『管子』を高く評価していることは、徂徠晩年の著述とされる『経子史要覧』に、以下のようにあることによっても明らかである。

管子、管仲カ書ナリト伝フ。予其文ヲ見ルニ、宛然タル古文辞ニテ、西漢以下ノ文ニアラス。然リトイヘトモ、管仲ハ斉ノ桓公ニ用ヒラレ、九匡ヲ勧メ、或ハ三帰反坫ノ事アリテ、古書ニアルヲ考レハ、管仲中々書数十巻アラハス間暇ナシ。書ヲ編シテ伝フルハ、閑人ノ上ノ事ナリ。然ラハ正シク後人ノ擬作ナレトモ、其文辞古ニシテ、経書ヲ解会スルノ一助トナル。故ニ読マスンハアルヘカラス。予、管子考ヲ編ス。未其業ヲ卒ヘズ。

もちろん、徂徠は晩年になってからはじめて『管子』に着目したのではなく、初期の『蘐園随筆』でも、『管子』九守篇に見える「飛耳長目」を、「学問の道」の大事なポイントを指摘した言葉として挙げている。

(7)　ここは、曲直瀬同斎の直系の祖先に当たる曲直瀬《まなせ》正琳《しょうりん》（一五六五～一六一一）を指す。正琳は、伊予の戦国大名河野氏の出身で、一柳氏と改姓した一柳直高《なおたか》の末孫、一柳恕心《じょしん》の子であった。字は養庵、院号は養安院、玉翁と号した。若い頃から医学を学び、曲直瀬道三（一五〇七～九四）の門に入ると、道三から才能を見込まれて、その孫娘と結婚して曲直瀬姓を名乗ることになった。正親町《おおぎまち》上皇の治療に成功して法印となり、また豊臣秀吉・秀次に仕え、宇喜多秀家の夫人を治した功績で、秀吉から朝鮮出兵で得た朝鮮本数千巻を贈られている。さらに後《ご》陽成《ようぜい》上皇の病を治癒させて養安院の号を賜い、これ以降は養安院と称した。家康に招かれて侍医となり、隔年ごとに江戸に出向いた。さらに秀忠の侍医ともなったが、その職を息子の正円《しょうえん》に譲って別荘に隠居した。

河野氏は伊予の有力豪族で、越智氏の流れを汲むとされ、越智氏は『先代旧事本紀』の「国造本紀」に越智郷（現在の今治市国分付近）を支配したと見える古代の氏族であるが、よく分からないことが多い。河野氏が自らの来歴を記した『予章記』では、自分たちの出自として越智氏に言及しており、こうしたことから一柳氏出身の曲直瀬同斎や、その息子の正珪（雲夢）は越智姓を称したのであろう。徂徠が、自分の出自を物部氏とするのと同じような発想である。

（8）「至人」は、『荘子』諸篇に見える言葉で、「至人無己、神人無功、聖人無名（至人は自己にとらわれることなく、神人はその功績が伝えられず、聖人はその名前すらも忘れられてしまう）」（逍遥遊篇）、「不離真、謂之至人（真という状態から離れないのが至人である）」（天下篇）などとある。その道を究めて、極致に到達できた人間のことを指している。

（9）ここの「耄」「耋」「期頤」は、『釈名』と『説文解字』とを適宜組み合わせた解釈だと思われる。「耄」について、『釈名』釈長幼篇では「七十曰耄、頭白耄耄然也（七十歳を耄という、頭髪が白く、老いぼれた状態である）」、『礼記』曲礼上篇には、「八十九十曰耄（八十歳、九十歳を耄という）」、さらに『説文解字』（巻八）では、「耄」の別の字体とされる「茎」についてであるが、「九十曰耄（九十を耄という）」とあり、一定していない。「耋」は『説文解字』（同前）に「年八十曰耋（八十歳を耋という）」とある。「期頤」は、『書経』大禹謨の孔安国伝や『礼記』射義篇の鄭玄注に「八十九十日旄、百年日期頤（八十歳、九十歳を旄といい、百歳を期頤という）」と見えるのが古い用例である。徂徠は、これらの説明を適宜組み合わせて、八十歳を「耄」とし、九十歳を「耋」としたうえで、百歳を「期頤」としている。

なお、原文「殆未有艾也」の「艾」は、『詩経』小雅・庭燎に「夜如何其。夜未艾（夜はどのようであるか、まだまだ終わりません）」を踏まえて使用されていると思われるので、「寿命が尽きない」という意味に解釈した。

(10)「南山有台」は『詩経』小雅の篇名で、詩序に「南山有台、楽得賢也、得賢則能為邦家、立太平之基矣（南山有台の詩は、賢者を得たことを楽しんだ詩である。賢者を得たならば、国家を治めて太平の基礎を確立することができる）」とある。また「南山」は『詩経』小雅・天保に「如月之恒、如日之升、如南山之寿、不騫不崩（月が欠けてもふたたび満ちるように、日が沈んでもふたたび昇るよう、南山がその姿を保って、崩壊しないがごとくである）」とあり、古来から長命、長寿を祝う詩とされてきた。これらについては、前出（第1巻1）の「秦君の五十を賀するの序」と同（第1巻18）「下館侯の五十の初度を寿ぐの序」の注を参照のこと。

原文

同斎越先生八十寿序

同斎先生。席累世膴仕之資。加以侍従之労。業已儼然顕為諸大医先生祭酒者。数十年矣。是歳享保之辛丑。年寔八十。而正月十有九日丁巳。為其皇覧之辰也。則自親戚知友。曁乎門生義故。麕然聚。而謀所以寿先生焉。迺君瑞徴余文。余不佞以諸侯之臣。抱病乎跧伏北門之郊。而甕牖篳戸之与鄰。唯丘里之言是嫺。則烏能脩辞樽俎之上。以中先生之驩。雖然。先生者先子之執也。而余又辱君瑞従游。則又烏能辞。惟夫□国家融朗敦龐之化。洋溢乎四海。旁皇乎天地。玉燭所燭。和風翔而甘雨施者。殆踰百年之久。而民之霑濡沐浴其徳也。上焉文恬武熙。莫所事事。下焉鼓腹含哺。于我何有哉。是寿繇也。時或燠寒之少忒。而淫厲札瘥之閔其化。則有諸大医先生。操其刀圭。斉以湯液。解攣起躄。生死肉骨。以俾斯民克烝烝於寿。以輔□皇上之仁於下焉。則古人等其功烈。亜諸良将之治者。豈虚語哉。是亦寿繇也。然其或為名高所使。或為其糈而奔趨営求之弗遑。籧篨戚施。無所不至。以滑其和。以夭其天年者。世豈尠哉。亦非天啬其報也。迺急其報於槖之過也。惟先生不然。先生之先人。起家勝国之際。其所以扶創夷於兵革之余。納諸曠蕩之沢。蓋与□国家更始焉。遂守其鴻術。仁与世邁。益茂昌其業。以至先生之身。亦踰百年之久。是以望高家富。迥出儕輩。是豈世之食其伎者倫哉。余又聞之先子之言。曰先生者君子人也。亦惟种澹為性。孝友為植。楽善博施。忠信以行之。不棄人之急。不利人之阨。寧玷其名。孰若済物。寧喪其穫。孰若範我。又蚤聞至人之道。蟬脱塵壒之表。金心不滓。皭若氷雪。故無赫赫之誉。而有悔悔之行者。惟先生為爾。是天之所以貺於先生。斂数世之仁。厚集諸其身。而先生迺薄享之。則先生之寿。固其所哉。方今君瑞績学弗怠。克家弗殆。行将廓培其仁。以済奕世之美。夫其所以孝事先生而養其志。豈徒滫瀡甘旨温凊与色已哉。則先生其無憂乎。惟人憂斯損寿。有子若斯。将又何憂。先生之寿。

殆未有艾也。八十曰耄。先生耄而未耄。由耄而耋。以至期頤。先生之寿。豈有艾哉。君瑞於是乎興再拝言曰。珪雖不敏。願服膺子之言。以長事家君焉。庶以免其罪戾邪。不翅家君之幸也。物子亦再拝曰果爾。先生之寿。愈益莫有艾已。不佞幸甚。則賦南山有台之章。以為先生寿。

書き下し

同斎越先生八十《どうさいえつせんせいはちじゅう》の寿《じゅ》の序《じょ》

同斎先生《どうさいせんせい》は、累世《るいせい》、膴仕《ぶし》の資《し》に席《お》り、加《くわ》うるに侍従《じじゅう》の労《ろう》を以《もっ》てす。業已《すで》に儼然《げんぜん》として顕《あきら》かに諸《もろもろ》の大医先生《たいいせんせい》の祭酒為《さいしゅた》ること、数十年《すうじゅうねん》。

この歳《とし》、享保辛丑《きょうほうしんちゅう》、年寔《としここ》に八十《はちじゅう》。而《すなわ》ち正月十有九日丁巳《しょうがつじゅうゆうくにちていし》は、その皇覧《こうらん》の辰為《ときた》り。則《すなわ》ち親戚《しんせき》・知《ち》友《ゆう》より、門生《もんせい》・義故《ぎこ》に曁《およ》ぶまで、麕然《きんぜん》として聚《あつま》りて先生《せんせい》を寿《ことほ》ぐ所以《ゆえん》を謀《はか》る。迺《すなわ》ち君瑞《くんずい》、余《よ》に文《ぶん》を徴《もと》む。

余《よ》、不佞《ふねい》、諸侯《しょこう》の臣《しん》を以《もっ》て、病《やまい》を抱《いだ》きて北門《ほくもん》の郊《こう》に跧伏《せんぷく》す。甕牖箪戸《おうゆうひっこ》と鄰《となり》すれば、唯《た》だ丘里《きゅうり》の言《げん》のみこれ嫺《なら》う。則《すなわ》ち烏《いずく》んぞ能《よ》く樽俎《そんそ》の上《うえ》に脩辞《しゅうじ》して、以《もっ》て先生《せんせい》の驩《かん》に中《あた》らんや。然《しか》りと雖《いえ》ども、先生《せんせい》は先子《せんし》の執《しゅう》なり。而《しか》して余《よ》もまた君瑞《くんずい》の従游《じゅうゆう》を辱《かたじけな》くす。則《すなわ》ちまた烏《いずく》んぞ能《よ》く辞《じ》せんや。

これそれ□国家《こっか》融朗敦龐《ゆうろうとんろう》の化《か》、四海《しかい》に洋溢《よういつ》し、天地《てんち》に旁皇《ぼうこう》す。玉燭《ぎょくしょく》の燭《とも》す所《ところ》、和風《わふう》、翔《と》びて、甘雨《かんう》、施《ほどこ》す者《もの》、殆《ほとん》ど百年《ひゃくねん》の久《ひさ》しきを踰《こ》ゆ。而《しか》して民《たみ》のその徳《とく》に霑濡沐浴《てんじゅもくよく》するや、上《かみ》は、文《ぶん》、恬《やす》らかにして、武《ぶ》、熙《やわら》ぎ、事《こと》を事《こと》とする所莫《ところな》く、下《しも》は、鼓《こ》腹含哺《ふくがんほ》して、我《われ》において何《なん》ぞ有《あ》らんや。これ寿《じゅ》の繇《よう》なり。

時《とき》に或《ある》いは燠寒《おうかん》の少《すこ》しく忒《たが》い、淫厲札瘥《いんれいさつさ》のその化《か》を閼《とざ》せば、則《すなわ》ち諸《もろも》ろの大医先生《たいいせんせい》有《あ》りて、その刀圭《とうけい》を操《あやつ》り、斉《ととの》うるに湯液《とうえき》を以《もっ》てし、攣《れん》を解《と》き躄《へき》を起《おこ》し、死《し》を生《い》かし、骨《ほね》に肉《にくづ》けし、以《もっ》てこの民《たみ》をして克《よ》く寿《じゅ》に烝烝《じょうじょう》せしめ、以《もっ》て□皇上《こうじょう》の仁《じん》を下《しも》に輔《たす》く。則《すなわ》ち古人《こじん》、その功烈《こうれつ》を等《はか》りて、これを良将《りょうしょう》の治《ち》に亜《つ》ぐとするも、豈《あ》に虚語《きょご》ならんや。これまた寿《じゅ》の繇《よう》なり。

然《しか》れども、それ或《ある》いは名高《めいこう》の使《つか》う所《ところ》と為《な》り、或《ある》いはその糈《しょ》の為《ため》に営求《えいきゅう》に奔趨《ほんすう》することの遑《いとま》あらず。籧篨戚施《きょじょせきし》、至《いた》らざる所無《ところな》く、以《もっ》てその和《わ》を滑《みだ》し、以《もっ》てその天年《てんねん》を夭《よう》する者《もの》、世《よ》に豈《あ》に尠《すく》なからんや。また天《てん》のその報《ほう》を嗇《おし》むに非《あら》ざるなり。迺《すなわ》ちその報《ほう》を槖《たく》に急《きゅう》にするの過《あやま》ちなり。

これ先生《せんせい》は然《しか》らず。先生《せんせい》の先人《せんじん》、勝国《しょうこく》の際《さい》に家《いえ》より起《おこ》り、その創夷《そうい》を兵革《へいかく》の余《よ》に扶《たす》け、これを曠蕩《こうとう》の沢《たく》に納《おさ》むる所以《ゆえん》は、蓋《けだ》し□国家《こっか》と与《とも》に更始《こうし》すればなり。遂《つい》にその鴻術《こうじゅつ》を守《まも》り、仁《じん》、世《よ》と遘《まみ》え、益《ますま》すその業《ぎょう》を茂昌《もしょう》して、以《もっ》て先生《せんせい》の身《み》に至《いた》ること、また百年《ひゃくねん》の久《ひさ》しきを踰《こ》ゆ。ここを以《もっ》て望《のぞ》み高《たか》く家富《いえと》むこと、迥《はるか》に儕輩《せいはい》に出《い》づ。これ豈《あ》に世《よ》のその伎《ぎ》に食《は》む者《もの》の倫《りん》ならんや。

余《よ》、またこれを先子《せんし》の言《げん》に聞《き》く。曰《い》わく、先生《せんせい》は君子人《くんしじん》なり。また惟《た》だ种澹《ちゅうたん》、性為《せいた》るのみならず、孝友《こうゆう》を植《し》うると為《な》す。善《ぜん》を楽《たの》しみて博《ひろ》く施《ほどこ》し、忠信以《ちゅうしんもっ》てこれを行《おこな》い、人《ひと》の急《きゅう》を棄《す》てず、人《じん》の阨《あく》を利《り》とせず。寧《むし》ろその名《な》を玷《けが》すよりは、物《ぶつ》を済《すく》うに孰若《いず》れぞ。寧《むし》ろその穫《かく》を喪《うしな》うよりは、我《われ》を範《はん》するに孰若《いず》れぞ。また蚤《つと》に至人《しじん》の道《みち》を聞《き》き、塵壒《じんあい》の表《ひょう》に蟬脱《せんだつ》し、金心滓《きんしんけが》れず、皭《きょう》かなること氷雪《ひょうせつ》の若《ごと》し。故《ゆえ》に赫赫《かくかく》の誉無《ほまれな》きも、恂恂《じゅんじゅん》の行有《こうあ》るは、惟《た》だ先生《せんせい》のみ爾《しか》りと為《な》す、と。

これ天《てん》の先生《せんせい》に貺《たま》う所以《ゆえん》なり。数世《すうせい》の仁《じん》を斂《おさ》め、厚《あつ》くこれをその身《み》に集《あつ》め、而《しか》して先生迺《せんせいすなわ》ち薄《うす》くこれを享《う》くれば、則《すなわ》ち先生《せんせい》の寿《じゅ》、固《もと》よりその所《ところ》なるかな。

方今《ほうこん》、君瑞《くんずい》、学《がく》を績《つ》みて怠《おこた》らず、家《いえ》を克《おさ》めて殆《あやう》からず。行《ゆくゆ》く将《まさ》にその仁《じん》を廓培《かくばい》し、以《もっ》て奕世《えきせい》の美《び》を済《な》さんとす。それその先生《せんせい》に孝事《こうじ》し、その志《こころざし》を養《やしな》う所以《ゆえん》なり。豈《あ》に徒《た》だ甘旨《かんし》温凊《おんせい》と色《いろ》とを滫瀡《しゅうずい》するのみならんや。則《すなわ》ち先生《せんせい》それ憂《うれ》い無《な》きか。惟《おも》うに、人憂《ひとうれ》えば斯《すなわ》ち寿《じゅ》を損《そん》し、子有《こあ》ること斯《か》くの若《ごと》し。将《は》たまた何《なん》ぞ憂《うれ》えんや。

先生《せんせい》の寿《じゅ》、殆《ほとん》ど未《いま》だ艾有《がいあ》らざるなり。八十《はちじゅう》、耄《ぼう》と曰《い》う。先生《せんせい》、耄《ぼう》にして未《いま》だ耄《ぼう》ならず。耄《ぼう》よりして耋《てつ》、以《もっ》て期頤《きい》に至《いた》るも、先生《せんせい》の寿《じゅ》、豈《あ》に艾《や》むこと有《あ》らんや。

君瑞《くんずい》、ここにおいて興《た》ち、再拝《さいはい》して言《い》いて曰《い》わく、珪《けい》、不敏《ふびん》なりと雖《いえ》ども、願《ねが》わくは子《し》の言《げん》を服膺《ふくよう》し、以《もっ》て長《なが》く家君《かくん》に事《つか》え、庶《ねが》わくは以《もっ》てその罪戻《ざいれい》を免《まぬか》れん。翅《ただ》に家君《かくん》の幸《こう》のみならざるなり、と。

物子《ぶっし》もまた再拝《さいはい》して曰《い》わく、果《はた》して爾《しか》り。先生《せんせい》の寿《じゅ》、愈益《ますます》艾《や》むこと有《あ》ること莫《な》きのみ。不佞《ふねい》、幸甚《こうじん》なり。則《すなわ》ち南山有台《なんざんゆうたい》の章《しょう》を賦《ふ》し、以《もっ》て先生《せんせい》の寿《じゅ》と為《な》さん、と。

25　水足《みずたり》氏父子詩巻の序(1)

（享保六年・一七二一、徂徠集巻八―⑪）

わたくしは幼いときに祖母(2)から、次のように聞かされた。

《肥（肥後）の国には高麗門《こうらいもん》があるぞよ。豊王（豊臣秀吉）が三韓（朝鮮）に攻め入った頃に、肥のさきの殿様で加藤（清正）という者がおって、先鋒を務めて、武勇の功績は一番すぐれておったぞ。今でも高麗の者どもは、子供が泣きわめくのを叱るとき「鬼将軍が来るぞ」と言えば、子供は涙を流しても泣き声をたてなくなるそうじゃ。この御方を羅利《らせつ》・夜叉《やしゃ》・鬼神の類になぞらえるほどに(3)、その猛々《たけだけ》しく勇ましい力に恐れおののいているのがよく分かろう。日本に戻るときに、この御方は陥《おとし》いれた相手方の城門を持って帰って、戦勝の記念碑(4)としたのだよ。》

祖母は、この高麗門(5)を実際に見て、その姿かたちが巨大で珍しいことを知っていただけでなく、また父老や年長者から、かれらが目にしながら、世の中に伝えられていない鬼将軍の戦場における事績を聞いていた。

［肥に関わることの］最初はわたくしの母方の従姉妹《いとこ》（内姉《だいし》）(6)が肥の藩士水間《みずま》氏の子息に嫁いだのだが、(7)祖母は従姉妹が外孫であるにもかかわらず、とくに寵愛していたから、舅・姑や夫となる人々にどう仕えているかを見極めるために一緒について行き、三年の間かの地に逗留《とうりゅう》していた。江戸に帰ってきてからは、かいまきの中のわたくしに鬼将軍のことをあれこれと語っては慰めとしていた。(8)わたくしが眠りかけたとき、夜ごとにいつもそうであった。今から四、五十年前のことであるが、祖母の声はいまだ耳に残っていて忘れられないでいる。(9)

そののちに、僧侶となった従弟《いとこ》（内弟《だいてい》）の香洲《こうしゅう》が西国をめぐって帰ってくると、近頃、肥の国には才能ある人士が多いと語ったが、わたくしはまだそんなことはあるまいとして疑っていた。ここ五、六年のことだが、藪《そう》（藪慎庵《やぶしんあん》）・墨《ぼく》（住江滄浪《すみのえそうろう》）の二君と知りあうようになって、(10)二人ともに古典を深く探究して詩の道に遊んでおり、その著述も風雅を極めていることを知り、わたくしは驚き、いぶかしく思うようになった。

去年になって、肥の文学である水足君（水足屏山《へいざん》）という者が、藪君を仲介として遠く書簡をもたらし、わたくしの言葉によってその詩巻を飾りたいと要請してきた。詩巻をひらくと、水足君が子息を連れて浪華《なにわ》の客館に韓使（朝鮮通信使）を訪ねたおりに応酬した詩であった。(11)文学の園において対陣し互角に渡りあい、勇気を奮って勝《かち》を争い、勇ましくも負けることをよしとしなかった。

ここに至ってわたくしは、長いことため息をつき、次のように述べる。

《ああ、肥と韓の人々は、昔は武力によって争い、今は文学によって競っているが、これはまさに世の中がよく治まっている効験にほかならない。鬼将軍が武力による功績を挙げてから、その遺風が国の風俗に残されていることは、前々から聞き及んでいるところである。だから武芸によって頭角をあらわし大先生と呼ばれた者は数限りなくいるに違いない。しかし、今の時世はそうではない。太平の世の中が百年も続き、加えて憲廟（徳川綱吉）による学問を重んじた治世が全国の隅々にまで行きわたっている。[12]それゆえ文学の才能に溢れた者が輩出することも、中土（中国）にも劣ることはない。昔の争いは武士によったが、今の争いは君子によるのだから、この詩巻は高麗門にもまったく劣らない価値がある。》

文学による名誉が肥の国中で重んじられていることは、もとよりわたくしが述べるまでもない。汗血馬のように勝れた者が日々に雄々しく進めば、どこまで進むか定めようもなかろう。ただわたくしは、祖母の言葉がまだ耳に残っていたために、肥の風俗が大いに変わったことの理由を思いめぐらして、叙文として書くことにしたまでである。

訳注

（1）本作品の成立については、序文の依頼を仲介した墨君徽《ぼくくんき》（住江滄浪《すみのえそうろう》、一六九一〜一七二八）や同じ熊本の藪慎庵《やぶしんあん》（一六八九〜一七四四）宛に書かれた徂徠の書簡の分析から、享保六年（一七二一）夏頃と推定した平石直昭氏の見解に従う。本作品が出版されたかどうかは、ほぼ十年後に水足父子が亡くなっていることもあってよく分かっていない。管見のかぎり、本作品が刊行された形跡は確認できない。ただ東京都立図書館蔵（中山久四郎旧蔵）の『航海献酬録』および関西大学総合図書館蔵の『航海唱酬並筆語』は、いずれも写本であり、筆写した人物については不明であるが、詩の応酬だけでなく、筆談した内容まで記録されているところから、本作品のもととなった資料ではないかと推測される。このうち『航海献酬録』については、朴贇基「『航海献酬録』による筆談・交歓の様子」（『江戸時代の朝鮮通信使と日本文学』、臨川書店、二〇〇六）に詳しく説明されている。

水足屛山《へいざん》（一六七一〜一七三二）は、浅見絅斎《けいさい》に師事した朱子学者で、『屛山詩文集』のほか、『山崎先生行実』などの著述があるが、享保十七年（一七三二）、家に押し入った賊に切られて亡くなった。屛山の自筆稿本『成章詩文稿』が福岡大学図書館に収蔵されている。水足博泉《はくせん》（一七〇七〜三二）は、住江滄浪に師事し、徂徠が「水神童」と褒め称えたことで知られている。父屛山が亡くなった際に博泉自身も傷を負ったが、その後、そのときの対応を叱責されて士籍を剝奪されたことから、まもなく自殺した。二十六歳の若さであった。『徂徠集』には、水足親子宛の書簡がそれぞれ二通収められている（巻二十四）。なお詩文で名が知られ、藩校時習館の設立に尽力した秋山玉山《ぎょくざん》（一七〇二〜六三）は、屛山の甥に当たり、その教えを受けている。江戸で儒学を林鳳岡に学ぶが、一方では服部南郭に師事して詩文を学び、徂徠の門人たちとも交流していた。

（2）原文には「太大孺人《たいだいじゆじん》」とあるが、徂徠が何に依拠してこの語を用いたかは不明である。『徂徠集便覧』に「祖母」という指摘があり、また文脈からもそのように解釈して不都合ではないので、ここでは「祖母」と訳した。「孺人」は『礼記』曲礼上篇の用例に従えば「大夫の妻」という意味であるが、宋代以降は五品の爵位をもつ者の妻や母を「孺人」と称し、また母や祖母などには「太」をつけるようになった。とくにこの傾向は明代に強まり、徂徠が手本とした李攀龍や王世貞の文章には「太孺人」という語が頻出するが、「太大孺人」という用例は管見の限り見つからない。徂徠もこの作品以外には「太大孺人」という語を用いていないし、徂徠以外の門人の作品でも、太宰春台や高野蘭亭《らんてい》に学んだ松崎観海《かんかい》の「為楢原秀才寿大太孺人」（『観海先生集』巻二）ぐらいしかない。

本文の「太孺人」が祖母の意味だとすると、この女性は、徂徠の外祖父（正しくは母の養父）児島正朝《まさとも》の妻（旗本山角勝重《やまかくかつしげ》の娘）と推定される。熊本の水間氏に嫁いだ母方の従姉妹が「太孺人」の「外孫」にあたるという本文の記述からそのように考えることができる。実際、「徂徠先生年譜」（関西大学図書館泊園文庫蔵）によると、徂徠は四歳の頃、父方庵が京に出かけたため、母とともに児島正朝の家に暮らしたとある。本作品の話は、そのときに祖母から聞かされた記憶に基づいていると考えてよいだろう。なお、こうした徂徠の母方の親族関係については、平石直昭氏が詳しく考証している。ただし、平石氏は、本作品の「太大孺人」を『鈐《けん》録《ろく》』序の「祖母・母ともに将種なり」という記述と結びつけて、父方である荻生家の祖母と解釈しているようであるが、徂徠が母方の親族を父方の呼称を用いて書いていることは、前出（第1巻1）「秦君の五十を賀するの序」に見えることもあり、また以上に述べた理由から疑問が残る。

（3）「羅刹」は、毘沙門天の眷属として、十二天に属する西南の護法善神「羅刹天《らせつてん》」のことである。もともとは古代インド神話に登場する人を惑わし食らう魔物ラークシャサであるために、地獄の獄卒と同一視されることもある。「夜叉」も古代インド神話に登場する神で、男女の別があり、バラモン教の精舎の守護神とされた。仏教に取りこまれて、仏法を守護する八部衆の一つとなり、「羅刹」と同じく毘沙門天の眷属として北方を守護する役目を担った。訳文の「鬼神」に相当する原文の「噉人《たんじん》」は「噉人精鬼」のことで、『仏説灌頂摩尼羅亶大神呪経』に挙げられた山や渓谷に住む鬼神四十九種のうちの一つ。あるいは『大灌頂神呪経』に見える「餓鬼」も「噉人」と呼ばれている。「噉人」を「食人」を指す語句として用いた例は、『後漢書』南蛮伝に「西有噉人国」や『広弘明集《こうぐみょうしゅう》』在家従悪門に見えるが、徂徠がどのような典拠をもとに記述しているかはよく分からない。

なお、ここの原文で使用されている「威武」や「慴伏」は、典拠をもつ語句であることは確かだが、用例が多くて特定することは難しい。「屠陥」は『後漢書』趙典伝に「然実屠陥王城、殺戮大臣」があるが、これも『三国志』や『宋書』にも使用されている語句であるから、ただちに断定することはできない。

（4）原文には「京観」とあるので、原義（『春秋左氏伝』宣公十二年「君盍築武軍而収晋戸以為京観」）に基づいて「戦勝の記念碑」と訳した。日本各地に残る「首塚」もこうした類と見なされているが、秀吉の朝鮮出兵に関するものとしては、京都の豊国《ほうこく》神社門前に作られた「耳《みみ》塚《づか》」（「鼻塚《はなづか》」とも呼ぶ）がよく知られている。熊本城の「高麗門」については注（5）で詳しく述べるが、本来は戦勝記念というよりも、熊本城の守護のために堅固な城門が作られたと見るべきであろう。ただし、城門の付近に寺院や神社が多くあったために、加藤清正の頃から「高麗門の市《いち》」と呼ばれる市が城門近くで開催されていたと伝えられており、そこからなんらかの「記念」的な意味合いも認められてきたのかもしれない。

（5）熊本城に「高麗門」が存在し、また加藤清正が朝鮮から移築したという伝承があったことも事実であるが、「高麗門」と呼ばれる城門は日本各地に残っており、鏡柱と控柱《ひかえばしら》を一つの屋根に収める構造であるが、屋根を小ぶりにして守備がしやすいように工夫された城門の形式のことだと考えられている。もっとも、この様式は秀吉の朝鮮出兵の際に朝鮮で作った「倭城《わじょう》」に基づくという説もあり、「高麗門」が加藤清正と結びついた理由もそのあたりにあったと考えられる。本作品は、熊本城の「高麗門」と清正を結びつける伝承が江戸中期、あるいはそれ以前に成立していたことを示している点で注目される。ただし、熊本城の「高麗門」は、その後細川氏によって「櫓門《やぐらもん》」に改築されたが、西南戦争の際に焼失してしまい、現在は碑文のみが残されている。

なお原文の「鉅麗」「詭異」は、『徂徠先生文集解』などは、左思「呉都賦」の「子独未聞大呉之巨麗乎」、張衡「西京賦」の「閈庭詭異、門千戸万」を典拠として挙げている。ほかにも使用例は多くあるが、可能性の一つとして記しておくことにする。

（6）原文には「内姉」とある。「内兄弟・内姉妹」には、「母の兄の子」（『儀礼』喪服篇）という意味と、「妻の兄弟・姉妹」（『晋書』阮瞻伝など）という意味があるが、注（2）でも触れたように、「太大孺人」にとって「外孫女」に当たるという記述から「母方の従姉妹」と訳した。ただし、厳密に言えば、徂徠の用法は、『儀礼』の「母の兄の子」という意味よりは適用範囲が広いというか、緩やかである。したがって、徂徠がこれらの用語をどこまでルール化したうえで使用していたか、疑問が残る。

（7）細川家の家臣に関する資料では、承応年間（一六五二〜五五）に作成された『真源院様御代御侍名附』に俸禄二百石取りの水間十右衛門という人物の名前が、また元禄五年（一六九二）頃に作成された『御侍帳』に俸禄二百五十石取りの水間才兵衛という人物の名前が見える。両者がいかなる関係にあるかは定かでないが、徂徠が本文で触れている頃に水間氏という武家が熊本・細川家中にいたことは確認できる。祖母から話を聞かされたのが四、五十年も前のことだと徂徠が述べているところから、本作品における水間氏は水間才兵衛か、その親族であった可能性が高いと思われるが、それを確証だてる資料は残されていない。

（8）原文の「娓娓乎」について、『徂徠先生文集解』などは、『詩経』大雅・文王の「亹亹文王、令聞不已」と『正字《せいじ》通《つう》』に「娓、本作亹」とあるのを典拠として挙げる。これに従えば、徂徠は、『詩経』の「亹亹」を、『正字通』によって「娓娓」と直して書いていることになる。

あるいは、そうした技巧を徂徠は用いているかもしれない。ただし、「娓娓乎」という用例は、朱熹の「南剣州尤渓県学記」(『朱子文集』巻七十七)に「娓娓乎唐虞三代之隆矣」と見える。ただ、徂徠が『朱子文集』を読んだとは思えなく、ほかになんらかの典拠があるのかもしれないが、念のために記しておく。なお、原文後出の「言猶在耳」は、『春秋左氏伝』文公七年の「今君雖終、言猶在耳」を襲っていよう。

(9) 徂徠の母方の従弟に当たる香洲が熊本に暮らしたことについては、前出(第1巻5)の「香洲師を送るの序」を参照のこと。香洲の経歴については、母の姉夫婦の子供で、早く両親を失ったということ以外は不明であるが、熊本が父祖の国だという記述からすると、徂徠の「内姉」が水間氏に嫁いだこととなんらかの関わりがあると見られる。ただし、徂徠が香洲のことを「内弟」と記していることから、水間氏に嫁いだ「内姉」が香洲の母だというわけではないだろう。徂徠の母方の親族には、いろいろな形で熊本との深い繫がりがあったということだと思われる。

(10) 藪慎庵が徂徠のもとを訪れたのは享保二年(一七一七)のことであり、墨君徽(住江滄浪)も享保四年(一七一九)までには徂徠に入門している。なお、徂徠は墨君徽の兄にあたる中瀬文山の依頼で正徳五年(一七一五)に「惟適園六景の叙」を書いているが、その経緯などについては前出(第1巻16)の当該作品を参照されたい。

(11) この朝鮮通信使は、享保四年(一七一九)、吉宗の襲封を祝賀するために派遣された使節である。その前の正徳の通信使は新井白石主導の改革による待遇問題で紛糾したが、享保の使節ではそれ以前の待遇に戻したために無事に終了した。この使節の行動などについては、製述官として随行した申維翰《シンユハン》が著した『海游録』に詳しく述べられている。熊本藩そのものは通信使に対する接待などの業務はないので、水足屛山などが大坂の滞在先で私的に面会したものと思われる。『海游録』の大坂に関わる記事には、多くの人々との面会などで夜遅くまで働き、食事を取る暇もなかったとある。なお、このときに父に付き添って面会した博泉と申維翰との交流については、松田甲「水足博泉と申維翰」(『日鮮史話』第五編)に触れられている。徂徠もこの使節の人々と江戸で面談しているが、徂徠にとってこれが最初で最後の対面であった。

(12)　徳川時代になって文化が進んだという記述は、宝永五年(一七〇八)作成の「江若水の詩に叙す」(第1巻4)からよく見られていることだが、綱吉の治世をとくに強調するのは『徂徠集』の序類では本作品が初めてである。柳沢吉保が徂徠などに執筆させた『憲廟実録』は、正徳四年(一七一四)に成立したが、享保二年(一七一七)に修訂されたうえ、柳沢吉里《よしさと》によって幕府に献上されている。この作業にも徂徠は関わっていたが、平石直昭氏の考証によれば、徂徠の鋭い表現がかなり抑えられているとのことである。それはともかく、『憲廟実録』修訂のことが念頭にあったため、本作品で徂徠は綱吉の治世についてとくに言及したのかもしれない。『憲廟実録』以上に注目されるのが、徂徠の身辺に起きたことがらである。享保四年(一七一九)に安藤東野が亡くなり、それ以降、翌年にかけて徂徠は体調を崩していた。甥の三十郎(のちの金谷《きんこく》)を養子とするのは享保五年末のことであった。これらのことがどれほど本作品の記述と関わっているのか、判断は分かれるところだろうが、徂徠が多少なりとも懐古的になるような状況は認めることができる。祖母との思い出も、たんに作品を面白くするための修飾という以上の重みがあるように読める。その意味から、本作品は徂徠の胸中を知るうえで参考になるだろう。

なお、水足博泉のことを喩えたと思われる「汗血之駒」は、「汗血馬」という用語であれば『史記』大宛伝を始めとして多くの典拠があるが、「汗血之駒」という表現は、管見の及ぶ限り、朱熹の「跋滕南夫渓堂集」(『朱子文集』巻八十二)ぐらいしか見あたらない。注(8)の例とともに、念のために記しておく。

原文

水足氏父子詩巻序

余幼時。聞之太大孺人云。肥有高麗門。蓋当豊王之征三韓。肥之先矦。有加藤氏者。為冠軍。驍勇功最著。高麗人至今猶以怖児啼曰。鬼将軍来也。児迺泣而不啼。其比諸羅刹夜叉噉人類。威武所慴伏可知已。及其帰也。以所屠陥城門帰。表以為京観云。太大孺人猶尚及躬親見之。識其材鉅麗詭異者状。又旁聞父老長年者所覩記。鬼将軍戦時它遺佚事。多世所不伝者。初余之内姉嫁肥士人水間氏之子。太大孺人。以其為外孫女。絶鍾愛之。携以往。覩其所以事舅姑若君子何如也。因留三年。迺帰。帰則時時顧余輩襁褓中。語鬼将軍事。娓娓乎弗已。以相慰藉。其将睡時。毎夜率以為常。距于今四五十年。言猶在耳弗忘也。其後内弟僧香洲西游帰。迺謂彼中人士。近多彬彬焉。余猶且咈然疑之。及於五六年来。与藪墨二君相識。皆湛滛墳籍。翔泳南雅。其所著述。頗翩翩有致也。余始駭然異之。越客歳。文学水足君者。迺价藪君。千里辱書問。請余言弁其詩巻。披之則携其児郎邀韓使浪華館中。与相酬和者也。対塁文苑。旗鼓相当。賈勇争勝。矯不肯下。余於是乎喟然嘆息久之。烏乎肥人之於韓。昔以武争。今則文競。豈非世治乱之効邪。夫肥。自鬼将軍以虓威振于海表。而流風余韵。被於邦俗。以余之所素聞。武芸相雄長。称大師者何限。今則否。昇平百年。加以□憲廟右文之治。烝烝乎覃遐方。才子輩出。不譲中土。昔之争也武夫。今之争也君子。曽謂斯巻不若高麗門乎。文学之選。誉重一邦。固無竢余論。而汗血之駒。駸駸日上。亦何以能定其所底止也。独以太大孺人之言猶在耳。而惟夫肥俗之所以丕変者。書以為叙。

書き下し

水足氏父子《みずたりしふし》の詩巻《しかん》の序《じょ》

余《よ》、幼《おさな》き時《とき》、これを太大孺人《たいだいじゆじん》に聞《き》くと云《い》う。肥《ひ》に高麗門有《こうらいもんあ》り、と。蓋《けだ》し豊王《ほうおう》の三韓《さんかん》を征《せい》するに当《あた》りて、肥《ひ》の先侯《せんこう》に加藤氏《かとうし》なる者有《ものあ》り。冠軍為《かんぐんた》りて、驍勇《ぎょうゆう》の功《こう》、最《もっと》も著《いちじる》し。高麗《こうらい》の人《ひと》、今《いま》に至《いた》るまで、猶《な》お以《もっ》て児《じ》の啼《な》くを怖《おそ》れしむるに、鬼将軍来《おにしょうぐんきた》ると曰《い》えば、児《じ》迺《すなわ》ち泣《な》くも啼《わめ》かず。それ諸《これ》を羅刹《らせつ》・夜叉《やしゃ》・噉人《たんじん》の類《たぐい》に比《ひ》す。威武《いぶ》の慴伏《しょうふく》する所《ところ》知《し》るべきのみ。その帰《かえ》るに及《およ》ぶや、屠陥《とかん》する所《ところ》の城門《じょうもん》を以《もっ》て帰《かえ》り、表《ひょう》して以《もっ》て京観《けいかん》と為《な》すと云《い》えり。太大孺人《たいだいじゆじん》、猶尚《な》お躬《みずか》ら親《した》しくこれを見《み》るに及《およ》び、その材《ざい》の鉅麗《きょれい》詭異《きい》なる者《もの》の状《さま》を識《し》る。また旁《かたわ》ら父老長年《ふろうちょうねん》なる者《もの》の覩記《とき》する所《ところ》の、鬼将軍《おにしょうぐん》の戦時《せんじ》の它《た》の遺佚《いいつ》の事《こと》、多《おお》く世《よ》に伝《つた》えざる所《ところ》の者《もの》を聞《き》けり。

初《はじ》め、余《よ》の内姉《だいし》、肥《ひ》の士人《しじん》水間氏《みずまし》の子《こ》に嫁《とつ》げば、太大孺人《たいだいじゆじん》、その外孫女為《がいそんじょた》るを以《もっ》て、絶《た》えてこれを鍾愛《しょうあい》すれば、携《たずさ》えて以《もっ》て往《ゆ》き、その舅姑若君子《きゅうこじゃくくんし》に事《つか》うる所以《ゆえん》の何如《いか》なるかを観《み》る。因《よ》りて留《とど》まること三年《さんねん》にして迺《すなわ》ち帰《かえ》る。帰《かえ》れば則《すなわ》ち時時《ときどき》、余輩《よはい》を襁褓《むつき》の中《うち》に顧《み》て、鬼将軍《おにしょうぐん》の事《こと》を語《かた》りて、娓娓乎《びびこ》として已《や》まず、以《もっ》て相慰藉《あいいしゃ》す。その将《まさ》に睡《ねむ》らんとする時《とき》、毎夜《まいや》率《おおむ》ね以《もっ》て常《つね》と為《な》す。今《いま》を距《へだ》つること、四《し》、五十年《ごじゅうねん》、言《げん》、猶《な》お耳《みみ》に在《あ》りて、忘《わす》れざるなり。

その後《ご》、内弟《だいてい》の僧香洲《そうこうしゅう》、西游《さいゆう》して帰《かえ》れば、迺《すなわ》ちかの中《うち》の人士《じんし》、近《ちか》ごろ多《おお》く彬彬《ひんぴん》なりと謂《い》う。余《よ》、猶《な》お且《か》つ怫然《ふつぜん》としてこれを疑《うたが》う。五《ご》、六年来《ろくねんらい》に及《およ》び、藪《そう》・墨二君《ぼくにくん》と相識《あいし》る。皆《み》な墳籍《ふんせき》を湛淫《たんいん》し、南《なん》・雅《が》に翔泳《しょうえい》し、その著述《ちょじゅつ》する所《ところ》、頗《すこぶ》る翩翩《へんぺん》として致《いた》すこと有《あ》るなり。余《よ》、始《はじ》めて駭然《がいぜん》としてこれを異《い》とす。

越《ここ》に客歳《きゃくさい》、文学水足君《ぶんがくみずたりくん》なる者《もの》、迺《すなわ》ち藪君《そうくん》を价《かい》して、千里《せんり》、書問《しょもん》を辱《かたじけな》くし、余《よ》の言《げん》もてその詩巻《かん》を弁《かざ》らんことを請《こ》う。これを披《ひら》けば、則《すなわ》ちその児郎《じろう》を携《たずさ》えて、韓使《かんし》を浪華《なにわ》の館中《かんちゅう》に邀《むか》え、与《とも》に相酬和《あいしゅうわ》する者《もの》なり。文苑《ぶんえん》に対塁《たいるい》し、旗鼓《きこ》相当《あいあた》り、勇《ゆう》を賈《こ》し勝《かち》を争《あらそ》い、矯《つよ》く下《くだ》るを肯《がえん》ぜず。

余《よ》、ここにおいてか、喟然《きぜん》として嘆息《たんそく》することこれを久《ひさし》くす。烏乎《ああ》、肥人《ひひと》の韓《かん》におけるや、昔《むかし》は武《ぶ》を以《もっ》て争《あらそ》い、今《いま》は則《すなわ》ち文《ぶん》もて競《きそ》う。豈《あ》に世《よ》の治乱《ちらん》の効《こう》に非《あら》ずや。それ肥《ひ》は、鬼将軍《おにしょうぐん》の虓威《ほうい》を以《もっ》て海表《かいひょう》に振《ふる》うよりして、流風余韵《りゅうふうよいん》、邦俗《ほうぞく》に被《こうむ》るは、以《もっ》て余《よ》の素《もと》より聞《き》く所《ところ》なり。武芸相雄長《ぶげいあいゆうちょう》して、大師《たいし》と称《しょう》せらるる者《もの》、何《なん》ぞ限《かぎ》らん。今《いま》は則《すなわ》ち否《ひ》なり。昇平百年《しょうへいひゃくねん》、加《くわ》うるに□憲廟右文《けんびょうゆうぶん》の治《ち》を以《もっ》てし、烝烝乎《じょうじょうこ》として遐方《かほう》に覃《およ》べば、才子《さいし》輩出《はいしゅつ》して中土《ちゅうど》に譲《ゆず》らず。昔《むかし》の争《あらそ》うや武夫《もののふ》、今《いま》の争《あらそ》うや君子《くんし》。曽《すなわ》ち斯巻《しかん》を高麗門《こうらいもん》に若《し》かずと謂《い》わんや。

文学《ぶんがく》の選《せん》、誉《ほまれ》は一邦《いっぽう》に重《おも》んぜらるること、固《もと》より余《よ》の論《ろん》を竢《ま》つ無《な》く、而《しか》して汗血《かんけつ》の駒《こま》の、駸駸《しんしん》として日《ひ》に上《のぼ》ること、また何《なん》ぞ以《もっ》て能《よ》くその底止《ていし》する所《ところ》を定《さだ》めんや。独《ひと》り太大孺人《たいだいじゅじん》の言《げん》の猶《な》お耳《みみ》に在《あ》るを以《もっ》て、かの肥《ひ》の俗《ぞく》の丕変《ひへん》なる所以《ゆえん》の者《もの》を惟《おも》いて、書《しょ》して以《もっ》て叙《じょ》と為《な》さん。

26　官刻六諭《りくゆ》衍義《えんぎ》の叙(1)

（享保六年・一七二一、徂徠集巻九―①）

この歳の冬、幕府の役人が上（将軍）からの命に従って『六諭衍義』(2)を出版する。わたくし茂卿が「本業の」かたわら「通訳（象胥《しようしよ》）の学」にも通じていたからであるが、幕府は本藩（甲斐・柳沢藩(3)）に、わたくしを召しだして、その翻訳を進上させ、さらに版行のいわれを叙文として書かせることを命じた。

伏して考えるに、昔、唐虞（堯・舜）の時代、契《せつ》が義、慈、友、恭、孝の五つの教えを世に行った。(4)周代の「司徒」の「郷の六行八刑」、「明徳親民」の教え、「養老叙歯《じよし》の礼」(5)、これらはいずれも教化を第一としており、漢・唐以来、明・清に及ぶまで「の歴代の王朝は」「孝悌力田《こうていりきでん》」、「木鐸老人《ぼくたくろうじん》」(6)といった制度を設けてきた。愚者を善へと導き、人々を誠実たらしめ、風俗を和《やわ》らげるというのは、まことにもろもろの王が従ってきた不変の規範である。

この書は、おそらく古代の天子が布告したもろもろの戒めや教えの文章（誥《こう》）に遺された意に倣《なら》い、身近な言葉によって教化を行わんとしたものであろう。華麗さをてらわず、修辞に凝ることもなかった。つとめて平易を心がけ、高尚をきどらず、農民の男女から、賤しい仕事の輩《やから》まで、顔を突きあわせ、耳を引っ張るようにして教えを施し、耳に心地よく、心に染みとおり、おだやかにして、人々を威圧することもなく、つとめて事の次第を明らかにし、人々を満足させ、委細を尽くして説き明かそうとしている。あくまで諭していくのだから、頑固者や愚か者でも、これを聴けば、必ず素直に従って、けっして悪をなさなくなることだろう。村里を教化するのにはちょうどうってつけの「善教」である。

ところで、民間で出版されているもろもろの『六諭衍義』は、中国から船によって持ちこまれ、長崎の商人の手を経て購入することができた。学者や士大夫は、そのなかから適当なものを選んで、私的に校訂を加えて出版したので、日本全土にあまねく普及しているが、もとより官の手を煩わすことはなかったのであり、また琉球国が幕府に献上した本書は、秘閣に蔵されたままになっていて、(7)世間に流布することはなかったので、その存在を聞いて一度は眼にしたいと望んでも、そうする手段もなかったことから、幕府は、とくに「琉球国が献上した『六諭衍義』の版行を」行おうとしたのである。(8)

教化と学問を尊び、民を教え導くためであるから、わが国家の配慮は、なんと深くまた厚いことであろうか。国内のこの書の読者よ、幕府の盛んなる徳の意図するところを仰ぎ見て、よくよく理解してほしい。在上の君子たる人々は、つとめておのれを正しくし、ものごとを適切に判断し、進んで人々を教化することを第一とし、刑罰を用いないことを目指してほしい。下々の庶民たちは、つとめて孝慈を習俗となし、おのれの分に安んじ、おのれの業を楽しみ、罪に陥ることなく、その寿命を全《まっと》うし、子孫を育て、天下太平の恩沢に浴すようにせよ、国家の民を慈しむ心に背かないことを願うばかりである。(9)

陪臣の茂卿は、執筆を命じられたので、つつしんで政府から聞かされたことを叙述した。

享保六年辛丑十月十一日。甲斐国の臣茂卿、うやうやしくも丁重な拝礼を行い、「将軍からの」命を奉じて、つつしんで撰述する。

訳注

(1) 本作品の成立は、その本文の末尾に見えるように享保六年(一七二一)十月十一日のことである。

(2) 「六諭」は、明の洪武帝(朱元璋、一三二八〜九八)が発布した「孝順父母、尊敬長上、和睦郷里、教訓子孫、各安生理、毋作非為」という六つの教えのことで、これに明末清初の人范鋐《はんこう》が白話による解説をつけたものが『六諭衍義』である。范鋐によって「衍義」が作られたのは清の康熙年間(一六六二〜一七二二)の前半の頃だとされる(大村興道「「宣講」の名義について」『東京学芸大学紀要　第二部門　人文科学』二一号、一九七〇）。范鋐を王学左派に属する人物とする説もあるが、現在では、そこまで明確な思想をもっていたわけではなく、陽明学と朱子学とを折衷した明末の思想的風潮のなかにあっただけだと考えられている。『六諭衍義』は、清の康熙帝が庶民教化のために欽定としたことから、広く世間に流布することになった。

　中国で出版されたさまざまな版本が交易を通じてもたらされていたようであるが、幕府が出版したものは琉球王朝から薩摩藩を通じて献上されたものであった。すでに多くの研究によって明らかになっているが、これは康熙四十七年（一七〇八）、福州の琉球館で重刻されたもので、琉球王朝の正議大夫程順則（一六六三～一七三四）が自費で出版した。琉球王朝は正徳四年（一七一四）に薩摩藩に献上し、五年後の享保三年（一七一八）、琉球について諮問を受けた島津吉貴《よしたか》が、琉球の現状を説明するなかで紹介したものである。

　将軍吉宗が室鳩巣（一六五八～一七三四）に『六諭衍義』の「和解《わげ》」を作成するように命じたのは享保六年のことであったが、「衍義」には白話が多いために鳩巣には歯が立たず、鳩巣の推薦で徂徠に仕事がまわってきたことはよく知られている。徂徠が「旁《かたわ》ら象胥の学を嫺《なら》う」と述べているのは、どこまで本心かは分からないが、白話混じりの書籍を訓読するぐらいはお手のものであるが、それは自分の本業ではないという気持ちが反映されているように思われる。ちなみに原文の「象胥」は、『周礼』秋官に見える役職で、「訳官」という鄭玄《じょうげん》注がある。中国では古くから多く用いられているが、日本では徂徠以外に、安藤東野（「唐話纂要序」、『東野遺稿』中巻)、平野金華(「与玄海上人書」、『金華稿刪』巻五)、服部南郭(「東野先生碣」、『南郭先生文集初編』)などの用例があり、「唐話」を得意とする蘐園一門が好んで使用した言葉であった。

吉宗と室鳩巣が『六諭衍義』を高く評価したのは、それが庶民教育に役立つと考えたからであり、とくに吉宗は聖堂を拠点とした林家の「講義」に疑問を持ち、享保四年に木門系の儒学者たちに八重洲の高倉《たかくら》屋敷で講義をさせ、それを庶民に開放するという政策をとっていた。しかし、高倉屋敷での講義はあまり効果がなかったことから、その代替策を探していたようである。そこで吉宗は、その意図を理解していた鳩巣に「和解《わげ》」を作らせ、享保七年(一七二二)に『六諭衍義大意』として出版し、それを寺子屋で使用させようとしたのである。庶民教育の必要性は、この頃から急速に重要課題として認識されだし、享保十一年(一七二六)に大坂の懐徳堂を準官学としたのもその一環であった。

一方、徂徠は、『六諭衍義』が、白話の学習、すなわち語学のテキストとして役立つことは認めていたが、それを「官刻」することには反対であった。その理由として、徂徠が、清朝の康熙帝が欽定とした書物を幕府が「官刻」することが、清の支配下にあるという誤解を招きかねないという外交上の問題を挙げていたことはよく知られている(「福寿堂年録」)。また幕府が直接庶民の「修身」に干渉することへの疑問ももっていたようであるが、それ以上に、徂徠が感じていた根本的な問題は、中国と日本の「風俗」の相違であったと思われる。それゆえ、宗族社会を前提とした『六諭衍義』を、儒教道徳の用語が用いられているからといって、「イエ」社会である日本の社会に適用させることの困難さを強く思いながら、徂徠は翻訳と叙文の作成をしていたことになる。この問題については、中村忠行「儒者の姿勢――『六諭衍義』をめぐる徂徠・鳩巣の対立」（『天理大学学報』七八号、一九七二）および許婷婷「徳川日本における『六諭』道徳言説の変容と展開――『六諭衍義』と『六諭衍義大意』の比較を中心に」（『東京大学大学院教育学研究科紀要』四七、二〇〇八）に詳しく触れられている。

（3）この時期に柳沢家はまだ甲斐・甲府を領地としていた。藩主は柳沢吉里《よしさと》（一六八七～一七四五）に替わっていたが、吉保時代と同じ十五万石の大名であった。大和・郡山に移封されるのは享保九年（一七二四）のこと、享保の改革における幕府直轄領の拡大が計られたためだとされている。もちろん、幕府の政策としてはそのとおりなのであるが、大和・郡山への移封で吉里は十五万一千石の禄高を与えられたとあるので、柳沢家の所領が減らされたわけではない。

徂徠は、宝永六年（一七〇九）柳沢邸内にあった教場が閉鎖されるとともに――これは、綱吉の死去に伴って柳沢吉保が失脚したことが関わっている――、柳沢邸を離れて、茅場町に居を求めるが、その後も吉保次男の経隆《つねたか》らの学問指南役を務めるなど、柳沢家とは繋がりがあった。とくに『憲廟実録』の編纂を命じられて、その完成に尽力したことから、正徳四年（一七一四）には五百石へと加増されているほどである。もっとも、これは吉保が亡くなる直前のことであり、正徳四年以降はその関係も徐々に疎遠になってゆく。ただし、享保二年（一七一七）に行われた『憲廟実録』修正作業に徂徠が関わっているように、柳沢家からは必要な人材と見られていたようで、安藤東野・服部南郭などのように切り捨てられることはなかった。本作品で「陪臣」と名乗っているが、この「陪臣」という表現は、最晩年の享保十二年（一七二七）に吉宗に謁見したことを記した「復宇士茹」第二書（巻二十二）にも「陪臣之栄」とあることから、柳沢家との関係は最後まで継続していたと思われる。

（4）『書経』舜典によれば、契は舜によって司徒に任じられ、民に「五典」を行わしめたとある。「五典」は、鄭玄注に「父は義、母は慈、兄は友、弟は恭、子は孝」とある。

（5）「司徒郷六行八刑」は、『周礼』司徒に「以郷三物教万民而賓興之、……二曰、六行、孝友睦婣任恤（郷大夫は、三つの教えによって民を教化し、そこの賢者を選びだす。三つの教えとは、……二番目は六つの行いで、孝・友・睦・婣・任・恤である）」、「以郷八刑、糾万民、一曰不孝之刑、二曰不睦之刑、三曰不婣之刑、四曰不弟之刑、五曰不任之刑、六曰不恤之刑、七曰造言之刑、八曰乱民之刑（郷大夫は、八つの刑罰によって民の罪を明らかにする。八つの刑罰とは、不孝・不睦・不婣・不弟・不任・不恤・造言・乱民の刑罰である）」とあるのに基づいている。

「明徳親民」と「養老叙歯之礼」は『大学』に基づいている。徂徠は『大学解』などで、朱熹が「新民」とした解釈を否定して、「親民」のままでよいとしている。そのうえで徂徠は、「明徳」とは先王の徳を光り輝くようだと比喩的に称えた言葉であり、「親民」とは先王が父母のように民を親しく慈しんでいることをやはり比喩的に述べた言葉であると主張する。さらに『大学』というテキストは、大学という教育施設において、「親民」の具体的な実践として、土地の古老を招いて自ら「養老叙歯之礼」を行うことを記述したものであるという独自の解釈を示している。なお、これらについては、澤井啓一「荻生徂徠の『大学』解釈」(『フィロソフィア』七〇、早稲田大学哲学会、一九八二)を参照されたい。

(6)「孝悌力田」は、前漢・文帝の時代に行われた制度で、一定の戸数ごとに三老・孝悌・力田という役人を選抜し、かれらに民衆教化を行わせ、その成果に応じて褒賞を与えることで、農業生産力を向上させようとしたものだと考えられている。『漢書』文帝紀に見える。「木鐸」は、『論語』八佾篇や『儀礼』『書経』などに見え、古来から民衆教化の代名詞のようなものであるが、ここで徂徠は明代の制度として挙げていると思われる。明の太祖洪武帝は、洪武三十一年(一三九八)に「教民榜文」を発布し、そのなかで「木鐸老人の制」といわれる制度を導入し、秩序維持を推進することを述べている。すなわち郷と里ごとに老人または不具者(廃疾あるいは瞽者)を選び、毎月六回、木鐸をもって郷里内を巡回させるという制度であった。のちに『六諭』ができると、それを触れ回るものに変更されたので、『六諭』とは密接な関係にあり、それゆえに徂徠はここで言及したのであろう。

(7)原文の「天禄」「石渠」は、漢代の書籍を所蔵した宮殿の名称。江戸幕府には、現在「紅葉山文庫《もみじやまぶんこ》」と呼ばれている書庫があり、若年寄配下の書物奉行が収集・管理をしていた。将軍の利用を前提とした施設であったが、老中・若年寄から諸奉行も利用可能で、書物奉行に申請して許可されれば学者や旗本、および一部の藩にも貸し出された。江戸時代では「御文《おぶん》庫《こ》」というのが一般的な呼称であったが、「楓山秘閣《ふうざんひかく》」などと呼ぶこともあった。

(8)この箇所の解釈は、出版された『六諭衍義』付載のものに施された「返り点」に従っている。そこでは「独以坊刻諸書」から「故有司特奉行其事焉」までを一つの文章とし、「独以坊刻」の「以」字の下に「地」が、「末由獲之」の「末」字の下に「天」が施されている。もちろん、その間で区切って複数の文章として読むことは可能であり、音読主義の徂徠が刊本付載のごとくに読んだ証拠もないのだが、とりあえず近世において読まれていたという意味から、刊本付載の返り点に従っておく。

(9) 徂徠がここでわざわざ「上に立つ者」について言及していること、さらに「下の者」については、それぞれの「分」に安んじ、それぞれの「なりわい」を全うすべきことを述べている点に注目する必要があろう。『六諭衍義』を「民衆教化」に役立てたいという吉宗の意図を頭から否定はしないものの、日本には日本の実情に合った「教化」があると述べているのに等しいからである。

原文

官刻六諭衍義叙

是歳冬。有司奉□教梓行六諭衍義。迺以茂卿旁嫺象胥之学也。政府行本府。特□召俾訳進。又俾作叙叙其由。伏以昔在唐虞時。契敷五教。周司徒郷六行八刑明徳親民養老叙歯之礼。莫不以教化為先者。漢唐而還。以及明清。孝悌力田。木鐸老人之設。導愚化蚩。惇倫睦俗。誠為百王率由之常典也。其書蓋放古諸誥之遺意。以俚言行之。不仮丹雘。無事脩辞。務卑之而勿甚高論。施諸農畯紅女。屠酤之徒。辟如耳提而面命之。愜于聴沃于心。順乎莫有夭閼雍閡之患。務罄事情。厭而飫之。委曲開説。弗喩弗措。仮使嚚頑至惷戇之人聴之。亦必能帖服其心志。不敢為悪。可謂閭里之善教也。独以坊刻諸書。皆華舶所齎来。崎港賈人所貿易。人人得購。学士大夫。又択其可者。私自讎校授梓。布于寰区。固無煩□官処分。而斯乃琉球国所致。蔵諸天禄石渠之上。無復兼本流落人間者。或聞其名希一覯。末由獲之。故有司特奉行其事焉。我□国家所以崇教尚学。啓迪斯民。其用心豈不至深厚也乎。海内受読者。其仰体□盛徳之意。其君子務端己率物。先風化。期於刑措。其小人務孝慈成俗。安分楽業。逭於罪戻。全其首領。長其子孫。優游乎□昇平之沢。冀以弗負□国家仁民之心哉。陪臣茂卿授簡。謹叙所聞於政府者如此。享保六年辛丑十月十一日。甲斐国臣物茂卿。拝手稽首奉□教敬撰。

書き下し

官刻六諭衍義《かんこくりくゆえんぎ》の叙《じょ》

是歳《ことし》の冬《ふゆ》、有司《ゆうし》、□教《きょう》を奉《ほう》じて六諭衍義《りくゆえんぎ》を梓行《しこう》す。迺《すなわ》ち茂卿《もけい》が、旁《かたわ》ら象胥《しょうしょ》の学《がく》に嫺《なら》うを以《もっ》て、政府《せいふ》、本府《ほんふ》に行《こう》して、特《とく》に召《め》して訳進《やくしん》せしめ、また叙《じょ》を作《つく》りて、その由《よし》を叙《じょ》せしむ。伏《ふ》して以《おもんみ》れば、昔在《むかし》、唐虞《とうぐ》の時《とき》、契《せつ》、五教《ごきょう》を敷《し》き、周《しゅう》の司徒《しと》、郷《きょう》の六行《りくこう》・八刑《はちけい》、徳《とく》を明《あき》らかにし、民《たみ》を親《した》しみ、老《ろう》を養《やしな》い、歯《し》を叙《じょ》するの礼《れい》、教化《きょうか》を以《もっ》て先《せん》と為《な》さざる者莫《ものな》し。漢《かん》・唐《とう》より而還《このかた》、以《もっ》て明《みん》・清《しん》に及《およ》ぶまで、孝悌力田《こうていりきでん》・木鐸老人《ぼくたくろうじん》の設《せつ》、愚《ぐ》を導《みちび》き、蚩《し》を化《か》し、倫《りん》を惇《あつ》くし、俗《ぞく》を睦《むつ》まじくするは、誠《まこと》に百王率由《ひやくおうそつゆう》の常典《じょうてん》為《た》り。

その書《しょ》、蓋《けだ》し古《いにしえ》の諸誥《しょこう》の遺意《いい》に放《なら》いて、俚言《りげん》を以《もっ》てこれを行《おこな》う。丹臒《たんわく》を仮《か》らず、脩辞《しゅうじ》を事《こと》とすること無《な》し。務《つと》めてこれを卑《ひく》くして、甚《はなはだ》しく高論《こうろん》すること勿《な》し。諸《これ》を農畯《のうしゅん》・紅女《こうじょ》、屠酤《とこ》の徒《と》に施《ほどこ》すに、辟《たと》えば、耳提《みみさ》げて、これを面《ま》のあたりこれを命《めい》するが如《ごと》し。聴《き》くに愜《こころよ》く、心《こころ》に沃《い》り、順乎《じゅんこ》として夭閼壅閡《ようあつようがい》の患有《かんあ》ること莫《な》し。務《つと》めて事情《じじょう》を罄《の》べて、厭《えん》にしてこれを飫《よ》にし、委曲開説《いきょくかいせつ》、喩《さと》さざれば措《お》かず、仮使《たと》い嚚頑至《ぎんがんし》惷戇《とうとう》の人《ひと》、これを聴《き》くとも、また必《かなら》ず能《よ》くその心志《しんし》を帖服《ちょうふく》して、敢《あえ》て悪《あく》を為《な》さじ。閭里《りより》の善教《ぜんきょう》なりと謂《い》いつべし。

独《ひと》り坊刻《ぼうこく》の諸書《しょしょ》は、皆《み》な、華舶《かはく》の齎《もたら》し来《き》たる所《ところ》、崎港賈人《きこうこじん》の貿易《ぼうえき》する所《ところ》、人人《じんじん》、購《あがな》うることを得《う》れば、学士《がくし》・大夫《たいふ》もまたその可《か》なる者《もの》を択《えら》びて、私《ひそ》かに自《みずか》ら讎校《しゅうこう》して梓《し》に授《さず》け、寰区《かんく》に布《ふ》して、固《もと》より□官《かん》の処分《しょぶん》を煩《わずら》わすこと無《な》くして、斯乃《すなわ》ち琉球国《りゅうきゅうこく》の致《いた》す所《ところ》、これを天禄《てんろく》・石渠《せききょ》の上《うえ》に蔵《ぞう》し、また兼本《けんぽん》の人間《じんかん》に流落《りゅうらく》する者無《ものな》く、或《あ》るいはその名《な》を聞《き》き、一《ひと》たび覯《み》んことを希《ねが》えども、これを獲《う》るに由《よ》る末《な》きを以《もっ》て、故《ゆえ》に有司《ゆうし》、特《とく》にその事《こと》を奉《たてまつ》り行《おこな》う。

我《わ》が□国家《こっか》の教《おしえ》を崇《あが》め、学《がく》を尚《たっと》ぶ所以《ゆえん》、この民《たみ》を啓迪《けいてき》するに、その心《こころ》を用《もち》うること、豈至《あにいた》りて深厚《しんこう》ならざらんや。海内《かいだい》の受読《じゅどく》する者《もの》、それ仰《あお》ぎて□盛徳《せいとく》の意《い》に体《たい》し、その君子《くんし》は、務《つと》めて己《おのれ》を端《ただ》しくし、物《もの》を率《ひき》い、風化《ふうか》を先《さき》にして、刑措《けいそ》に期《あてに》し、その小人《しょうじん》は、務《つと》めて孝慈《こうじ》もて俗《ぞく》を成《な》し、分《ぶん》を安《やす》んじ、業《ぎょう》を楽《たの》しみ、罪戻《ざいれい》を逭《のが》れ、その首領《しゅりょう》を全《まっと》うし、その子孫《しそん》を長《ちょう》じて、□昇平《しょうへい》の沢《たく》に優游《ゆうゆう》せよ。冀《こいねが》わくは以《もっ》て国家《こっか》の、民《たみ》に仁《じん》あるの心《こころ》に負《そむ》かざらん。

陪臣茂《ばいしんも》卿《けい》、簡《かん》を授《さず》けられて、謹《つつし》みて政府《せいふ》に聞《うけたまわ》る所《ところ》を叙《のぶ》ること此《か》くの如《ごと》し。

享保六年辛丑《きょうほうろくねんしんちゅう》、十月十一日《じゅうがつじゅういちにち》、甲斐《かい》の国《こく》の臣《しん》、物茂《ぶつも》卿《けい》、拝手稽首《はいしゅけいしゅ》し、□教《おしえ》を奉《たてまつ》りて、敬《つつ》しみて撰《せん》す。

27　釈玄海の崎陽《きよう》に帰るを送るの序(1)

（享保八年・一七二三、徂徠集巻十―⑩）

崎陽（長崎）の玄海上人(2)が西国に帰るに際して、わたくしに面会して言葉を求められた。そこで、わたくしは次のように述べよう。

《わたくしは釈迦の道を学んでいないから、言うべき言葉を何も持ちあわせていません。しかし、上人は文事を好まれておられるから、文章について語ることにいたしましょう。(3)

釈迦の時代は、はるかに遠い時代です。その言葉は意味不明で、文章も蟹の横這いのように書かれ、作者の意図をはっきりと確かめることができません。ところが、八千巻の『大蔵経《だいぞうきょう》』は、それが翻訳されたのは魏晋という時代であり、清談の言葉と世俗の言葉とが入り混じっています。釈迦の文章が六朝時代以前に遡《さかのぼ》ることがないのは、じつはここに理由があると言えます。(4)

わたくしたち［蘐園一門］のように、志は大きくとも、行いがぞんざいな者たちと上人が交際するようになって、すでに十年以上が経ちました。洛陽（京都）出身の服子遷（服部南郭）や［陸奥の］金華出身の平子和（平野金華）は、[5] 上人の文章をさかんに誉めて、釈迦以来、上人ほどの者はいないとまで言っていますが、けっして偽りではないでしょう。この二人は、自分たちの好き嫌いで判断するような者ではありませんから、その発言は軽々しいものではありません。また上人も、『春秋左氏伝』や『史記』を喜んで読んでおられるが、［その一方で］『穆天子《ぼくてんし》伝《でん》』を読むことができないと悲しまれているのは、それらの書物が釈迦が生きた時代と同じ頃に書かれたからなのでしょう。[6]

崎陽は、いま西国の大都会で、夷狄と中華とが交流する場所です。近くは朝鮮・琉球、遠くは欧駱（アウラック）・南交・仏斉（三仏斉《さんぶつせい》）・仏狼《ふつろう》・瓜哇（ジャワ）・渤泥（ブルネイ）などの諸国がこぞってやってきています。[7] 聞くところによれば、暹（シャム）と羅斛（ラウォー）は、[8] 梵語を木の葉に書き、赤い衣を着て巻き貝のような髪を結っているそうですが、古代の身毒（インド）の南境に位置しているのでしょう。かの地の人々は年に一度くらいはやってきますので、釈迦の［時代・地域の］言語を伝える者も必ずいるはずです。［その言語を学んで］上人が［原典を］翻訳するならば、卑陋とされる鳩摩羅什《くまらじゅう》と玄奘《げんじょう》の翻訳はなくなるに違いありません。[9] 上人の志がこのように大きいことをわたくしはよく知っています。

とはいうものの、水が滔々と流れて後戻りしないように、ものごとが衰退してゆくことは世界中どこでも同じです。もしも上人が翻訳した経典を名山の頂きや大河のほとりに秘蔵してしまったならば、［釈迦の衣鉢を持ったまま］鶏足山《けいそくせん》に引き籠った迦葉《かしょう》のように[10]、誰もそれを見ることができないでしょう。千年の後になれば、上人のいたことを知っている者など一人もいなくなってしまいます。

そのうえ、上人は崎陽に生まれたにしても、幼少の頃から［今ほどの］知識を持っていたわけではないでしょうし、道を求めて東に遊学し、足を踏みいれた所がないまでに数十の大都会や数百の小都会を通り過ぎて、服子遷や平子和と交際するようになって初めて日本の小さいことを理解されたのではないでしょうか。いま西方の崎陽に帰って、世界中の人々と交際するようになれば、きっと世界の小さいことをよく理解されることでしょう。そうなれば［現在の］身毒に釈迦の道を伝える者がいるはずもないことを理解されるに違いありません。［結局のところ］上人は鳩摩羅什と玄奘の翻訳を振り返ってみるしかないように思われます。鳩摩羅什と玄奘の翻訳は、［よく読めば］玉が多く、石は少なく、[11]文章の道は明々白々で、それによって千年も以前の大聖人に朝夕会うことができるのですから、それらが必ずしも卑陋であると言うことはできないでしょう。わたくしが上人に望みたいのは、このことだけなのです。》

玄海上人は、次のように述べた。

《わたくしが帰るのは、父母を養うためです。詩の言葉に「人が思うことがあれば、わたくしはそれを推しはかる」とありますが、[12] これはあなたのことのようですな。わたくしは、一年後には再びあなたにお会いするつもりです。》
そして、帰っていった。

訳注

（1）本作品の成立は、同じときに平野金華が玄海上人に贈った「送玄海上人序」（『金華稿刪』巻四）に「癸卯夏上人将帰于西肥」とあることから、享保八年（一七二三）夏であったと確定できる。

（2）玄海上人は、『徂徠先生文集解』によれば、長崎の大音寺《だいおんじ》の僧侶だという。大音寺は、長崎市にある浄土宗の大寺で、慶長十九年（一六一四）伝誉《でんよ》関徹《かんてつ》の開山により創建され、以後長崎奉行の帰依を得て、長崎では筆頭の寺格を有していた。徂徠は享保四年（一七一九）に「崎陽大音寺伝誉上人碑」（巻十四）を書いている。ただし、このときの依頼者は慧海《えかい》上人であり、玄海上人ではない。したがって、今までのところ、玄海上人の事績について詳しいことは分かっていない。

なお、『徂徠集』（巻三十）には玄海上人宛の書簡が二通収録されているが、享保十年と十二年で、いずれも徂徠の最晩年に書かれたものであり、本作品が書かれた後も書簡を通じて交流が続いていたことが分かる。その始まりは、本作品に「十年以上」も前のことだと書かれているから、宝永から正徳に移る頃であろう。正徳二年（一七一二）秋に釈大潮《だいちょう》が江戸に来るが、あるいは関わりがあるのかもしれない。

　なお、徂徠ばかりでなく、本文中に見えるように服部南郭や平野金華とも交流があり、『南郭先生文集初編』に「懐僊台同餞玄海上人西帰得方字」（巻四）、『金華稿刪』には、先に挙げた「送玄海上人序」以外に、「与玄海上人書」一通（巻五）が収録されている。また徂徠学の系譜に入れられることもある細井平洲《へいしゅう》とも親交が深かったようで、『嚶鳴館詩集』には「贈玄海上人」（巻一）、「玄海上人房」（巻三）、「辞玄海上人墓」（巻五）などといった詩五点が収録されている。

（3）原文の「吾将何言。……無已其文邪」は、『孟子』公孫丑上篇の「予言何哉（予何をか言わん）」と、同梁恵王上篇の「無以則王乎（やむなくんば王か）」――この読みについては、現在別の解釈もされているようであるが、伝統的な訓読に従っておく――とを用いながら書かれている。

　また原文後文の「汶汶𦚏𦚏」は、「汶汶」が『楚辞』漁夫の「受物之汶汶者乎」を襲って、「濁ったさま」を意味していることは分かるが、「𦚏𦚏」についてはよく分からない。『徂徠先生文集解』などは、『楚辞』悲回風の「歳曶曶其若頽兮」――「曶」は夜明けから派生して暗い、早いの意――を挙げている。あるいは𦚏字は、月と目とが似ていることによる「肳」字の誤りかもしれない。『集韻』には、「肳」は「瞑」に同じとあり、「曶」と同じく「暗い」とか、

「早い」という意味がある。そこで、ここでは「汶汶眢眢」を「はっきりとは見えない状態」を形容した語句として解釈した。原文の最後の方に見える「朞年」も、版本では「期」を「朞」としているので、「眢」が「肳」あるいは「[illegible]」である可能性は高いだろう。

(4) 仏典の翻訳がおもに六朝期に行われたために「文」として劣っているという理解は、享保二年(一七一七)に徂徠が書いた「魯子の海西に帰るを送るの序」(第1巻19)にも見えていて、徂徠の「古文辞」や中国における言語の変遷に関する認識を知るうえで重要である。

なお「清談の言葉」と訳した原文の「清言」は、人々を戒める格言のような言葉で、『世説新語』以来、それを中心にして書かれた多くの作品がある。あるいは徂徠は、明末に性霊派《しょうりょうは》の人々によって広められた「清言小説」を意識して用いているかもしれない。また「世俗の言葉」と訳した「里言」は、「俚言」と同じくそれぞれの土地に固有な言葉という意味で、『新唐書』芸文志に「俚言俗説」などと見える。

(5) 服部南郭および平野金華の経歴については、後出の「南郭初稿の序」、および「子和の三河に之きて書記を掌るに贈るの序」(第1巻21)の注を参照のこと。なお、原文の「吾党狂簡之士」という表現は『論語』公冶長篇の「吾党之小子狂簡」を踏まえていて、「狂簡」は、志は大きく、細かなものごとにとらわれないという意味である。

(6) 『穆天子伝』は周の穆王の西遊について書かれた小説書で、撰者不詳であるものの、晋代に魏王墓から発見されたという伝承のもとに、『汲冢書《きゅうちょうしょ》』の一部として伝えられる。ただし穆王の時代は紀元前九八五?〜前九四〇年頃とされていて、一方釈迦は、諸説あるものの、一番古い上座部仏教系統の説でも紀元前六二四～前五四四年であるから、年代的には合致しない。徂徠が『穆天子伝』を挙げたのは、ともに古い時代の書物ということからであろうが、あるいは同じ『汲冢書』に収められた魏国の歴史書『竹書紀年《ちくしょきねん》』と混同したからかもしれない。

（7）「欧駱（オーラック／アウラック）」は、紀元前三世紀頃に現在のヴェトナムに築かれた王国で、秦の侵攻を退けた安陽王が古螺（コロア）を都としていたという。「南交」は、『書経』堯典に「申命羲叔宅南交」とあり、「索隠」あたりから、南方にある「交趾（こうし／こうち）」、すなわち前漢から唐にかけて現在のヴェトナム北部に置かれた中国の郡の名称だとする解釈が定着している。「仏斉」は、「三仏斉」のことだと思われるが、そうであれば十世紀から十五世紀初頭までの中国の歴史書などに登場する東南アジアの交易国家である。かつては「室利仏逝（シュリーヴィジャヤ王国）」のことだと見られたが、現在では単一の国家ではなく、マラッカ海峡地域における港市国家の総称だと考えられている。「仏狼」は、「仏狼機（フランキ）」と呼ばれる大砲で知られているが、これについて明の『武備志』には、「仏狼機、国名也、非銃名也」と、それをもたらした「ポルトガル」のことだと書かれている。また「仏狼機」を「フランク（王国）」のことだとし、西欧全体を指す場合もある。「瓜哇」は、現在のインドネシア・ジャワ島のことで、十六世紀以前はヒンドゥー教や仏教を信仰する王国が築かれたが、その後はイスラム教徒の王朝に替わった。中国の歴史書に「瓜哇」という名称が登場するのは『元史』あたりからで、明代の丘濬《きゆうしゆん》『大学衍義補』や王世貞『弇州山人続稿』にもその名が見られる。「渤泥」は、現在の「ブルネイ」のことで、十三世紀初めに成立した趙汝适《ちようじよかつ》『諸蕃志』

には、「渤泥国」という都市国家の名前が見え、交易で栄えていたことが記されている。これらの地名・国名については、『宋史』外国伝や『明史』外国伝、『大明一統志』『皇明世法録』などに見えるが、それらを徂徠が直接調べたとは思えず、それらを記したなんらかの類書があったと推測されるが、今のところ調べがついていない。

(8)「暹」は「スコータイ」、「羅斛」は「ラウォー(ロッブリー)」のこととされていたが、最近では「羅斛」は「アユタヤ」のことを指していたと考えられている。この両国は合併して、「暹羅斛」と名乗ったが、日本では『明史』などの「暹羅」という省略した名称を使用するのが一般的であった。読み方は『和漢三才図会』では「しゃむろ/シヱンロウ」であったが、明治期以降は「シャム」が定着した。「暹羅」は中国や日本などと交易をしており、長崎には「暹羅通事」が置かれていた。徂徠が本作品で「暹羅」ではなく、「暹」と「羅斛」と書いた理由はよく分からないが、「暹羅通事」などから、中国的な省略した呼び方ではなく、正式な名称に関する知識が広まり、それを長崎の人々との交流から徂徠は得たものと推測される。

なお、これと関連して、享保四年(一七一九)に成立したと推定される「贈善暹羅語人」(徂徠集巻十六)が想起されるが、そこでは律楽の学習のために暹羅語を知る必要があることを述べている。同作品では越裳《えつしょう》という現在のヴェトナムにあったとされる古代の王朝名も見えるが、これは王充『論衡』儒増篇に「成王時、越裳献雉、倭人貢鬯(越裳は白雉を、倭人は鬯草を周の成王に献じた)」とある記述に基づいていて、ここから徂徠が古代中国と交渉のあった越裳よりも南にある暹羅には、古い中国の音楽に関する資料や知識が残っているだろうと考えていたことが分かる。

(9)　鳩摩羅什（クマーラジーヴァ）は、三三四年（一説に三五〇年）亀茲国《きじ》（クチャ）に生まれ、後秦の時代に長安に来て約三百巻の仏典を漢訳した。玄奘は唐代の僧で、六二九年にインドに向かい、巡礼や仏教研究を行い、六四五年に経典六百五十七部や仏像などを持ち帰った。玄奘による訳経を「新訳」、鳩摩羅什から新訳までを「旧訳」と呼ぶ。なお、その後にある原文の「滔滔者天下皆是」という表現は、いうまでもなく『論語』微子篇の「滔滔者天下皆是也」をそのまま襲っている。もっとも『論語徴』の当該箇所では、徂徠は「天下が乱れて元に戻ることはない」という朱熹の解釈を受け入れたうえで、このように乱れた天下に自分が補佐すべき人君などいないという意味だと解釈している。

(10)　「鶏足山」とは、古代インドのマガダ国にあったククタパダ山を指す。伽耶《がや》城の南東にあり、釈迦の弟子で「頭陀《ずだ》第一」と称された摩訶迦葉《まかかしょう》（マハーカッサパ）が、釈迦の衣鉢を持って鶏足山に入り、人との交際を断って入寂したと伝えられる鶏足洞がある。この話は『増一阿含経』（巻第四十四）や『阿育王経』のほか、玄奘の『大唐西域記』などにも見えている。このことから本文の「雞足之仙」とは摩訶迦葉のことと解釈した。徂徠が摩訶迦葉を「雞足之仙」と表現したのは、摩訶迦葉が鶏足山に籠ったことから得た発想であろう。ただし、『翻訳名義集』に、『法華文句』を援用しながら、摩訶迦葉を「飲光氏」とか「光波氏」と訳すのは古代の仙人が光を放ったように摩訶迦葉も身体から光を発していたからだと書かれており、あるいは徂徠はこれに基づいたのかもしれない。さらに、徂徠のこの一文は、王世貞『弇州四部続稿』（巻百八十三）所収の「郁人文」に見える文章、「腐令、史成欲蔵之名山、癭公毎志石一埋之麓一埋之壑、乃至摩訶迦葉奉仏伽利入鶏足、其事不同、要之所期於後世一人也（腐令、史成れば、これを名山に蔵せんと欲し、癭公、石に志《しる》すごとに、一はこれを麓に埋《うず》め、一はこれを壑に埋む。乃至《もしく》は摩訶迦葉、仏伽利を奉じて鶏足に入る。其の事同じからざるも、これを要するに後世の一人に期する所なり）」とあるのを襲っているかもしれない。そうだとすれば、「蔵諸名山大川之上」というのは、司馬遷（腐令）と杜預《どよ》（癭公）のことを意識した表現かもしれない。もっとも司馬遷と杜預の事例については、王世貞が何に基づいているのか、定かではない。とりあえず、可能性として挙げておくことにする。

(11)『荘子』斉物論に典拠をもつ「旦暮遇之（朝夕会うことができる）」という表現は、前出（第1巻2）の「野生の洛に之くを送るの序」のほか、『学則』一・二にも見え、「古文辞学」の効果を示す言葉として徂徠は好んで用いている。また原文でその前に見える「落落者玉、碌碌者石」は『老子』三十九章の「不欲碌碌如玉、落落如石（碌碌として玉の如きを欲せず、落落として石の如し）」に基づき、原文「明若観火」は『書経』盤庚の「不惕予一人予若観火」に拠っている。なお原文「文章之道」は、『論語』公冶長篇の「子路有聞、未之能行」の正義に「有聞、文章之道也」とあるほか、いくつかの用例があるが、李攀龍の「送王元美序」にも「天下風靡之士文章之道」と使用されている。本作品の語句の使用例からすると、『論語正義』からの引用と考えるのがよいと思われるが、李攀龍の文章もいくらかヒントになっているかもしれないので、注記しておくことにした。

(12)「詩の言葉に云々」の一節は、『詩経』小雅・巧言「他人有心、予忖度之」をもとにした『孟子』梁恵王上篇の「王説曰、詩云、他人有心、予忖度之、夫子之謂也」が直接的な典拠となっている。

原文

送釈玄海帰崎陽序

崎陽玄海上人将西帰。謁予乞言。予曰。瞿曇之道。我未之学也。吾将何言。然上人好文。無已其文邪。瞿曇之世尚矣。而其言朱離。其文蟹行。汶汶貿貿。不可以躋作者之林。大蔵八千。訳者以之。其在魏晋之際邪。清言淆之。里言訛之。故瞿曇之文。莫踰六朝而上之者。訳之故也。上人業已与吾党狂簡之士游者。十有余年。洛陽服子遷。金華平子和。盛称其文。自釈氏以来。未有上人者。非誣也。之二子者。汚不阿其所好。豈易言哉。上人亦喜誦左氏司馬之書。而悲夫穆天子之伝。不可得以読焉。以其当瞿曇之世也。今夫崎陽者。海西大都会。夷夏之交也。迩之朝鮮流求。遠之欧駱南交仏斉仏狼瓜哇渤泥之諸夷。莫不畢至。吾聞有暹与羅斛者。金梵貝葉。赤衲螺結。蓋古身毒之南竟也。其人歳或一至。必有能伝瞿曇之言者。而上人訳之。豈復有什与奘之陋乎。上人之志。吾識其大者乎爾。雖然。滔滔者天下皆是。仮使上人蔵諸名山大川之上。雞足之仙。誰其遇之。安知千歳之後。必有上人者乎。且上人生崎陽。方其幼也。尚未有知。迨東游以求道。所経歴大都者数十。小都者数百。足跡殆乎窮海之浜。得与服平二子者従游。而後知日本小也。今西帰崎陽。以与天下人游。而益知天下小也。則身毒豈有能伝瞿曇之道者乎。上人其反求諸什与奘之訳。落落者玉。碌碌者石。文章之道。明若観火。大聖千歳。旦暮遇之。則豈必有嚢者陋哉。吾所以属上人者。是已。上人曰。吾之帰也。省其親也。詩曰。人之有心。吾忖度之者。夫子之謂也。吾其春年。必将復見夫子。迺行。

書き下し

釈玄海《しやくげんかい》の崎陽《きよう》に帰《かえ》るを送《おく》るの序《じよ》

崎陽《きよう》の玄海上人《げんかいしようにん》、将《まさ》に西《にし》に帰《かえ》らんとするや、予《よ》に謁《えつ》して言《げん》を乞《こ》う。

予《よ》、曰《い》わく、瞿曇《くどん》の道《みち》、我未《われいま》だこれを学《まな》ばざるなり。吾将《われは》た何《なに》をか言《い》わん。然《しか》れども上人《しようにん》は文《ぶん》を好《この》む。已《や》む無《な》くんば、それ文《ぶん》か。

瞿曇《くどん》の世《よ》は尚《ひさ》し。而《しか》れどもその言《げん》は朱離《しゆり》、その文《ぶん》は蟹行《かいこう》し、汶汶曶曶《もんもんこつこつ》として、以《もっ》て作者《さくしや》の林《りん》に躋《のぼ》るべからず。大蔵八千《だいぞうはっせん》、訳者《やくしや》のこれを以《もっ》てするは、それ魏晋《ぎしん》の際《さい》に在《あ》らんか。清言《せいげん》、これに淆《まじ》り、里言《りげん》、これに訛《か》す。故《ゆえ》に瞿曇《くどん》の文《ぶん》、六朝《りくちよう》を踰《こ》えてこれを上《しの》ぐ莫《な》きは、訳《やく》の故《ゆえ》なり。

上人《しようにん》の、業已《すで》に吾党《ごとう》の狂簡《きようかん》の士《し》と游《あそ》ぶこと、十有余年《じゆうゆうよねん》。洛陽《らくよう》の服子遷《ふくしせん》、金華《きんか》の平子和《へいしわ》は、盛《さか》んにその文《ぶん》を称《ほ》めて、釈氏《しやくし》より以来《いらい》、未《いま》だ上人有《しようにんあ》らずとは、誣《ふ》に非《あら》ざるなり。之《こ》の二子《にし》なる者《もの》は、汚《みだ》りにその好《この》む所《ところ》に阿《おもね》らざれば、豈《あ》に言《げん》を易《たやす》くせんや。上人《しようにん》もまた左氏《さし》・司馬《しば》の書《しよ》を誦《しよう》するを喜《よろこ》びて、かの穆天子《ぼくてんし》の伝《でん》の以《もっ》て読《よ》むを得《う》べからざるを悲《かな》しむは、その瞿曇《くどん》の世《よ》に当《あた》るを以《もっ》てなり。

今《いま》、それ崎陽《きよう》なる者《もの》は、海西《かいせい》の大都会《だいとかい》、夷《い》・夏《か》の交《まじ》わるや、迩《ちか》くは朝鮮《ちようせん》・流求《りゆうきゆう》、遠《とお》くは欧駱《おうらく》・南交《なんこう》・仏斉《ふっせい》・仏狼《ふつろう》・瓜《か》哇《あい》・渤泥《ぼっでい》の諸夷《しよい》、畢《ことごと》く至《いた》らざるは莫《な》し。吾聞《われき》く、暹《せん》と羅斛《らこく》なる者《もの》と有《あ》りて、金梵《きんぼん》・貝葉《ばいよう》、赤衲《せきのう》・螺結《らけつ》、蓋《けだ》し古《いにしえ》の身毒《しんどく》の南竟《なんきょう》なり、と。その人《ひと》、歳《とし》に或《ある》いは一《ひと》たび至《いた》れば、必《かなら》ず能《よ》く瞿曇《くどん》の言《げん》を伝《つた》うる者有《ものあ》らん。而《しか》して上人《しょうにん》、これを訳《やく》せば、豈《あ》にまた什《じゅう》と奘《じょう》との陋有《ろうあ》らんや。上人《しょうにん》の志《こころざし》、吾《われ》、その大《だい》なるを識《し》るのみ。

然《しか》りと雖《いえ》ども、滔滔《とうとう》なるは天下《てんか》皆《み》なこれなり。仮使《も》し上人《しょうにん》、これを名山《めいざん》・大川《たいせん》の上《ほとり》に蔵《ぞう》せば、雞足《けいそく》の仙《せん》、誰《たれ》かそれこれに遇《あ》わん。安《いず》くんぞ千歳《せんざい》の後《のち》、必《かなら》ず上人《しょうにん》なる者有《ものあ》るを知《し》らんや。

且《か》つ上人《しょうにん》は崎陽《きよう》に生《うま》れ、その幼《おさな》きに方《あた》りてや、尚《な》お未《いま》だ知《し》ること有《あ》らず。東游《とうゆう》して以《もっ》て道《みち》を求《もと》めて、経歴《けいれき》する所《ところ》の大都《だいと》は数十《すうじゅう》、小都《しょうと》は数百《すうひゃく》、足跡《そくせき》は殆《ほとん》ど海《うみ》の浜《ひん》を窮《きわ》めて、服《ふく》・平《へい》の二子《にし》と従游《しょうゆう》するを得《う》るに迨《およ》んで、而《しか》る後《のち》に日本《にほん》の小《しょう》なるを知《し》るなり。今《いま》、西《にし》のかた崎陽《きよう》に帰《かえ》り、以《もっ》て天下《てんか》の人《ひと》と游《あそ》べば、益《ますま》す天下《てんか》の小《しょう》なるを知《し》らん。則《すなわ》ち身毒《しんどく》、豈《あ》に能《よ》く瞿曇《くどん》の道《みち》を伝《つた》うる者有《ものあ》らんや。上人《しょうにん》、それこれを什《じゅう》と奘《じょう》との訳《やく》に反求《はんきゅう》すれば、落落《らくらく》なるは玉《ぎょく》、碌碌《ろくろく》なるは石《せき》、文章《ぶんしょう》の道《みち》、明《あか》るきこと火《ひ》を観《み》るが若《ごと》く、大聖千歳《たいせいせんざい》にして旦暮《たんぼ》にこれに遇《あ》わん。則《すなわ》ち豈《あ》に必《かなら》ず曩《さき》なる者《もの》の陋《ろう》なること有《あ》らんや。吾《われ》、上人《しょうにん》に属《のぞ》む所以《ゆえん》の者《もの》はこれのみ。

上人曰《しょうにんい》わく、吾《われ》の帰《かえ》るや、その親《おや》を省《み》ればなり。詩《し》に曰《い》わく、人《ひと》の心有《こころあ》れば、吾《われ》、これを忖《そん》度《たく》せんとは、夫子《ふうし》の謂《い》いなり。吾《われ》、それ朞年《きねん》に、必《かなら》ず将《まさ》にまた夫子《ふうし》に見《まみ》えんとす、と。迺《すなわ》ち行《ゆ》けり。

28　郡司火技《ぐんじかぎ》の叙(1)

（享保九年・一七二四、徂徠集巻九―⑤）

今、天下に軍事を論ずる者は数十家にものぼるが、まとめてしまえば、甲州［の武田信玄］、越後［の上杉謙信］の二氏の方法を超えておらず、少しく飾りたてて、名称を変えて、世間に売り込もうとする者にすぎない。(2)

そもそも、武器の威力は火器に及ぶものはなく、そして火器を取り扱う技術には多くの流派がある。(3)［武田・上杉の］二氏の陣構えは、火器と弓矢とを持つ兵士を前列に配置し、槍を持つ兵士を後列に置き、中間に徒士《かち》が旗指物を立て、馬を並べて徒歩で進むというものであったが、［火器を取り扱う技術には多くの流派があるにもかかわらず］だれもかれもみなそうしていた。天下は、今に至るまでそうした隊列の組み方を尊んで受け継ぎ、これ以外の方法で陣構えをする者はいまだいないのである。しかし、二氏の時代には［火器は］僅かに鳥銃《ちょうじゅう》しかなかった。(4)鳥銃は百歩（約一八〇メートル）(5)ほどの射程距離しかなく、火薬の威力もそれほど強いものではなかった。だから、その陣構えはこのような形になっていたのである。

豊王（豊臣）の時代に至ると、轟音を発するもろもろの大砲がつぎつぎに出現した。(6) 砲弾が十里（約三・四二キロメートル）(7) もの遠くにまで到達しうるのは、火薬の力によるのであるから、もしかりに、［武田・上杉の］二氏がふたたび現れたとしても、［火器だからといって］大砲を陣の前列に配置することはしないはずである。そして、その火器はきわめて重く、移動が不可能であり、その威力もあまりに甚だしすぎて、近づくこともできない。もちろん人間の力では、これを制御することはできない。砲弾を発射すると、すぐさま反動で後退するのだが、これを制御することができず、人も物もみなこなごなになってしまう。だから、陣中に配置することもできない。ゆえに世に行われている陣構えは、今に至るまで、もとのままなのであった。ここ数十年来、人々は、ようやく次第にこれを扱うことに熟達してきて、なかには一人で百両（約三・七五キログラム）の砲弾を発射することのできる者さえ現れるに至った。(8) しかし、それもまた千人百人中一人、というのであって、陣中に配置することなどとてもできはしないのである。

わたくしは、かつて戚元敬《せきげんけい》の書を読んだことがあるが、(9) それによれば「仏狼機《ふつろうき》」「虎蹲《こしゅん》」などの大砲は、車台に載せて配置し、進退の便をはかり、円形に並べれば城砦となり、たちまちのうちに陣形を変化させ、歩兵、騎兵がこれを補翼する、とある。大砲の威力はかくして神業《かみわざ》となったのだ。「仏狼機」「虎踆」などで陣構えをして、初めて「武田・上杉の」二氏の方法を廃することができるのだ。ただ、東国の人々（山東人）の間においては、(10)こうしたことがらを知る者が少ない。

わたくしは、県孝孺（山県周南）の紹介で、同じ長州の人、郡司君なる者に出会うに及んで、ようやく初めてその詳しい説明を聞くことができた。そこで「わたくしは」手を打ち、「天下に敵なし」と大声で叫んだ。

「仏狼機」などの大砲は、もとより長州にあったのだが、郡司君はみずからの着想によって砲床を製造した。はじめ、「旋風」とか「妙用」とかいった大砲に対しては備州出身の人の手になる砲床があり、それらは反動の力を巧みに蓄え、後退することがなかった。しかし、砲弾の重さが十両（約三七五グラム）を越えると壊れてしまう。郡司君の砲床は百両の重さでも壊れないのだ。砲床は、三層に分かれていて、いちばん下の層に機構を設け、転がして移動できるようにしてある。その動きの軽さは毛のごとくであって、左右前後、思うままである。おそらく大砲の力というものは、蓄えた力を一気に激しく爆発させることによるのだが、「砲筒のなかで」激しく爆発すれば、その反動で「大砲全体が」後退する。それゆえ人間の力ではこれを如何ともできないのである。しかるに郡司君は、力をうまく逃がす工夫をして、反動がないようにした。なんと巧みな工夫であることよ。まことに天下の至巧であることよ。

郡司君は、次のように述べた。

《火器の威力は火薬によって決まります。火薬の巧みな用い方には一定の決まりがあります。砲弾には軽重があって、砲身には長短があります。この二つの要素をはかって火薬の用い方を決めれば、三寸九分（約一二センチメートル）の近距離から十里（約三・四二キロメートル）までを射程におさめることができます。肥州出身の人の伝えるところによると、その用い方の決まりは、「三極《さんきょく》」のあり方と「大衍《だいえん》」の数との関係から導きだされ、こうした導き出し方を「衍極《えんきょく》」というのだそうです[11]。また、火薬を火箭《かせん》に装着することもあります[12]。砲弾は球形ですが、こちらは先が尖っています。だから火薬の用い方は異なりますが、「三極」と「大衍」に関わるという点では同じところに帰着するのです。火箭については、「その計算式は」わたくしの独創であります。朝鮮の諸技術については、祖先から伝えられてきたもので、これを併せて記録し、のちの人々に遺すこととしました。どうか叙を書いていただきたい。》

そもそも、人の技というものは、みなその勇気を示すものである。郡司君は、武器を制作し、火薬の量を定め、実際に陣中で使用できるようにし、人々がそれぞれに勇気を発揮できるようにした。郡司君の技たるや、たんなる技以上のものであると言うべきだ。わたくしが、［武田・上杉の］二氏［の陣構え］の方法を廃して、郡司君の技を取り入れたのは、この理由によるのである。

郡司君、名は信之《のぶゆき》(13)、その先祖に郡司となっていた者がいたので、「郡司」をもって氏とし、長州の馬監（馬廻役《うままわり》）となったという。

享保九年甲辰、春正月。

訳注

(1) 本作品は、本文末尾に見えるように、享保九年（一七二四）正月に書かれた。本作品は、東京在住の子孫、郡司信興氏所蔵の「郡司家文書」に収録されて現存しているという（小山良昌「郡司家文書について」幕末長州科学技術史研究会編『長州の科学技術〜近代化への軌跡』創刊号、二〇〇三）。

徂徠が兵学に強い関心を抱いていたことは、『政談』と同じ晩年に書かれた『鈐録《けんろく》』、および写本で流布した『鈐録外書』があることから明らかであるが、その基礎には幼児期の体験、祖父母（児島正朝夫妻）の養育によるものであったらしいことが、「鈐録序」から知られる。『鈐録』の成立や意義などについては、平石直昭『荻生徂徠年譜考』のほか、許家晟「荻生徂徠の『政談』と『鈐録』について――武士土着論とその背景にある危機意識」（『早稲田大学大学院

文学研究科紀要　第一分冊』、二〇一三）を参照のこと。なお片岡龍「荻生徂徠の初期兵学書について」（『東洋の思想と宗教』第一五号、一九九八）によれば、写本で伝わる『射書類聚和解』（酒田市立図書館蔵）や、徂徠が編みだしたとされる囲碁の道具を利用して行う将棋、「広《こう》象棋《しょうぎ》」を解説した『広象棋譜』（明和七年、一七七〇刊）も、広義の兵学書と見なすことができるという。事実、現在伝えられる「広象棋」には、「砲」の駒があり、本文に見える「仏狼機」がそれに相当しよう。これらのことから、徂徠が大砲を使用した兵学に強い関心を抱いていたばかりでなく、本作品がそうした兵学の構想に深く関わっていることがよく分かる。

（2）江戸時代になると、戦国時代の名将とされた武田信玄や上杉謙信などが回顧され、それぞれの配下にあった人々によって「兵学」として広まった。たとえば、甲州流は小幡景憲《おばたかげのり》（一五七二～一六六三）によって創始されたとされ、また加賀の有沢永貞《ありさわながさだ》（一六三八～一七一五）も甲州流兵学を独自に大成し、有沢流として加賀藩に定着させた。越後流は、沢崎《さわざき》（朝倉）景実《かげざね》（一六二五～八三）が、上杉謙信のもとにいた宇佐美良勝《うさみよしかつ》・加治景英《かじかげひで》らの兵法に基づいて興し、江戸・本郷で講義したという。精神性を強調して、仏教思想を取り込んだところに特徴があるとされる。このほか、小幡景憲の高弟であった北条氏長《ほうじょううじなが》（一六〇九～七〇）の北条流、その高弟であった山鹿素行（一六二二～八五）が始めた山鹿流などがある。北条流や山鹿流は、それぞれの門人たちが諸藩に召し抱えられて、全国に広まった。こうした動向を踏まえて、徂徠は「甲越二氏」を超える者はいないと述べたのであろう。なお『孫子』などの古代中国の兵学は、宋代に『武経七書』としてまとめられたこともあって、日本でも戦国時代からよく読まれていたが、『武備志』『紀効新書』といった明代の兵学書を取り入れるのは、長沼澹斎《ながぬまたんさい》（一六三五〜九〇）が興した長沼流あたりからだと考えられている。江戸時代の兵学については、野口武彦『江戸の兵学思想』（中央公論社、一九九一、のち中公文庫に所収）、前田勉『近世日本の儒学と兵学』（ぺりかん社、一九九六）を参照のこと。

（3）　戦国期に鉄砲がもたらされた種子島にはポルトガル人から教えられた「砲術」があったが、鉄砲が各地に広がると、鎧《よろい》をつけたまま鉄砲を撃つための技術が発達した。その多くは、鉄砲が速射と命中率で弓よりも劣るために、その向上を目指したものとされ、とくに銃を頬につける撃ち方は弓術から取り入れたものと考えられている。また大筒《おおづつ》を抱えて撃つ方法も日本独自だとされている。このように大きな形式は変わらないものの、さまざまな目的に応じた射撃姿勢や火薬材の配合比率などを「秘伝」とする流派が多く生まれ、江戸時代には四百を超える流派があったとされている。

長州藩には荻野安重《おぎのやすしげ》（一六一三〜九〇）に始まる荻野流砲術などもあったが、郡司家は隆安《たかやす》流砲術を伝承していた。隆安流は隆安函三流とも呼ばれ、毛利輝元に仕えた中村若狭守隆安（隆康ともいう）が種子島でポルトガル人から砲術を学んだことに始まるという伝承をもつ流派である。若狭守隆安の嫡子の市郎右衛門隆和《たかかず》が肥後・熊本藩に仕え、熊本と八代で子孫が流派を継承したほか、中村若狭守隆安の女婿であった郡司讃岐守信久《のぶひさ》が長州藩で大砲の技術に優れた隆安流を継承してきた。またこの郡司信久に技術を学んで秋田に伝えた人物として佐藤歓《かん》庵《あん》がおり、かれは佐藤信淵《のぶひろ》の高祖父であった。これらのことについては、郡司健「江戸期における隆安流砲術の継承と発展」（『伝統技術研究』三号、伝統技術研究会、二〇一一）を参照のこと。

郡司家は、三田尻《みたじり》を拠点として大内氏に仕えた鋳物師であったが、大内氏滅亡後、大砲鋳造の技術によって長州藩初代藩主毛利秀就《ひでなり》に召し抱えられた。前掲の郡司論文によれば、郡司氏の始まりは郡司信久であり、萩東郊の松本に鋳造所を、また引退後には萩南郊の青梅に鋳造所を作って、それぞれ子孫が継承していったということである。また郡司讃岐守信久の生家があった三田尻でも鋳造を家業とする子孫がいたようで、三田尻の系統からの技術をもとに幕末に佐藤信淵が「大衍流《だいえん》」と呼ぶ兵学――移動可能な大砲とそれを使用した戦術――を考案したことはよく知られている。また幕末の長州藩は松本の鋳造所を継承していた郡司氏に「郡司鉄砲鋳造所」を興させ、洋式（カノン砲）の技術を取り入れた藩営の大砲製造工場とした。

（4）「鳥銃」は、銃身にライフリングが施されていない先込め式の「マスケット銃」のことで、もともとは中国で狩猟用の原始的な銃を指した言葉であるが、「火縄銃」も同じマッチロック式であることから、こう呼ばれることもある。上杉と武田の戦いのなかでもよく知られた「川中島の合戦」の第二次合戦（天文二十四年・一五五五）で、武田陣営が「鉄砲」を備えていたことについては、宇田川武久『鉄炮伝来――兵器が語る近世の誕生』（講談社学術文庫、二〇一三）を参照されたい。同書には「鉄炮伝来」に関する最近の研究動向についても詳しく書かれている。

ここで江戸時代の武士および農民の鉄砲所持について簡単に触れておけば、以下のようである。慶安二年（一六四九）に施行されて幕末まで続いた江戸幕府による大名の軍役負担は、知行一万石で二三五人、鉄砲二〇挺、十万石で二一五五人、鉄砲三五〇挺となっている。また貞享四年（一六八七）、綱吉時代に公領・私領を問わず、鳥獣から田畑を守る猟師鉄砲・威し鉄砲以外の鉄砲の保有を禁じた「諸国鉄砲改め」が発布されたが、そのとき紀州藩内では猟師鉄砲三八九三挺、威し鉄砲三〇一一挺が民間に保有されていたという。この「鉄砲改め」は綱吉が死ぬと事実上撤回されたため、民間には大量の銃が依然として保有されつづけており、宝永八年（一七一一）の対馬藩の調べによると、藩内に一四〇二挺の鉄砲があり、うち一一五八挺は民間で保有するものであった。藩内の壮丁――二十歳から六十歳の男性――は約三九〇〇人であったから、壮丁三人強に銃一挺ということになる。こうした表面化した事例以外に、ひそかに保有されたものがきわめて多かったらしいことについては、旧幕府代官手代で八州廻り代官の下についた人間の証言がある（『旧事諮問録』岩波文庫）。また鈴木眞哉『鉄砲と日本人』（洋泉社、一九九七）を参照されたい。

（5）本作品で徂徠が用いている度量衡が何に基づいているかよく分からない。徂徠には中国の歴代王朝における度量衡の変遷を考証した『度量考』があるが（弟の北渓が『衡考』を著し、のちに『度量衡考』として出版した）、日本については何も述べていないからである。日本では大宝律令以来、一尺が三〇センチメートル前後の尺度で推移しているので、徂徠もそれに基づいていたと思われる。一歩は六尺なので、百歩は約一八〇メートルとなる。

（6）本文に出てくる「仏狼機」――「仏朗機」とも書く――、すなわち「フランキ砲」は、大友宗麟がポルトガルの宣教師から入手したのが始まりとされるが、日本では、起伏の多い地形を戦場とし、機動性を重視する戦術のために、ほとんど野戦では使用されず、もっぱら海戦・攻城戦において船や城壁を破壊することに用いられた。慶長十九年（一六一四）の「大坂冬の陣」では、徳川幕府は大口径の前装式青銅砲、「カルバリン砲」などをイギリス・オランダから購入したが、これがその後の和製「大砲」のモデルとなった。さらに「島原の乱」後の寛永十六年（一六三九）に幕府は、砲弾の内部に火薬が詰められた榴弾を使用する「臼砲」もオランダ商館から入手したが、その後戦乱がなくなったため、日本ではほとんど発達しなかった。幕末に反射炉が作られるようになり、そこで製造された大砲の多くはこの「臼砲」の類であった。これらのことについては、前掲宇田川書を参照のこと。

(7)　この飛距離は、徂徠の別の作品から得られた数値に基づいている。というのも、一般に大坂城攻略で徳川幕府が使用した大砲（カルバリン砲）の「有効射程距離」は四〜六キロメートルとされているので、一里＝三十六町（一町＝六十間、一間＝六尺）、一尺＝三〇センチメートルで計算すると、徂徠が述べている「十里」は約三九キロメートルという距離になり、文学的修辞の範囲を越えた表現だと言わざるをえない。

そこでほかの資料を探すと、『徂徠集』に収録された「峡中紀行」（上）に、江戸城から八王子の宿駅までが百二十里とする記述が見える。現在の地図ではおおよそ四〇キロメートルであるから、一里は三三〇メートルほどになる。さらに同書には小仏峠に関する記述が見え、そこでは上りと下り、それぞれが「六里」と記されている。一方、「峡中紀行」以前に書かれ、そのもととなったとされる「風流使者記」では、それぞれが「十九町」と書かれている。近世の「一町」はさきに見たように「六十間」であり、一尺を三〇センチメートルで換算すると「一町」で約一〇八メートルとなる。ここから「十九町」が「六里」であるという徂徠の記述によって計算すると、この場合の「一里」は約三四二メートルとなる。これに基づいて「十里」を計算すると、さきの近世初頭の大砲の射程距離とそれほど違わない。あくまでも推測の域を出ないのだが、とりあえず、ここで得られた数値を括弧内に記しておくことにした。なお、「峡中紀行」および「風流使者記」は河村義昌氏の訳注本（雄山閣、一九七一）を参照したが、訳者の河村氏も、注のなかで「三丁余り」が一里に相当すると計算されている。つまり、里程に関しては幕府が認めた三十六町ではなかったということになる。江戸時代には地域によって独自の「一里」の算定がされていたようであるから、徂徠の記述もまったく不自然ではない。なお重さについては、一両は十匁、約三七・五グラムで計算した数値を括弧内に入れておいた。これは『徂徠集』の他の作品を見ても徂徠がどのように理解していたかを裏づける資料が見つからなかったからである。

（8）いわゆる「大鉄砲」、「抱え大筒」と呼ばれるものを指すのであろう。日本の火器は弾丸重量を中心とした分類が多く、また流派ごとに分類されているので、正確な分類は難しいが、「火縄銃」を大型化して、抱え込みながら発射するものがあり、二十匁（約七五グラム）以上から百匁（約三七五グラム）の弾丸を発射したという。流派では関之信《ゆきのぶ》に始まる関流砲術が知られている。銃の製造や火薬の配合も重要であるが、発射の際の反動が大きいので、転がりながらそれを避ける技術などが秘伝化されていたという。

(9)　戚継光《けいこう》(一五二八〜八七)、字は元敬。山東省・登州衛に生まれ、倭寇平定の功績によって名を挙げ、のちにモンゴルとの戦争のために万里の長城の補強・増築にも力を尽くした。張居正に重用されたが、その死後、弾劾されて失職し、失意のうちに亡くなった。戚継光は倭寇との戦いのなかで火器の重要性を認識し、それを用いた戦術を編みだした。海戦ばかりでなく、本文に見えるように陸戦においても、火器をすばやく展開させる戦術、鴛鴦《えんおう》陣、三伍陣、三才陣、菱形哨陣と呼ばれる陣形を巧みに使い分ける戦術を考案した。これらのことは嘉靖三十九年(一五六〇)に成立した『紀効新書』に詳しく書かれている。『紀効新書』は、明清に多くの刊本が出版されているほか、朝鮮においても軍事教育の教科書とされていた。戚継光の著作には『練兵実記』もあるが、徂徠が読んだのは『紀効新書』であろう。

「仏狼機」についてはすでに注(6)で触れておいたが、「虎跧」は「虎蹲炮」と呼ばれているもののことだと思われる。「虎蹲炮」は戚継光が倭寇との戦いでよく使用した大砲で、虎がうずくまっている姿を連想させたことから名前がつけられたという。鉄の輪と釘で地面に固定して射撃したが、軽量で運びやすく、どんな地形でも使用でき、最大射程は二キロメートルほどであった。

(10)　原文は「山東人」となっているが、注(3)で触れた郡司健氏の論文には、山県周南が本作品に簡単な注釈を入れた「郡司火技序注釈」(萩博物館蔵)が載せられていて、そこには「関東ノコト」という周南の注釈が見えるので、「山東」を「関東」の意味で解釈した。ただし、徂徠の「豊公族大夫養拙君二亭記」（巻十三）には「豊之先世、国于信、則控弦之威、慴于山東、流風余韻之所存」とあり、土屋伯曄《はくよう》が仕えた豊前・小倉藩主小笠原忠雄（ただたか／ただかつ）の祖先である小笠原氏が戦国時代に信州を拠点としていたことを指して「山東」の語を使用している。また安藤東野の「送徂来先生使甲陽序」（『東野遺稿』）では、「甲也者、山東之喉襟、而覇図之旧基也」と、甲斐を指して「山東の喉もと」に当たると書いている。これらの用例から、必ずしも厳密に「関東」という意味ではないにしても、広く「東国」を指す言葉と理解すれば意味は通じるだろう。

(11)「三極」も「大衍」も弾丸の飛距離を計算するための公式に用いられた用語であろうが、詳しい計算法は不明。もともと「三極」は「天地人」を指し、「大衍」は筮竹の数を指す「易」に関わる概念である。現在の筮法はその多くが「大衍筮法」と呼ばれる方法がもとになっており、それは筮の数を「大衍」、すなわち五十本用いるが、実際の占いには一本を「太極」に象って別に置き、四十九本を用いるものである。さらに「大衍」の語は数学でも使用され、南宋の秦九韶《しんきゅうしょう》は『数書九章』を著した（一二四七年）が、そのなかで「大衍求一術」という公式を提唱した。これは「不定方程式」を論じたものであるが、その応用として「暦法」ばかりでなく、「賦税」「軍事」「市場」などで必要とされる数学の問題を解説したものである。その後、元代に朱世傑《しゅせいけつ》の『算学啓蒙』が登場し、朝鮮王朝および日本に大きな影響を及ぼした。その影響については、小川束・森本光生『江戸時代の数学最前線——和算から見た行列式』（技術評論社、二〇一四）、とりわけ「第三章 東アジア数学における代数学」を参照のこと。

(12)　ここで徂徠が述べている「火箭」は、朝鮮の「神機箭《シンギジョン》」と関わりがあるかもしれない。徂徠が作ったとされる「広象棋」には、「仏狼機」と並んで「神機《しんき》車《しゃ》」なる火器の駒がある。「火箭」は十三世紀頃に発明された「ロケット弾」の一種で、升目に区切られた箱や筒を傾斜させて発射し、有効射程が五〇〇メートルほどの火器である。その後、「一窩《いっか》蜂箭《ほうせん》」が十四世紀に登場するが、一度に三十二発の火箭が発射できるもので、小型のものは筒を抱えて、大型のものは地面に固定して発射したが、その中間で車に載せるものもあったという。『紀効新書』の著者である戚継光も「火箭」を使用しているが、これはおもに倭寇対策として、海上戦で敵の船舶を焼き討ちするために使用したものだという。したがって朝鮮が壬辰倭乱（文禄慶長の役）で使用したとされる「神機箭」以前にも「火箭」は存在するのだが、本作品の後文に、郡司氏が朝鮮に関わる資料を持っていたことが書かれていることから考えると、徂徠の「火箭」および「神機車」が朝鮮の「神機箭」と関わりが深い可能性もある。

(13)　前掲の郡司健氏の論文によると、郡司讃岐守信久の嫡子であった喜兵衛信安《のぶやす》は萩・松本にあった鋳造所を継いだが、藩士に取り立てられたため、家業の鋳造は養子権助信正《のぶまさ》に譲ったという。一方、士分となった信安の嫡子が源太夫信之、すなわち「郡司火技」の著者である。おそらく藩士として仕えてゆくために、これまで家に伝承されてきた技術などを書籍としてまとめようとしたのではないだろうか。その後、信之から三代目に当たる源太左衛門信順（のぶゆき／のぶのり）のときに「郡司流」を名乗るようになったということである。なお原文「馬監」を「馬廻役」と訳したが、長州藩の家臣団のうち、中士上等に当たる「大組」は別名「馬廻組」と呼ばれ、中士下等に当たる「遠近附」は別名「馬廻通」と呼ばれており、いくつかに分かれた郡司家のなかには「大組」や「遠近附」に配属された人々がいたことから、それを指して徂徠は「馬監」と表現したと思われる。また同原文の「見為」の「見」字を受け身の助字として解釈したが、『蘐文談広疏』では「現」の意味に解釈して、「現在、長州の馬監である」としている。あるいはそうした理解も可能であるので、注記しておく。

原文

郡司火技叙

海内言兵者。亡慮数十家。要之不出於甲越二氏所為法。它皆小有所縁飾。易其名以求售者已。何足道哉。夫兵之毒。莫火若。而火之技。有異端焉。二氏所為陳。前火与弧。而後其戈矛。衷以旌旗。舎馬而徒。彼我皆然。海内至于今宗之。未有外乎此以為陳者也。然当二氏之世。廑廑乎有鳥銃耳。鳥銃百歩而止。火之毒未弘。故其為陳若是其整矣哉。至于豊王時。則有発熕諸大礟属出焉。其遠可及十里。火力所至。叚使二氏復出。豈能為其陳於前邪。然其物重。不可以移。其毒暴。不可以近。人之力。莫之能執。発輒後卻。莫之能制。人物為虀。是不可以置于陳。故世之為陳。至于今猶故耳。数十年来。人迺稍稍嫺之熟。或至有一人之力能発百両者。然亦千百人一人矣。豈足以為陳哉。予嘗読戚元敬書。則仏狼機虎蹲諸礟。車而列之。進退利便。環則象城。儵忽変化。歩騎翼之。毒是以神。以此為陳。而後二氏之法可廃矣。祇山東人鮮有能識焉者。及因県孝孺以見長人郡司君者。迺始得与聞其説。於是乎撫掌大言。天下亡敵也。蓋仏狼機諸礟。其邦固有之。君復以其意造礮牀。初備人有旋風妙用諸牀。皆能畜弗卻。然過十両則敗。君之牀雖百両弗復敗。牀凡三曽。下設機転之。其輷如毛。左右前後。唯意所郷。蓋礮之為力。有畜輒激。激斯卻。故人莫如之何已。君迺以弗畜畜之。而後畜斯弗卻。洵天下之至巧也。君又曰。火之毒在硝。硝之巧在数。丸有軽重。箭有短長。剤二者而制之度。短究于三寸九分。遠究于十里。肥人所伝。其数在三極与大衍焉。是謂衍極。復施諸火箭。彼円此兌。是以其取数不斉。而会于一。我所剏也。朝鮮諸術。先世所伝也。併録以遺後人。子盍叙。夫人之為技。皆以見其勇也。君迺制其器。定其数。用之陳。而使人各為勇。君之為技。可謂進於技也已。予既已廃二氏之法。而有取於君之技者以之。君名信之。其先世有為郡司者。故以郡司氏。見為長馬監云。享保九年甲辰春正月。

書き下し

郡司《ぐんじ》火技《かぎ》の叙《じょ》

海内《かいだい》の兵《へい》を言《い》う者《もの》、亡慮数十家《ぼうりょすうじゅうか》。これを要《よう》するに、甲《こう》・越二氏《えつにし》の法《ほう》と為《な》す所《ところ》を出《い》でず。它《た》は皆《み》な小《すこ》しく縁飾《えんしょく》する所有《ところあ》るも、その名《な》を易《か》えて以《もっ》て售《う》るを求《もと》むる者《もの》のみ。何《なん》ぞ道《い》うに足《た》らんや。

それ兵《へい》の毒《どく》、火《か》に若《し》くは莫《な》く、而《しか》して火《か》の技《ぎ》に異端有《いたんあ》り。二氏《にし》の陳《じん》を為《な》す所《ところ》は、火《か》と弧《こ》とを前《まえ》にして、その戈《か》・矛《ぼう》を後《あと》にす。衷《ちゅう》するに旌旗《せいき》を以《もっ》てし、馬《うま》と徒《と》を舎《お》く。彼我《ひが》、皆《み》な然《しか》り。海内《かいだい》、今《いま》に至《いた》るまでこれを宗《そう》とし、未《いま》だこれを外《ほか》にして以《もっ》て陳《じん》を為《な》す者有《ものあ》らざるなり。然《しか》れども二氏《にし》の世《よ》に当《あた》りては、廑廑乎《きんきんこ》として鳥銃有《ちょうじゅうあ》るのみ。鳥銃《ちょうじゅう》は百歩《ひゃっぽ》にして止《とど》まれば、火《か》の毒《どく》、未《いま》だ弘《ひろ》からず。故《ゆえ》にその陳《じん》を為《な》すこと、是《か》くの若《ごと》く、それ整《ととの》えしかな。

豊王《ほうおう》の時《とき》に至《いた》りて、則《すなわ》ち発熕《はつこう》する諸大礟《しよたいほう》の属出《ぞくしゆつ》すること有《あ》り。その遠《とお》きは十里《じゆうり》に及《およ》ぶべし。火《か》力《りよく》の至《いた》る所《ところ》、叚使《も》し二《に》氏《し》の復《ふた》び出《い》づれば、豈《あ》に能《よ》くその前《まえ》に陳《じん》すること為《な》さんや。然《しか》れどもその物重《ものおも》くして、以《もっ》て移《うつ》すべからず。その毒《どく》、暴《ぼう》にして、以《もっ》て近《ちか》づくべからず。人《ひと》の力《ちから》、これを能《よ》く執《と》る莫《な》く、発《はつ》すれば輒《すなわ》ち後《うしろ》に卻《しりぞ》きて、これを能《よ》く制《せい》する莫《な》く、人物《じんぶつ》、齏《さい》せらる。これ以《もっ》て陳《じん》に置《お》くべからず。故《ゆえ》に世《よ》の陳《じん》を為《な》すこと、今《いま》に至《いた》るも、猶《な》お故《もと》のごときのみ。数十年来《すうじゆうねんらい》、人《ひと》、酒《すなわ》ち稍《や》稍《や》これを嫺《なら》うこと熟《じゆく》し、或《ある》いは一人《いちにん》の力《ちから》もて能《よ》く百両《ひやくりよう》を発《はっ》する者有《ものあ》るに至《いた》る。然《しか》れどもまた千百《せんひやく》人《にん》に一人《いちにん》なれば、豈《あ》に以《もっ》て陳《じん》を為《な》すに足《た》らんや。

予《よ》、嘗《かつ》て戚元敬《せきげんけい》の書《しよ》を読《よ》む。則《すなわ》ち仏狼機《ふつろうき》・虎蹲《こしゆん》の諸礟《しよほう》、車《しや》してこれを列《つら》ね、進退《しんたい》するに利便《りべん》なり。環《めぐ》らせば則《すなわ》ち城《しろ》を象《かたど》り、倏忽《しゆくこつ》にして変化《へんか》し、歩騎《ほき》、これを翼《たす》く。毒《どく》、ここを以《もっ》て神《しん》、ここを以《もっ》て陳《じん》と為《な》して、而《しか》る後《のち》二《に》氏《し》の法廃《ほうすた》るべし。祇《た》だ山東《さんとう》の人《ひと》、能《よ》く焉《これ》を識《し》る者有《ものあ》ること鮮《すくな》し。県孝孺《けんこうじゆ》に因《よ》りて以《もっ》て長人郡司《ちようじんぐんじ》君《くん》なる者《もの》と見《み》ゆるに及《およ》んで、酒《すなわ》ち始《はじ》めてその説《せつ》を与《あずか》り聞《き》くを得《え》たり。ここにおいてか、掌《しよう》を撫《な》でて大言《たいげん》す、天下《てんか》に敵亡《てきな》きなり、と。

蓋《けだ》し仏狼機《ふつろうき》の諸礟《しよほう》、その邦《くに》に固《もと》よりこれ有《あ》り。君《くん》、またその意《い》を以《もっ》て礟牀《ほうしよう》を造《つく》る。初《はじ》め備人《びじん》に旋風《せんぷう》・妙用《みようよう》の諸牀《しよしよう》有《あ》り。皆《み》な能《よ》く畜《たくわ》えて卻《しりぞ》かず。然《しか》れども十両《じゆうりよう》を過《す》ぐれば則《すなわ》ち敗《やぶ》る。君《くん》の牀《しよう》、百《ひやく》両《りよう》と雖《いえ》どもまた敗《やぶ》れず。牀《しよう》は凡《およ》そ三曽《さんそう》にして、下《した》に機《き》を設《もう》けて、これを転《ころが》せば、その輶《かる》きこと、毛《もう》の如《ごと》し。左右前後《さゆうぜんご》、唯《た》だ意《い》の郷《むか》う所《ところ》のみ。蓋《けだ》し礟《ほう》の力《ちから》為《た》るや、畜《たくわ》うる有《あ》れば、輒《すなわ》ち激《げき》し、激《げき》すれば、斯《すなわ》ち卻《しりぞ》く。故《ゆえ》に人《ひと》、これを如何《いかん》ともする莫《な》きのみ。君《くん》、酒《すなわ》ち畜《たくわ》えざるを以《もっ》てこれを畜《たくわ》え、而《しか》る後《のち》畜《たくわ》えれば、斯《すなわ》ち卻《しりぞ》かず。洵《まこと》に天下《てんか》の至巧《しこう》なり。

君《くん》また曰《い》わく、火《か》の毒《どく》は硝《しょう》に在《あ》り。硝《しょう》の巧《こう》は数《すう》に在《あ》り。丸《がん》に軽重有《けいちょうあ》り。筩《とう》に短長有《たんちょうあ》り。二者《にしゃ》を剤《ざい》して、これが度《ど》を制《せい》すれば、短《みじか》きは三寸九分《さんすんきゅうぶ》を究《きわ》め、遠《とお》きは十里《じゅうり》を究《きわ》む。肥人《ひじん》の伝《つた》うる所《ところ》、その数《すう》に三極《さんきょく》と大衍《たいえん》と在《あ》りて、これ衍極《えんきょく》と謂《い》う。またこれを火箭《かせん》に施《ほどこ》すに、彼《かれ》は円《えん》にして此《これ》は兊《えい》なり。ここを以てその数《すう》を取《と》ること斉《ひと》しからず。而《しか》れども一《ひと》つに会《かい》するは、我《われ》の刱《はじ》むる所《ところ》なり。朝鮮《ちょうせん》の諸術《しょじゅつ》、先世《せんせい》の伝《つた》うる所《ところ》なれば、併《あわ》せて録《ろく》して以《もっ》て後人《こうじん》に遺《のこ》す。子《し》、盍《なん》ぞ叙《じょ》せざる、と。

それ人《ひと》の技為《ぎた》るや、皆《み》な以《もっ》てその勇《ゆう》を見《あらわ》すなり。君《くん》は迺《すなわ》ちその器《き》を制《せい》し、その数《すう》を定《さだ》め、これを陳《じん》に用《もち》い、而《しか》して人《ひと》をして各《おのお》の勇為《ゆうた》らしむ。君《くん》の技為《ぎた》るや、技《ぎ》より進《すす》むと謂《い》うべきのみ。予《よ》、既已《すで》に二氏《にし》の法《ほう》を廃《はい》して、而《しか》して君《くん》の技《ぎ》に取《と》る者有《ものあ》るは、これを以《もっ》てなり。

君《くん》、名《な》は信之《のぶゆき》。その先世《せんせい》に郡司《ぐんじ》為《た》る者有《ものあ》り。故《ゆえ》に郡司《ぐんじ》を以《もっ》て氏《うじ》とす。長《ちょう》の馬監《ばかん》と為《せ》らると云《い》えり。

享保九年甲辰《きょうほうくねんこうしん》、春正月《はるしょうがつ》。

29 守秀緯《しゅしゅうい》の大垣に適《ゆ》くを送るの序(1)

（享保九年・一七二四、徂徠集巻十一―④）

秀緯（守屋《もりや》煥明《かんめい》(2)）は学業が成就したので、医者として大垣藩に仕えることになった。(3) わたくしのもとを訪ねてきた人々は、「医業によって道を行うことはできるのか、かれの仕事は今まで学んできたものと違う、出処進退を誤ったのではないか」と口々に非難した。(4)

そこで、わたくし茂卿は、次のように言った。

《そうではない。わが国の古代では、先王（天皇）たちが唐の制度に倣い、郡県の制を敷き、科挙による官僚任用制度を始め、合格した者を礼遇した。(5) かれらは出仕すれば、わが国に道を行い、それぞれの土地にいれば、戸籍に組み入れられた民を管轄し、定期的に武器を携えて交互に都に上《のぼ》らせた。それが庶人としての義務だからである。そうだからこそ、出処進退について、古代中国と同じように行うことができたのである。

「科挙の合格者を祝う」鹿鳴《ろくめい》の宴がなくなり、(6) 武者が官僚の職務を世襲するようになってからは、民衆までもが「血の繋がった」同族というものを重視するようになった。鎌倉時代以降は、文官の家柄はますます縮小し、武芸に秀《ひい》でた人々が傲慢にも「君子」と称することが多くなった。ただし、その職務を訊ねると、建物の警護や高貴な人々の護衛で、隊伍を連ねての仕事であって、以前のまま「の庶人の役目」と何も変わりはない。(7)

勝国（豊臣政権）のときに封建の制度が確立され、士（武士）も次第にそれぞれが所有していた土地を離れ、城下にまとまって暮らすようになった。ここにおいて「武士は」俸禄によって生活を立てるようになり、農業に従事することをやめ、兵農がはっきりと分離されたので、「かれらが」「君子」であることは紛れもないこととなった。しかし、その仕事を訊ねると、依然としてもとのままであった。

今の時代になって朝廷（幕府）は、軍事力と徴税量とに応じて諸侯に差等をつけたが、諸侯の家臣たちはみな「俸禄の」大小にかかわらず、すべて組番に編制されていたから、重職に抜擢されてはじめて藩政において道を行うことができると言うしかないのである。それゆえ古代から今を見れば、兵農が分離されたといっても、仕官をして俸禄を得ている者は、全員が庶人と言わざるをえないのである。したがって現今の仕官のあり方は、「科挙による任用と比べれば」仕官ではないと言うしかなく、俸禄を得ているといっても、ほんの少しの宅地をもらっているようなもので、俸禄を失えば、そのわずかな土地すらも失ってしまう。

［周代に一家族に与えられた］五畝《ほ》の土地と比べるならば、(8)どうして［暮らすべき］場所を得ていると言えるだろうか。仕官して、はじめて［暮らすべき］場所を手に入れるしかないのである。

孟子はかつて「晋は広い天下のなかでも仕官すべき国」と言ったが、(9)今ほどには仕官が急がれてはいなかった。秀緯は、［暮らすべき］場所を失って、長い時間が経過している。古くから「親が年老いて、家が貧しければ、俸禄の高さなどにかまわずに仕官をする」と言われてきた。(10)孔子ですら、倉庫の番人や家畜の飼育という仕事に就いたのである。ましてや、今の時世においてはなおさらであろう。さらに、仕官した仕事が今まで学んできたことと違うことが非難されるのであれば、「牛飼いの仕事に就いた」孔子は、牛の鑑定に関する書物（『相牛経』）を学んでいたのかという話になってしまう。(11)巫《ふ》の咸《かん》と賢とが殷の時代の名臣であったように、(12)将来、秀緯がその主君に認められ、編入されていた組番から抜擢されて、道を行う職務に就いたとしても、かれの医術が道の実践の妨げとなることはない。このように出処進退のあるべき姿を語るのに、時代のあり様に触れないのは、なんとも片手落ちの議論である。》

訪問客たちは、［わたくしの主張に］深くうなずいて、退席した。(13)

そこにちょうど秀緯が［大垣に］旅立つために挨拶にやってきた。そこで、わたくし茂卿は、盃をあげて、次のように述べよう。

《日本で取れる米のなかで、大垣のものが最上である。また、その地に湧きだす甘泉は、老人を養うのにうってつけである。[14]［大垣に行くという］貴君の旅遊はきっと楽しいものとなろう。》

秀緯は大いに喜んで、それが姿かたちにまで現れたほどであった。[15]

秀緯はわたくしと［物部という］姓を同じくしている。［その先祖が］大連《おおむらじ》（物部守屋）であったことから、その字《あざな》を取って氏《うじ》として名乗ったということである。[16]

訳注

（1）本作品の成立は、平石直昭氏が推定しているように、平野金華（「游高浜記」）や服部南郭（「答玄界師」）らの作品に書かれている内容から、享保九年（一七二四）春としてよいだろう。

（2）守屋煥明（一六九三〜一七五四）、字は秀緯、号は峨眉、江戸出身である。当初は安藤東野に学んでいたが、東野没後は徂徠に学んだ。詩文に優れ、東野ゆずりの作風で、徂徠は大いに喜んだという。本作品から分かるように、享保九年に美濃・大垣藩の儒医となった。漢詩文集『間居集』の一部が写本として残っている（日比谷・鶚軒文庫）。そのほか菅原達（津阪拙脩）編『三野風雅』巻九に数首の漢詩が収録され、また「（田俊卿宛）守屋峩眉書簡」が早稲田大学図書館に収蔵されている。

（3）大垣藩は、美濃・大垣周辺を支配した藩で、寛永十二年（一六三五）以降は戸田《とだ》氏が十万石で入り、幕末・明治維新期まで存続した。大垣の地は、美濃と近江を結ぶ最重要拠点として古くから重要視されていた。当時の大垣藩主は四代戸田氏定《うじさだ》（一六五七〜一七三三）であり、母方の従弟に当たる播磨・赤穂藩主浅野長矩が江戸城内で刃傷に及んだことに連座して、半年間の出仕停止の処分を受けたり、浅野家再興を支援したことなどで知られているが、それ以外は比較的平穏無事な生涯を過ごしたようである。享保八年（一七二三）に次男の氏長に家督を譲って隠居し、享保十八年に七十七歳で没した。

戸田氏定の墓所は駒込・蓮光寺《れんこうじ》であり、同寺は大垣藩戸田家の始祖戸田一西《かずあき》の三男・尊誉上人《そんよしょうにん》を開山として慶長六年（一六〇一）に湯島に創建され、明暦の大火で駒込蓬萊町（現文京区向丘）に移転した。この当時は徂徠と親しい堅卓《けんたく》上人（慧巌）が住職を務めていたから、守屋煥明の就職もこうしたことと関わりがあるのかもしれない。

（4）徂徠は、父方庵が医者であったこともあり、本文中に見られるように、儒学と医学の兼業に対して寛容である。徂徠自身は医学を専門的に学んだことはないが、すでに前出のいくつかの作品の注で述べてきたように、『素問』に関する議論や、和歌山藩医宇治田雲庵《うじたうんあん》『医学弁解』に対する批評などを著していて、医学に関しても多くの知識を持っていた。儒学と医学の兼業、あるいは儒学を学びながらも医業で就職することについては、本作品が書かれた同じ享保九年の、夏の終わりから秋の初めに成立した後出「士伯曄の豊城に帰るを送るの序」にも、「儒医として就職することをよしとしない者がいるだろう」という趣旨のことが述べられていて、そのなかで言われている「雑儒《らくじゅ》」とは伊藤仁斎を指すと思われる。よく知られているように、仁斎は「儒医論」（『古学先生文集』巻三）を著して鋭く批判していた。また太宰春台にも「儒医論」（『紫芝園後稿』巻七）があり、儒医が名と利とをともに求めるものだと批判しており、本作品の叙述は、フィクションにしては少し生々しい感じがするので、春台およびその同調者による儒医否定論が関わっているのかもしれない。

なお原文の「方技」は、『漢書』芸文志「侍医李柱国校方技」や同・食貨志下「工匠医巫卜祝及它方技商販賈人坐肆列里区謁舎」などを典拠とし、方士が行う術、すなわち医術・占星・不老不死などを指す。また原文「出処之義」についてみると、出処進退に関する語句であれば多くの典拠があるものの、「出処之義」という表現は、蘇轍「賀河陽文侍中啓」（『欒城集』巻五十）や朱熹の「答薛士龍」（『朱子文集』巻三十八）など、宋代以降の書籍に限られている。

（5）　日本の科挙制度は平安時代に導入され、庶人から進士に合格して下級官人となる者もいたが、官僚の上層は「蔭位の制」の恩恵を蒙った貴族たちによって専有されていた。そうしたなかで、科挙により庶人から貴族になった人物として勇山文継《いさやまのふみつぐ》（七七三〜八二八）が知られている。文継は、庶人でも入学が許された大学寮文章生出身で紀伝博士となり、嵯峨天皇に『史記』を進講した功績によって従五位下に叙せられた。最終的には東宮学士（従四位下）となっている。漢詩人としても知られていて、勅撰漢詩集の撰者を務めており、『文華秀麗集』と『経国集』に一首ずつ作品が採録されている。徂徠の議論は、こうしたことを念頭においてなされていると思われるが、文継の事例は例外にすぎず、いずれにしても誇張された表現であることは間違いない。また徂徠がここで古代の天皇を「先王」と書いていることはきわめて珍しい事例であるので、注目しておく必要があるだろう。

なお、原文に使用されている「編戸之氓」は、『史記』高祖本紀の「諸将与帝為編戸民（諸将は帝と編戸の民を為す）」に基づき、戸を単位として民を管理することの意であり、「籍其郷」は、欧陽脩の「資政殿学士戸部侍郎文正范公神道碑銘幷序」に「西人籍其郷兵者十数万（西人の、その郷兵に籍する者十数万）」という用例があるが、徂徠が見ていたかは不明。そのほかにも「何戈矛」や「更戍於京師」も典拠がありそうだが、確定できない。この箇所は、律令制下の「庸」に関する説明であり、徂徠が「律」を調べていたことは分かっているが（前出の「帰鞍吟草の叙」の注（4）を参照のこと）、「令」については不明である。いずれにしても徂徠は、在地でそれを管理した下級官僚的な存在を武士の出自と見なしていたようであり、「武士土着論」との関係で注目される。
（6）「鹿鳴」は、『詩経』小雅の、群臣や賓客をもてなす宴会において詠じられた歌謡であるが、そこから宴会で客をもてなす意味に広く用いられた。ここでは、唐代、州・県の科挙に合格して都に上る人を送るための宴を「鹿鳴宴」と呼んだことに基づいている。
（7）「さむらい（侍）」は、有力貴族などに仕えた下級技能官人層の「侍品《さむらいほん》」に由来している。「侍」は、さまざまな家職をもって朝廷の実務を担当する身分を指していたが、次第に武芸を職能とする技能官人である「武士《もののふ》」を指すことが多くなり、やがて武士階層が広がって、本来は農民身分である「地侍《じざむらい》」なども武士の扱いを受けるようになると、「上層の武士」を指すようになったとされる。徂徠の解釈は、こうした「侍」たる上層武士と「地侍」などの下層武士とが異なる成立事情にあることを無視したものであるが、かえって当時の武家に関する理解を反映しているのかもしれない。いずれにしても、徂徠は、中世の武家がなし崩し的に「文官」化したことには批判的で、科挙によって登用された律令官人が「正しい文官」のあり方だと考えていたと思われる。ただし、こうした歴史認識が「武士土着論」とどのように関わるかはもう少し検証が必要であろう。

（8）『孟子』尽心上篇に「五畝之宅」という語句があり、これは一家族に与えられた「宅地」のことで、のちの「園地」と同じく、家を建てるだけでなく、果樹を植えたり野菜を栽培したと考えられている。なお「廛」には、「みせ」あるいは「そこに課せられた税」という意味もあるが（『孟子』公孫丑上篇）、本作品で使用されたものは周代に庶人の男性に与えられた宅地の意味であり、同じ『孟子』滕文公上篇に「願受一廛而為氓（できれば、あなたさまから居地を戴き、野人（氓）となって暮らしたい）」とあるのに基づいている。このように『孟子』を引きあいに出しながら、それに比べて日本の一般的な武士の実情はなんとも哀れなものだと徂徠は述べていて、晩年になってかなりペシミスティックになっているように見えるが、これをどこまで「本音」と捉えるかは判断の分かれるところかもしれない。

なお、原文前文に使用されている「耒耜」は、『礼記』月令篇にも見えるが、『孟子』滕文公上篇「陳相、与其弟辛、負耒耜而自宋之滕（陳相は、弟の辛とともに鋤・鍬を担いで、故国の宋から滕にやってきた）」に基づき、「行其道」は、『孟子』滕文公下篇「得志与民由之、不得志独行其道（志がかなえば民とともに行い、かなわなければひとりで行う）」に依拠しているだろう。このように本作品では『孟子』から多くの語句を採用している。

（9）「晋天下之仕国」、正しくは「晋国亦仕国」という発言は、孟子ではなく、晋を継承した魏出身の周霄《しゅうしょう》である（『孟子』滕文公下篇）。「仕官がそれほどまでに重要であるなら、どうして先生（孟子）は晋（魏）に仕官しないのか」というのが周霄の質問であった。「晋が仕官に値する国」ということを孟子は否定していないから、徂徠のような解釈も可能であるし、文学的な表現であるから、それほど目くじらを立てる必要もないのだが、とりあえず指摘しておく。

（10）『孔子家語』致思篇に見える「家貧親老、不択禄而仕」に基づく。徂徠の引用は、致思篇とは「家貧」と「親老」の語順が逆になっているが、文意は同じである。あるいは、『晋書』隠逸伝の陶潜に関する記述「親老家貧、起為州祭酒」あたりから取ってきたのかもしれない。『孔子家語』については、徂徠のまとまった注釈は残されていないが、徂徠は『史記』孔子世家と並んで、孔子の行実を考証するのによく利用していた。ここの箇所は、孔子に対する子路の発言であるが、徂徠は、『論語徴』などでよく見られる解釈のように、子路が「古言」を引用したと理解していたのかもしれない。なお、『孔子家語』は寛永十五年（一六三八）に風月《ふうげつ》宗智《そうち》が刊行した古活字本があるが、江戸時代後期には、太宰春台が寛保二年（一七四二）に出版した『孔子家語増註』がよく読まれたという。

（11）孔子が若い頃に倉庫番や家畜の世話をしていたという話は、『史記』孔子世家に「孔子貧且賤、及長嘗為季氏史、料量平、嘗為司職吏、而畜蕃息（孔子は貧しく、また身分も低かった。

成長すると、季氏の「史」となって、倉庫の番人をした。また司職の下級役人となって、家畜の飼育を担当した)」と見える。また『孟子』万章下篇に孔子に関する似た話が載っていて、そこでは「委吏」「乗田」と記されているが、「乗田」と「司職」は同じ職務だと解釈されている。この話をもとに、もしも学んだことと仕事とが直結しないといけないならば、家畜の世話をしていた孔子は『相牛経』を学んでいたことになってしまうと、徂徠は皮肉を述べている。『相牛経』は、春秋時代の甯戚《ねいせき》が書いた書物と伝えられ、宋の左圭《さけい》が編纂した『百川学海』に収録されている。徂徠が実際に読んでいたとは思われないが、書名くらいは知っていたと思われる。『相牛経』の著者とされる甯戚は、『蒙求』の「甯戚扣角《こうかく》」、すなわち牛の世話をしていた衛の甯戚が、斉の桓公に認められるために牛の角を叩きながら歌をうたい、望みどおりに桓公の重臣となったという故事で知られている人物だからである。この話は、『呂氏春秋』挙難篇、『淮南子』道応訓、『新序』雑事篇などにも触れられているほか、詩や絵画の題材とされてきたから、孔子と『相牛経』を結びつけることは、時代を無視することではあるが、ウィットに富む着想と言えよう。

(12)　巫咸と巫賢に関してはさまざまな伝説が伝えられているが、『史記』殷本紀には、太戊《たいぼ》の時代の賢臣として巫咸が、祖乙《そいつ》の時代の賢臣として巫賢の名が挙げられている。ただし巫咸は、巫彭《ふほう》・巫即《ふそく》などとともに一旬（十日）を司る巫女とする伝承もあり、とくに巫彭と巫咸は巫祝者たちの祖神として崇拝された。これに関して、徂徠は、『弁名』陰陽五行において、殷は鬼神を崇敬したので、巫咸・巫賢といった巫者が大臣となったと説明している。いうまでもなく

「毉（医）」は、その文字の成り立ちから見て分かるように「巫」の一種であるから、徂徠の着想もこれに依拠していよう。

(13) 原文の「客唯唯而退」について、『徂徠先生文集解』などは、欧陽脩の「又三事」に見える「中書不敢問其姓名、但唯唯而退已（中書、敢てその姓名を問わず、但だ唯唯として退くのみ）」を挙げている。注（5）に挙げた「籍其郷」の典拠とも関連するので、注記しておく。

(14) 岐阜県養老町にある「養老の滝」のことである。『続日本紀』の養老元年十一月十七日条には、この地を訪れた元正天皇が、「ここの泉の水は、後漢の光武帝の醴泉《れいせん》と同じような美泉であり、符瑞書にあるように老を養うことができたのは、それが水の精だからである（昔聞、後漢光武時、醴泉出、飲之者、痼疾平愈、符瑞書曰、醴泉者美泉、可以養老、蓋水之精也）」と言い、年号を「養老」と改め、「養老」の施策を実施したという記事が見える。徂徠の「醴之泉、可以養其老」という表現は、おそらくここに基づいている。なお光武帝に関する記事は、『後漢書』中元元年の夏に「京師醴泉湧出、飲之者、固疾皆愈」とある。

(15) 原文の「蓋形乎色焉」は、『孔子家語』入官篇の「政徳貫乎心、蔵乎志、形乎色、発乎声（政徳は心を貫き、志に蔵し、色に形《あらわ》れ、声に発す）」に基づいている。

(16) 『日本書紀』崇峻天皇即位前紀には、物部守屋とその子孫を誅したが、子息や眷属のなかには「葦原に逃げ匿れて、姓を改めたり名を換えた者がある」と書かれている。物部守屋の子孫と称する氏族は多く存在するが、守屋姓について言えば、諏訪大社の神長官を務める守矢（守屋）氏のほか、秩父の諸社を管理していた社家の守屋氏、飛騨・守屋神社（現・錦山神社）

の守屋氏などがいるが、守屋煥明の家系がそれらの氏族と関わっていたかどうかは不明である。

原文

送守秀緯適大垣序

秀緯之学成也。迺以医受禄大垣。客咸訾方技可以行道乎。所仕非所学。失出処之義也。茂卿曰。不然也。蓋古之時。吾邦□先王遵唐制。郡県其海内。修賓興之礼。礼其士。得以出而行道於本朝之上。処則編戸之氓。籍其郷。歳時何戈矛。更戍於京師。庶人之役也。於是乎出処之道。比諸古焉。暨乎鹿鳴之歌廃。武人世其官。而民始尚族焉。鎌倉而降。文族益朘。控弦之家。儼然称君子者。偏海内也。問其職。環衛騶従。束諸隊伍。猶故焉。勝国之際。封建之勢成。士又稍稍離其土。列処一城之中。迺始制産以禄。不復事耒耜。兵農遂分。其為君子者益定矣。然問其職。亦猶故焉。当今之時。□朝廷以兵賦差諸侯。而諸侯之士。無大小悉属諸隊伍。必擢顕職。而後始可謂之仕而行其道者已。故以古視今。兵農雖分乎。仕而有禄。均之庶人也。故今之仕猶不仕。其受禄猶受廛也。苟失其禄。迺莫有一廛之地。以比五畝。豈得謂之処乎。必仕而後有処也。昔孟子謂晋天下之仕国。亦豈若今斯其急乎。夫秀緯之失其廛者久矣。古猶言之。親老家貧。不択禄以仕。是故委吏司職。仲尼以之。況於今世乎。且所仕非所学者非邪。則相牛之経。豈仲尼所嘗学乎。且巫咸之賢。殷之名臣也。仮使秀緯異日得於其君。擢諸隊伍。以行道於其国乎。則方技豈為累其道哉。故語出処之道。而不論其世。何悖也。客唯唯而退。則会秀緯之将発而来訣也。茂卿称觴以属之曰。夫海内之粟。莫美於大垣。而醴之泉。可以養其老。子遊亦楽哉。秀緯之喜。蓋形乎色焉。秀緯与予同姓。系大連。故以其字氏云。

書き下し

守秀緯《しゅしゅうい》の大垣《おおがき》に適《ゆ》くを送《おく》るの序《じょ》

秀緯《しゅうい》の学《がく》の成《な》れるや、迺《すなわ》ち医《い》を以《もっ》て禄《ろく》を大垣《おおがき》に受《う》く。客《きゃく》咸《み》な方技《ほうぎ》の以《もっ》て道《みち》を行《おこな》うべけんや、仕《つか》うる所《ところ》は学《まな》ぶ所《ところ》に非《あら》ず、出処《しゅっしょ》の義《ぎ》を失《うしな》えりと訾《そし》る。

茂卿《もけい》曰わく、然《しか》らざるなり、と。蓋《けだ》し古《いにしえ》の時《とき》、吾《わ》が邦《くに》は、□先王《せんのう》、唐制《とうせい》に遵《したが》い、その海内《かいだい》を郡《ぐん》県《けん》にし、賓興《ひんこう》の礼《れい》を修《おさ》め、その士《し》を礼《れい》す。以《もっ》て出《い》でては道《みち》を本朝《ほんちょう》の上《うえ》に行《おこな》うを得《え》て、処《お》れば則《すなわ》ち編戸《へんこ》の氓《たみ》をして、その郷《さと》に籍《せき》し、歳時《さいじ》に戈矛《かぼう》を何《にな》いて、京師《けいし》に更戍《こうじゅ》せしむ。庶人《しょじん》の役《えき》なればなり。ここにおいて出処《しゅっしょ》の道《みち》、これを古《いにしえ》に比《ひ》す。

鹿鳴《ろくめい》の歌《うた》の廃《はい》せられ、武人《ぶじん》、その官《かん》を世《よ》するに曁《およ》びて、民始《たみはじ》めて族《ぞく》を尚《たっと》ぶ。鎌倉《かまくら》よりして降《くだ》るに、文族益《ぶんぞくます》ます朘《ちぢま》り、控弦《こうげん》の家《いえ》、儼然《げんぜん》として君子《くんし》と称《しょう》する者《もの》、海内《かいだい》に徧《あまね》きも、その職《しょく》を問《と》えば、環《かん》衛騶従《えいすうじゅう》して、これを隊伍《たいご》に束《たば》ねられしこと、猶《な》お故《もと》のごとし。

勝国《しょうこく》の際《さい》、封建《ほうけん》の勢《いきおい》成《な》りて、士《し》また稍稍《やや》その土《ど》を離《はな》れ、一城《いちじょう》の中《うち》に列処《れっしょ》す。迺《すなわ》ち始《はじ》めて産《さん》を制《せい》するに禄《ろく》を以《もっ》てし、また耒耜《らいし》を事《こと》とせず。兵農遂《へいのうつい》に分《わか》れて、その君子《くんし》為《た》ること益《ます》す定《さだま》れり。然《しか》れどもその職《しょく》を問《と》えば、また猶《な》お故《もと》のごとし。

今《いま》の時《とき》に当《あた》りて、□朝廷《ちょうてい》、兵賦《へいふ》を以《もっ》て諸侯《しょこう》を差《さ》し、諸侯《しょこう》の士《し》、大小《だいしょう》と無《な》く、悉《ことごと》くこれを隊伍《たいご》に属《ぞく》せしめば、必《かなら》ず顕職《けんしょく》に擢《ぬきん》でられ、而《しか》る後始《のちはじ》めてこれを仕《つか》えてその道《みち》を行《おこな》う者《もの》と謂《い》うべきのみ。

故《ゆえ》に古《いにしえ》を以《もっ》て今《いま》を視《み》れば、兵農分《へいのうわか》たると雖《いえ》ども、仕《つか》えて禄有《ろくあ》るは、均《ひと》しくこれ庶人《しょじん》なり。故《ゆえ》に今《いま》の仕《し》は猶《な》お仕《つか》えざるがごとく、その禄《ろく》を受《う》くるは猶《な》お廛《てん》を受《う》くるがごときなり。苟《いやし》くもその禄《ろく》を失《うしな》えば、迺《すなわ》ち一廛《いってん》の地有《ちあ》ること莫《な》し。以《もっ》て五畝《ごほ》と比《くら》ぶれば、豈《あ》にこれを処《しょ》と謂《い》うを得《え》んや。必《かなら》ず仕《つか》えて後《のち》に処有《しょあ》ればなり。

昔《むかし》、孟子《もうし》、晋《しん》は天下《てんか》の仕国《しこく》と謂《い》うも、また豈《あ》に今《いま》の若《ごと》くに斯《こ》れそれ急《きゅう》ならんや。それ秀緯《しゅうい》のその廛《てん》を失《うしな》うは久《ひさ》し。古《いにしえ》、猶《な》おこれを言《い》う、親老《おやお》いて家貧《いえまず》しければ、禄《ろく》を択《えら》ばずして以《もっ》て仕《つか》う、と。この故《ゆえ》に委吏《いり》司職《ししょく》、仲尼《ちゅうじ》のこれを以《もっ》てすれば、況《いわ》んや今《いま》の世《よ》に於《お》いてをや。且《か》つ仕《つか》うる所《ところ》、学《まな》ぶ所《ところ》に非《あら》ざることの、非《ひ》なりとすれば、則《すなわ》ち相牛《そうぎゅう》の経《けい》は、豈《あ》に仲尼《ちゅうじ》の嘗《かつ》て学《まな》びし所《ところ》ならんや。且《か》つ巫《ふ》の咸《かん》と賢《けん》とは、殷《いん》の名臣《めいしん》なり。仮使《も》し秀緯《しゅうい》、異日《いじつ》にその君《きみ》を得《え》て、これを隊伍《たいご》より擢《ぬきん》でられて、以《もっ》て道《みち》をその国《くに》に行《おこな》うも、則《すなわ》ち方技《ほうぎ》は豈《あ》にその道《みち》を累《わずら》わすと為《な》さんや。故《ゆえ》に出処《しゅっしょ》の道《みち》を語《かた》るに、その世《よ》を論《ろん》ぜざるは、何《なん》ぞ悖《もと》れるや。客《きゃく》、唯唯《いい》として退《しりぞ》く。

則《すなわ》ち会《たま》ま秀緯《しゅうい》の将《まさ》に発《た》たんとして来訣《らいけつ》するや、茂卿《もけい》、觴《しょう》を称《あ》げて以《もっ》てこれに属《しょく》して曰《い》わく、それ海内《かいだい》の粟《ぞく》、大垣《おおがき》より美《び》なるは莫《な》く、而《しか》して醴《れい》の泉《せん》、以《もっ》てその老《ろう》を養《やしな》うべし。子《し》の遊《あそ》ぶもまた楽《たの》しきかな、と。秀緯《しゅうい》の喜《よろこ》ぶや、蓋《けだ》し色《いろ》に形《あらわ》れり。

秀緯《しゅうい》は予《よ》と姓《せい》を同《おなじ》くし、大連《おおむらじ》に系《かか》る。故《ゆえ》にその字《あざな》を以《もっ》て氏《し》とすと云《い》う。

30　復軒板君六十の序(1)

（享保九年・一七二四、徂徠集巻九―⑪）

わたくし茂卿は、十四、五歳のときに、亡き父に従って［江戸の］東にある房総にいたことがある。(2)上総《かずさ》の南に帆丘《ほのおか》という山があり、そこが板倉氏の城跡であった。百年の間に荒廃して、すっかり空堀《からぼり》となっているが、その頂上にはまだ城塞や高台、池の跡が残っていて、かすかにそれと認めることができる。左には高原があり、右には瀟水《しんすい》（夷隅川《いすみ》）がめぐり、東に向かって開けていて、ふもとの二十四カ村を眼下に見渡すことができる。その先にある九十九里の砂浜は大海原に続き、はるかに青空が弓なりに曲がっている。雨風のときには暗い空の下、天にとどくほどの高波が林の梢に襲いかかる。(3)

ときおりその頂上に登り、日や月の出るさまや、雲の姿がたちまちに変化するさまを眺めていると、風が心地好く吹いてくる。そうしていると、あたかもその下には蓬萊山の神仙の住まいがあるようである。私の「心（神）」はそこに行こうとするが、そう願っても適うわけもなく、ぼんやりと山を降りるだけである。ふもとに着いて、土地の老人たちと語りあうこともあった。そのなかに前代（豊臣秀吉の時代）の出来事をよく話す者がいて、当時の戦いのあり様を褒め称え、指さしながら、ありありと話してくれたので、まるで目《ま》の当たりにするようであった。わたくしは、心を痛めながら物思いにふけったが、当時は、その子孫が誰であるか、今どこに住んでいるかも分からなかった。

十年ほど前に、武《ぶ》文安《ぶんあん》（武田文安）(4)と知りあいとなり、その岳父の復軒君なる人物を紹介されたが、彼は友庵先生の外孫であった。友庵先生は、わが父の姉妹の夫である李庵先生の叔父に当たる。(5)話のついでに、こうしたことが分かって、お互いに驚嘆したのであった。

今年の春、復軒君は威儀を正してわが家を訪れ、旧《ふる》い誼《よしみ》を温めたうえで、一緒に連れてきた次男の美仲《びちゆう》(6)をわたくしに入門させる礼をとった。美仲は十六歳になったばかりで、聡明なうえに詩文に巧みであり、その優れた才知が日々に上達してゆく汗血馬と言える。これも、復軒君が六十年の間、倦《う》まずたゆまずよく書物を読んで向上してきたことの感化であろう。授業の合間に、美仲がその祖先について述べるのを聞いた。そこで、初めてかれが帆丘の後裔であることを知り、うっとりとした気分になった。

ほどなくした六月九日、この日は復軒君の誕生日である。美仲が来て、復軒君の長寿を祝うために酒杯をあげ［て、お祝いの言葉を述べ］ることをわたくしに求めた。

そこで、わたくし物子は次のように述べよう。

《わたくしにどうしてそんな大それたことができようか。(7) 昔、豊王（豊臣秀吉）が東征したとき、少ない人数の軍隊が房総を攻め、わずか一日で数十の城を下したが、帆丘もそこに含まれていたと聞いている。数十に及ぶ城の末裔は四散して平民となっていて、かろうじて諸侯に仕えて士人のなかに加わることができた者は指折り数えられるほどに少ないが、それでもかれらは幸いだと言える。

ところが、あなたのお父上は親藩に仕官されたうえに、時宜に応じてその才能を発揮し、新将軍につき従って幕臣となられた。(8) その後も時に応じて奮いたち、幕府のために身命を捧げ、三度も俸禄を加増されて現在の官位に至っている。なんとも栄誉なことである。公務の傍《かたわ》ら、六十年もの間、変わることなく書物をよく読んで、怠ることがない。なんとも壮健なことである。子息は、兄弟三人、ある者は「武」に、ある者は「文」にと、父上の教えを守ってそれぞれの事に従っている。(9) なんとも楽しみなことである。これは、その「福」と「禄」とが絶えずやってきて尽きることがない証拠である。どうしてわたくしのお祝いの言葉などが必要であろうか。

さらには、室町から前代に至るまでの久しい間、人々は長寿でありえなかった。天地が徳を好まなかったことに遭遇し、人々は戦いに明け暮れて三百年余りが過ぎた。帆丘に城を築いたあなたの父祖も、そうした時代にいたのではないか。こうした時代では、たとえ「仁人」や「君子」であっても、自分の身に幸福を受けて、それを子孫に残すことはできない。ただわが神祖（徳川家康）がその徳を人民に降りそそいで苦難から救ってから、代々の将軍のもとで太平が続き、その仁政は遠方にまで施されている。天地が「福」を惜しむことなく、人々が長寿であることは、今日をおいてほかにはない。あなたのお父上はこうした今という時世に遭遇しているのだから、父祖の「徳の」蓄積が顕現しなくとも、必ず自分の身に「寿」を備えられるに違いない。だから、わたくしのお祝いの言葉など必要ではないのである。

そうはいっても、あなたのお父上は帆丘の後裔でありながらも、ご自身が帆丘の景勝を目にされたことはないという。わたくしは、景勝を目にしながらも、その当時には子孫の存在を知らず、数十年を経ても、そのことが心のうちから消え去らなかった。今、あなたのお父上を知ることができたからには、どうしてもわたくしのお祝いの言葉がなくてはならないであろう。まして父祖の代からの旧《ふる》い誼《よしみ》があり、「子息である」あなたから命ぜられたことであればなおさらのことである。そこで詩五章を作って、お祝いの酒杯をあげることにしよう。》

帆丘は青々と草におおわれ、(10) 眼下に大海原を眺めることができる。大海原は果てしなく続き、それと同じように「福」と「禄」も限りがない。君子は六十歳になられた。一章
大海から風が吹き渡ってきたが、それは東方から来ている。そのために草木は美しく茂っているが、それと同じように「福」と「禄」もさらに進んでゆく。君子は七十歳になられることであろう。二章
大海から雲が湧き、雨が盛んに降ってくる。あまたの穀物はその恵みを受けて育っているが、それと同じように「福」と「禄」も豊かになる。君子は八十歳になられることであろう。三章
大海の底の深い谷から、日月が出たり沈んだりする。日月は天をめぐって尽きることがないが、それと同じように「福」と「禄」も満ちたりて欠けることがない。君子は九十歳になられることであろう。四章
大海に浮かぶ島は、神仙たちが遊ぶところである。ここには百歳の寿命を与える霊草が美しく茂っている。君子よ、これを味わい給え。五章

訳注

（1）　板倉復軒は、享保十三年（一七二八）に六十四歳で亡くなっており、そこから六十歳の時を逆算すると享保九年（一七二四）となるから、本作品はこの年の夏六月に書かれたと判断できる。

板倉復軒、名は九、字は惇叔、あるいは惇叙。木下順庵門下で、三十歳のときに甲府侯であった徳川綱豊《つなとよ》（のち家宣）に仕え、綱豊が世子として江戸城に移るとともに幕臣となって勘定《かんじよう》方《がた》に勤め、のちに三ノ丸留守居役にまで進んだ人物である。復軒の経歴については、服部南郭「坂倉君墓誌銘」（『南郭先生文集』二編・巻八）に詳しく、また『先哲叢談後編』（巻三）にも簡単な紹介が見える。

（2）　徂徠は、延宝七年（一六七九）十四歳のとき、父方庵の「江戸所払《ところばら》い」によって上総の本《ほん》納《のう》村――関西大学図書館泊園文庫所蔵の「徂徠先生年譜」には「上総州長良郡二宮荘本納村」とある――に移り、天和三年（一六八三）に武射《むさ》郡《ぐん》横地下村に移るまで、そこに暮らしている。本文の記述から判断すると、徂徠が「帆丘」の旧城を訪れたのは、本納村に移住してまもなくのことであり、その後もたびたび訪ねていたと考えられる。原文では「東游」となっていて、「游」には「游民（一定の所属がない者）」、「游離（ほかの者と離れていること）」という意味がこめられていると思われるが、父の「所払い」を洒脱に表現したのかもしれない。

本文に見られる「帆丘」と本納村とはほぼ同じ場所の地名だったと思われる。詳しい経緯は不明であるが、明治二十二年（一八八九）町村制が施行された際に近隣の数カ村が合併されて「帆丘町」が成立し、明治三十九年（一九〇六）に「本納町」に改称されている。なお、昭和九年（一九三四）に発行された岩橋遵成『徂徠研究』――ここでは戦後に名著刊行会から復刻されたものを使用した――では、徂徠が移住した本納村の現在地名として「長生郡帆丘町本納」を挙げているが、何に拠っているかはよく分からない。本文に見える「帆丘」の旧城は、「本納城」と同じだと思われるが、もともとは里見氏配下の黒熊《くろくま》大膳亮《だいぜんのすけ》景吉《かげよし》という武将によって築かれたものの、北条方の土気《とけ》城主酒井胤治《たねはる》によって落城させられた。その後に酒井氏によって城代家老板倉右衛門《うえもん》が派遣されて、この城を治めたが、「小田原の役」後に廃城となった。城代家老板倉右衛門は、江戸時代になって作られた『板倉家記録』に「本納城主　丸因幡守　板倉右衛門佐　同甲斐守」とあることから、南郭の「版倉君墓誌銘」に「君之先版倉甲斐君、諱某、事管領上杉氏、為総州帆丘城主」と見える板倉甲斐守と同一人物だと思われる。

（3）このあたりの文章は、いろいろな作品から語句を援用して作られている。原文の「倏忽」は『荘子』応帝王篇の「南海之帝為倏、北海之帝為忽」や『楚辞』の多くの章で使用されている用例などが典拠として考えられるが、用例が多すぎて一つに絞ることは難しい。「遥碧」は劉禹錫「白鷺児」の「前山正無雲、飛去入遥碧」、「風雨或晦」は『詩経』国風・風雨「風雨如晦、雞鳴不已」、「滔天之濤」は『書経』堯典「蕩蕩懐山襄陵、浩浩滔天」から採用していると『徂徠先生文集解』などは指摘する。「蹴林杪」も『徂徠先生文集解』は、柳宗元「与崔策登西山」の「紫迴出林杪」を指摘し、これはよく知られた詩ではあるが、やはりほかの使用例が多く、確定することは難しい。すぐに典拠が分からないような工夫がされていると見た方がよいだろう。このことは、本作品の後の文章においても同じである。

（4）　武田文安（一六八七～一七二〇）、名は敬信、号は広陵、また長春院。幕府の医官を務め、板倉復軒の長女と結婚したが、享保五年（一七二〇）に三十三歳で亡くなっている。『徂徠集』所収の「医官広陵文安甫之墓碑」（巻十四）にその略歴が書かれている。それによると、祖父は武田杏仙《きょうせん》、父は武田恭安《きょうあん》と続く医者の家系で、漢詩文だけでなく笛の名手であり、蘐園の会合でよく演奏して、みなを楽しませたとある。

　武田杏仙（信成、一六二六～一七〇五）は、最初家綱の「お側医」であったが、のちに京都に行って明正院に仕えて法印に叙されており、茶道でも名が知られているが、藤原惺窩や林羅山に儒学を学んで『道統小伝』の著作がある。武田恭安については、最初京都で仕えていたが、霊元天皇の死去に伴って江戸に出てきたと徂徠の文章に見える以外はよく分からない。一般には、武田杏仙の家系は黒川道祐《どうゆう》の子の武田信郷《のぶさと》――母が杏仙の娘であった――が継いだとされていて、恭安も早く亡くなったのかもしれない。文安は宝永二年（一七〇五）に「游倅（部屋住み）」のままに綱吉に「お目見え」したと徂徠が墓碑銘に書いているから、恭安が急逝したために文安が急いで後を継いだものの、その文安も若くして亡くなり、後継者に武田信郷が選ばれたということのようである。

（5）　「友庵先生」なる人物については、本文にあるように板倉復軒の母方の祖父に当たるが、それ以上のことはよく分からない。さきに触れた南郭の「版倉君墓誌銘」でも、父親の名前が板倉正信であることは書かれているが、母親の姓については何も書かれていないので、母方の家系を知ることはできない。また「李庵先生」についても、本文に記述されている徂徠の父の姉妹の夫であるという以上のことは不明である。

（6） 板倉美仲（一七〇九〜四七）、名は安世、号は璜渓《こうけい》また帆丘。復軒の次男で、徂徠のもとで学んだ後、幕府から書籍料――『蘐園雑話』には「三十人扶持」とある――を支給されて私塾を開いていたとされるが、不行跡を理由に支給停止となった。同門の太宰春台とはとくに仲が悪く、郷里が近い宇佐美灊水《しんすい》とは親しく交際し、一時は行動をともにしていたことが伝えられている。

なお、本作品では、美仲が「汗血馬」に喩えられているが、享保六年（一七二一）に書かれた前出「水足氏父子詩巻の序」では、水足博泉がやはり「汗血馬」に喩えられていた。

（7） 原文の「吾豈敢也」は、『論語』述而篇の「若聖与仁、則吾豈敢（聖と仁との若きは、則ち吾豈に敢てせんや）」か、『春秋左氏伝』襄公三十一年の「子産曰、人心之不同如其面焉、吾豈敢謂子面如吾面乎（子産曰わく、人心の同じからざるはその面の如し。吾豈に敢て子が面、吾が面の如しと謂わんや）」あたりを意識して書いていると思われる。この一文の前に出てくる「居亡何」も、『漢書』翟方進伝に拠り、「居ること何《いくばく》も亡《な》く」と読むが、徂徠はほかの作品でも多く使用していて、とくに気に入った表現だったと思われる。

（8） 原文は「為代来臣」とあり、『徂徠先生文集解』によると、『史記』孝文帝紀の文章に典拠を持つ。この『史記』の文章は、孝文帝が「代」の地から来て新しい皇帝となると、以前から「代」において仕えていた臣下が朝廷に入り込んだことを記したものである。注（1）に挙げた南郭の「阪倉君墓誌銘」によると、板倉復軒は、甲府侯であった徳川綱豊に、最初は「侍史」として、のちに「書院番」として仕えていたが、宝永元年（一七〇四）綱豊が五代将軍綱吉の養嗣子となり、家宣と改名して西ノ丸に移ると、幕府の勘定方を務めるようになった。宝永六年（一七〇九）に家宣が六代将軍に就任するとともに勘定方組頭に進んだとある。こうした復軒の経歴ともつき合わせると、この一文は、復軒の身分が陪臣から幕臣へと移動したことを指していると解釈できるので、「新将軍につき従って幕臣となった」と訳した。

（9）次男は本文中に見える板倉美仲であるが、長男は惇行、名は敬徳、号は蘭渓といい、父の後を継いだ。『蘐園雑話』によると、武芸に優れ、「一仲節《いっちゅうぶし》」などは玄人はだしだったとある。不行跡を理由に隠居させられ、その後悪行が露見して「遠島」になったという。三男は美淑、名は経世、号は龍洲であったが、『蘐園雑話』には「無頼」であったと書かれている。南郭の「版倉君墓誌銘」によると、次男の美仲と三男の美淑はともに徂徠のもとで学んでいる。長沢孝三編『漢文学者総覧』（汲古書院、一九七九）には、長男の惇行も徂徠に学んだと記され、それを踏襲する記述も散見されるが、服部南郭の「版倉君墓誌銘」に拠るかぎり、そうした事実は確認できない。

なお、原文の「奉教幹其蠱」は、『易経』蠱卦・初六の「幹父之蠱、有子考无咎（父の蠱《こと》をとりしきる。こうした子があれば、考《ちち》の咎も消えて家は持ちなおす）」、あるいは同・象伝の「幹父之蠱、意承考也（幹父之蠱とは、考《ちち》の仕事を継承するという意志を子が持つことである）」に拠っている。もちろん、これも『漢書』や『顔氏家訓』など、多くの使用例がある。

（10）版本では「帆丘⿱山毎⿱山毎」となっているが、「⿱山毎」は毎の本字であり、「のびる」「しげる」の意である。原文および書き下し文では「毎」字に直している。

原文

復軒板君六十序

不佞茂卿。十四五時。従先君子。東游于房総。総之南。蓋有帆丘之山云。迺板倉氏之虚也。荒廃百年。城復于隍。然其巓猶有塁壁台池之遺。隠隠可睹已。左控高原。右帯灊水。東嚮以踞。属郷二十有四。可俯窺焉。外之九十九里之沙。大海銜之。遥碧彎彎然。風雨或晦。滔天之濤。若蹴林杪以来者焉。時時陟其巓。以眺日月之所繇出。雲物之所倏忽変眩。風颯颯然以来。其下彷彿乎若有蓬莱霊仙之宅。神之与往。冀之不可得也。惘惘然以下。下則或与郷父老相語。頗有能道勝国時事者。偉其戦績。歴歴指言之。若在目也。悵然以想。然当其時。寧何能識其裔孫為誰某。今在何処邪。曁乎十許年前。与武文安相識。而得見其岳尊復軒君者。迺友庵先生之外孫也。友庵先生者。則吾姑丈李庵先生之叔父也。語次所及。為之惋然。今年春。復軒君儼然辱臨。尋其旧盟。又携其仲子美仲。為行束脩以見之。美仲年甫十六。聡慧善詩文。才思日上。汗血駒也。亦惟復軒君。好読書。六十年如一日。烝烝之化。有以被之。講業之余。時聞美仲之叙其先世也。迺始識帆丘之後。是其人矣。則為之恍然。居亡何。六月九日。為復軒君覧揆之辰也。美仲来。而謀所以為之寿侑其觴者。物子曰。吾豈敢也。吾聞之。昔者豊王之東征也。偏師以徇房総。一日而下数十城。帆丘与焉。数十城之裔。散為庶人。其僅得以仕于諸侯之邦。而列君子林者。可僂指数。猶以為幸哉。迺尊公委質親藩。値風雲之会。為代来臣。当其世。而獲奮然致身□本朝之上。三増秩為今官。何栄也。在公之暇。迺好読書。六十年如一日弗倦。何健也。子昆季三人。或武或文。咸奉教幹其蠱。何楽也。是其福禄之来。滚滚乎未已。豈容予言。且也室町氏以際勝国。人之無寿者久矣。値天地之不好徳。人日尋干戈。三百余年。君之先城帆丘者。豈非其時乎。于其時。雖有仁人君子。不能躬享之福。而必貽諸後世。惟我□神祖。降徳于下民。離其塗炭。列朝累洽。仁霈乎無外。而天地不愛福。故人之多寿。宜莫今日若矣。以尊公而値今之時。雖無先世之積以発。必将裕諸其躬也。是豈容予言。雖然。尊公承帆丘之後。而弗能躬目其勝也。予躬目其勝。而弗獲其人。歴数十年而弗能忘于懐。今獲之尊公者。是宜若不無予言。況有家世之旧也。況子之命之也。迺作詩五章。授之觴者。

帆丘毎毎。以瞰大海。大海無涯。福禄何已。君子以耆。一章　維海出風。其来自東。草木美好。福禄攸造。君子其老。二章　維海出雲。降雨芬芬。百穀咸膏。福禄浩浩。君子其耄。三章　維海之谷。吐日欱月。経天無極。福禄無缺。君子其耋。四章　維海之洲。列仙攸游。詒我期頤。霊草葳蕤。君子味之。五章

書き下し

復軒板君六十の序《ふくけんはんくんろくじゅうのじょ》

不佞《ふねい》、茂卿《もけい》、十四《じゅうし》、五《ご》の時《とき》、先君子《せんくんし》に従《したが》いて、房総《ぼうそう》に東游《とうゆう》す。総《そう》の南《みなみ》、蓋《けだ》し帆丘《ほのおか》の山《やま》有《あ》ると云《い》えり。迺《すなわ》ち板倉氏《いたくらし》の虚《きょ》なり。荒廃《こうはい》すること百年《ひゃねん》、城《しろ》は隍《おか》に復《もど》る。然《しか》れどもその巓《いただき》に猶《な》お塁壁《るいへき》・台《だい》池《ち》の遺《い》有《あ》りて、隠隠《いんいん》として睹《み》るべきのみ。左《ひだり》は高原《こうげん》を控《ひか》え、右《みぎ》は瀋水《しんすい》を帯《お》び、東《ひがし》に嚮《むか》いて以《もっ》て

踞《うずくま》り、属郷《ぞくごう》の二十有四《にじゆうゆうし》、俯窺《ふき》すべし。外《そと》の九十九里《くじゆうくり》の沙《しや》、大海《たいかい》のこれを銜《ふく》み、遥碧《ようへき》は彎彎然《わんわんぜん》たり。風雨《ふうう》或《ある》いは晦《くら》く、滔天《とうてん》の濤《なみ》、林杪《りんしよう》を蹴《け》りて以《もつ》て来《きた》るが若《ごと》し。

時時《ときどき》、その顚《いただき》に陟《のぼ》りて、以《もつ》て日月《じつげつ》の繇《よ》りて出《い》づる所《ところ》、雲物《うんぶつ》の儵忽変眩《しゆくこつへんげん》する所《ところ》を眺《なが》むれば、風《かぜ》、渢渢然《はんはんぜん》として以《もつ》て来《きた》る。その下《した》は彷彿乎《ほうふつこ》として蓬萊霊仙《ほうらいれいせん》の宅有《たくあ》るが若《ごと》し。神《しん》の与《とも》に往《ゆ》き、これを冀《こいねが》うも得《う》べからざれば、惘惘然《もうもうぜん》として以《もつ》て下《くだ》る。下《くだ》れば則《すなわ》ち或《ある》いは郷《きよう》の父老《ふろう》と相語《あいかた》る。頗《すこぶ》る能《よ》く勝国《しようこく》の時《とき》の事《こと》を道《い》う者有《ものあ》りて、その戦績《せんせき》を偉《い》とし、歴歴《れきれき》として指《さ》してこれを言《い》うこと、目《め》に在《あ》るが若《ごと》きなり。悵然《ちようぜん》として以《もつ》て想《おも》うも、然《しか》れどもその時《とき》に当《あた》りて、寧何《いずく》んぞ能《よ》くその裔孫《えいそん》、誰某《たれぼう》為《た》りて、今何《いまいずく》の処《ところ》に在《あ》るかを識《し》らんや。

十許年《じゆうばかりとし》の前《まえ》に暨《およ》び、武文安《ぶぶんあん》と相識《あいし》りて、その岳尊《がくそん》の復軒君《ふくけんくん》なる者《もの》と見《まみ》ゆるを得《う》れば、迺《すなわ》ち友《ゆう》庵先生《あんせんせい》の外孫《がいそん》なり。友庵先生《ゆうあんせんせい》なる者《もの》は則《すなわ》ち吾《わ》が姑丈《こじよう》、李《り》庵先生《あんせんせい》の叔父《しゆくふ》なり。語次《ごじ》の及《およ》ぶ所《ところ》、これが為《ため》に惋然《わんぜん》たり。

今年《ことし》の春《はる》、復軒君儼然《ふくけんくんげんぜん》として臨《りん》を辱《かたじけな》くし、その旧盟《きゆうめい》を尋《たず》ね、またその仲子《ちゆうし》の美仲《びちゆう》を携《たずさ》え、為《ため》に束脩《そくしゆう》を行《おこな》いて以《もつ》てこれを見《み》せしむ。美仲《びちゆう》、年甫《としはじ》めて十六《じゆうろく》、聡慧《そうけい》にして詩文《しぶん》を善《よ》くす。才思《さいし》、日《ひ》に上《のぼ》り、汗血《かんけつ》の駒《こま》なり。また惟《た》だ復軒君《ふくけんくん》の読書《どくしよ》を好《この》むこと、六十年一日《ろくじゆうねんいちじつ》の如《ごと》く、烝烝《じようじよう》の化《か》、以《もつ》てこれに被《こうむ》らしむること有《あ》らん。講業《こうぎよう》の余《よ》、時《とき》に美仲《びちゆう》のその先世《せんせい》を叙《じよ》するを聞《き》くや、迺《すなわ》ち始《はじ》めて帆《ほの》丘《おか》の後《のち》、これその人《ひと》なるを識《し》れり。則《すなわ》ちこれが為《ため》に恍然《こうぜん》とす。

居《お》ること何《いくば》くも亡《な》く、六月九日《ろくがつここのか》は復軒君《ふくけんくん》の覧揆《らんき》の辰為《ときた》るなり。美仲来《びちゆうきた》りてこれが寿《じゆ》を為《な》し、その觴《しよう》を侑《すす》むる所以《ゆえん》の者《もの》を謀《はか》る。

物子曰《ぶっしい》わく、吾豈《われあ》に敢《あ》えてせんや。吾《われ》、これを聞《き》けり、昔者《むかし》、豊王《ほうおう》の東征《とうせい》するや、偏師《へんし》もて以《もっ》て房総《ぼうそう》を徇《したが》えども、一日《いちじつ》にして数十《すうじゅう》の城《しろ》を下《くだ》し、帆丘《ほのおか》も焉《これ》と与《とも》にす、と。数十城《すうじゅうじょう》の裔《えい》、散《さん》じて庶《しょ》人《じん》と為《な》り、その僅《わず》かに以《もっ》て仕《し》を諸侯《しょこう》の邦《くに》に得《え》て君子《くんし》の林《りん》に列《れっ》する者《もの》、指《ゆび》を僂《お》りて数《かぞ》うべきは、猶《な》お以《もっ》て幸《さいわ》いと為《な》さん。

迺《すなわ》ち尊公《そんこう》は質《し》を親藩《しんぱん》に委《い》し、風雲《ふううん》の会《かい》するに値《あた》り、代《だい》より来《きた》る臣《しん》と為《な》る。その世《よ》に当《あた》りて、奮《ふん》然《ぜん》として身《み》を□本朝《ほんちょう》の上《うえ》に致《いた》すを獲《え》て、三《み》たび秩《ちつ》を増《ま》して今《いま》の官《かん》と為《な》れば、何《なん》ぞ栄《えい》なるか。公《こう》の暇《か》に在《あ》れば、迺《すなわ》ち読書《どくしょ》を好《この》むこと、六十年一日《ろくじゅうねんいちじつ》の如《ごと》く倦《う》まざれば、何《なん》ぞ健《すこや》かなるか。子《こ》の昆季三人《こんきさんにん》、或《ある》いは武《ぶ》、或《ある》いは文《ぶん》、咸《み》な教《おしえ》を奉《ほう》じて、その蠱《こ》を幹《かん》すれば、何《なん》ぞ楽《たの》しきか。これその福禄《ふくろく》の来《きた》るや、滾滾乎《こんこんこ》として未《いま》だ已《や》まず。豈《あ》に予《よ》の言《げん》を容《い》れんや。

且《か》つや室町氏《むろまちし》より以《もっ》て勝国《しょうこく》に際《いた》るに、人《ひと》の寿《じゅ》の無《な》きこと久《ひさ》し。天地《てんち》の徳《とく》を好《この》まざるに値《あ》いて、人《ひと》の、日《ひ》に干戈《かんか》を尋《つ》ぐこと、三百余年《さんびゃくよねん》、君《きみ》の先《せん》の帆丘《ほのおか》に城《じょう》するは、豈《あ》にその時《とき》に非《あら》ざらんや。その時《とき》に仁人《じんじん》・君子《くんし》有《あ》りと雖《いえ》ども、躬《みずか》らこれが福《ふく》を享《う》けて、必《かなら》ずしもこれを後世《こうせい》に貽《のこ》すこと能《あた》わず。惟《た》だ我《わ》が□神祖《しんそ》は、徳《とく》を下《か》民《みん》に降《くだ》し、その塗炭《とたん》を離《はな》れしむ。列朝《れっちょう》、累洽《るいこう》して、仁《じん》、無外《むがい》に霈《うるお》す。而《しか》して天地《てんち》、福《ふく》を愛《おし》まず。故《ゆえ》に人《ひと》の寿《じゅ》の多《おお》きこと、宜《よろ》しく今日《こんにち》に若《し》くは莫《な》かるべし。尊公《そんこう》を以《もっ》て今《いま》の時《とき》に値《あ》うは、先世《せんせい》の積《せき》の以《もっ》て発《はっ》すること無《な》しと雖《いえ》ども、必《かなら》ず将《まさ》にこれをその躬《み》に裕《ゆたか》にせん。これ豈《あ》に予《よ》の言《げん》を容《い》れんや。

然《しか》りと雖《いえ》ども、尊公《そんこう》は、帆丘《ほのおか》の後《あと》を承《う》くるも、躬《みずか》らその勝《しょう》を目《め》にする能《あた》わざるなり。予《よ》は躬《みずか》らその勝《しょう》を目《め》にするも、その人《ひと》を獲《え》ず。数十年《すうじゅうねん》を歴《へ》ても懐《こころ》に忘《わす》る能《あた》わず。今《いま》、これを尊公《そんこう》に獲《う》れば、これ宜《よろ》しく予《よ》の言無《げんな》かざるが若《ごと》かるべし。況《いわ》んや家世《かせい》の旧有《きゅうあ》るをや。況《いわ》んや子《こ》の命《めい》ずるをや。

迺《すなわ》ち詩《し》五章《ごしょう》を作《つく》りて、これを觴者《しょうしゃ》に授《さず》く。

帆丘《ほのおか》は毎毎《まいまい》として、以《もっ》て大海《たいかい》を瞰《み》る。大海《たいかい》は涯無《はてな》く、福禄《ふくろく》何《なん》ぞ已《や》まんや。君子《くんし》は以《もっ》て耆《き》なり。一章《いっしょう》　維《ここ》に海《うみ》は風《かぜ》を出《いだ》し、その来《きた》るや、東《ひがし》よりす。草木《そうもく》は美好《びこう》にして、福禄《ふくろく》の造《いた》る攸《ところ》なり。君子《くんし》それ老《ろう》ならんことを。二章《にしょう》　維《ここ》に海《うみ》は雲《くも》を出《いだ》し、降雨《こうう》芬芬《ふんぷん》たり。百穀《ひゃくこく》咸《み》な膏《こ》えて、福禄浩浩《ふくろくこうこう》たり。君子《くんし》それ耄《もう》ならんことを。三章《さんしょう》　維《ここ》に海《うみ》の谷《たに》、日《ひ》を吐《は》き月《つき》を欲《す》う。天《てん》を経《めぐ》りて極《きわま》り無《な》し。福禄《ふくろく》は觖《か》くる無《な》し。君子《くんし》それ耋《てつ》ならんことを。四章《よんしょう》　維《ここ》に海《うみ》の洲《す》は、列仙《れっせん》の游《あそ》ぶ攸《ところ》なり。我《わ》が期頤《きい》を詒《のこ》し、霊草《れいそう》は葳蕤《いずい》す。君子《くんし》はこれを味《あじわ》わん。五章《ごしょう》

31　菅童子《かんどうじ》に贈るの序(1)

（享保九年・一七二四、徂徠集巻十一―①）

享保甲辰《こうしん》（享保九年）という年の秋七月、菅童子(2)は、十三歳にして、詩を賦し、未見の書を読むことを試されたうえ、とくに二百石を賜り、将軍にまみえ、博士の一員に列することになった。このときにおいて、都下の［それを］耳にした者たちは、驚き感心し、走り回って、お互いに口々に伝え褒めたたえ、「百年来の、まれなる盛事だ」と言いあっていた。

童子の父上は、医官の李《り》蔭《いん》先生（山田宗円《そうえん》）である。(3)童子は生まれながらにして人に抜きんでた秀《すぐ》れた才能を持っており、「軒岐家《けんきか》の言《げん》（医学）」を修めることをいさぎよしとしなかったし、経書、史書を読みあさり、美しい詩文を口にするときにも、また「吉備氏の読み（訓読）」を受け入れなかった。(4)李蔭先生が、学問を学ぶ師について話を持ちだすと、［童子は答えて］「どうして師なぞ必要でありましょうか。どうしてもと言われるのなら、赤城《あかぎ》の先生しかおりません」と言った。そのころ、わたくしはまだ赤城にいたので、(5)「赤城」とはわたくしを指したのである。

かくして［童子は］わたくしのもとへやってきた。わたくしは、一目見て、秀れた才能の持ち主だと理解した。［かれの住まいと］わたくしの廬《いおり》とはかなり離れているので、幼い童子には通うのが大変であった。頻繁にわたくしのもとに来ることができないので、大宰徳夫《とくふ》（太宰春台）を遣わし、その勉強を見させることにした。(6) 徳夫は「華音」によって書を読んだので、童子はますます勉学にいそしみ、志を奮い起こして「自分はかの中華の人である」と言うようになった。その後、いくばくもなくして、このたびのご下命があったのである。［謁見のあった］この日、先生は酒を用意し、童子を主人として、祝宴を催したが、わが弟子たちもことごとく集まった。宴たけなわにして、皆がそれぞれに［童子に］言葉を贈ることになった。

そこで、わたくしも次のように言った。

《麒麟、鳳凰、亀、龍、霊芝、朱草は王者の瑞祥である。(7)［それらは］王者の徳が盛んになって、和気として天地の間に溢れ、時空の間に漂い、互いに混じりあい、醸成され生成されたものであり、つねにあるものではない。人間もまたしかりだ。韓信、彭越《ほうえつ》、絳侯《こうこう》、灌嬰《かんえい》［といった武将］が楚・漢の際に雲のごとく興り、［漢の］文帝、景帝の際には賈誼《かぎ》、司馬遷、司馬相如《しょうじょ》、枚乗《ばいじょう》、厳助《げんじょ》、虞丘寿王《ぐきゅうじゅおう》［といった文人］がつぎつぎに出現したのだが、(8) これはその人々の「生まれつき（性）」が「普通の人々と」異なるからそうなったというよりも、むしろ時代がこれらの人々を育てあげたのである。

わが神祖（徳川家康）は国内を平定し、戦争を終わらせ、平和をもたらしたのだが、はやくから林羅山を京都から招き、「羅山は」その恩沢に浴して、学問を完成させ、ついに一代の儒宗にまでなった。(9) しかし、この時代は、戦国の余波が完全には除去されておらず、したがって京都のみが文化の地であった。しかし、ここ十数年来、東都（江戸）においても文筆の士が多く輩出するようになった。王者（将軍）が住まわれる東都が教化の淵源として、久しく時間が経過し、ますます盛んになったからであろう。相次いで現れた聖王（将軍）によって、百年もの久しきにわたって教化が行われ、人々を陶冶し鼓舞して、「『詩経』に詠われたような」王者の化育が盛んになったことから、名誉ある俊才が、人間における麒麟、鳳凰、亀、龍、霊芝、朱草のように出現することが分かるというものだ。

そもそも和気の至上のものは、いかなる遠方にも届き、いかなる暗闇をも貫き、辺鄙な村々からあらゆる所までに到達する。童子は、高位高官の家に生まれ、「天（将軍）」とも近く、はやくから秀れた文章を学び、よい身分に序せられ、栄誉、これより大なるものはない。

そうであるにしても、「今の日本における」国家の制度の、崇高にして雄大なことは、三代にも匹敵している。わたくしは諸侯の家臣の末席につらなり、「諸侯の」官職の異動を聞いている。［諸侯に関しては］何万石もの増秩、大夫に爵せられるといったことが起きるものの、それは毎年のことであり、都に暮らす人々にとっては普通のことにすぎないから、［それを聞いても］とくに驚いて騒ぐわけでもなく、あっさりとしたものである。

ところが今、童子は栄誉ある地位に就いたといっても、わずかに「博士」という卑しい身分であり、二百石というわずかな石高でしかない。それなのに［都に暮らす人々が］驚き感心し、走り回ってやまず、互いに口々に伝え褒めたたえているのは、いったいいかなる理由によるのであろうか。おそらく、［歴代の将軍の］聖徳がまさに輝き、その広大な明るさは日々に上り、つとめて政治をし、かくて久しく絶えていた典礼を挙行し、時代の風俗の拘束を打破し、それによって国内の民に、「上《かみ》（将軍）」の好むところが学問であり、時宜を得て発令された［幕府の］法令による［学問の］督励がたんなる飾りではないことをはっきりと知らしめたためである。その効果は今日このようにはっきりとあらわれたのであるが、とすれば、これ以後、［幕府が］仁を行っているという評判は信頼され、民は打てば響くように［それに］応じることになろう。

［このように童子の栄誉は］どうして童子一人だけの栄誉であろうか。われわれ陪臣もまた、「斯文《しぶん》」のためにこれを慶《よろこ》んでいるのである。(10) 童子は、遠くは歴代［の将軍たち］の化育によっていることを思い、近くは今日の抜擢の恩によって栄誉を与えられたことを思い、

ますますその徳に務めて、林羅山公の後を追い、きたる日に国家に役立つということこそ、父と子がお互いに務め、励ましあいながら、心に思うべきことであろう。［それについては］先生がおられるのだから、どうしてわたくしの言を俟《ま》つ必要があろうか。》

言葉が終わると、童子はすっくと立ち上がり、席を離れ、次のように述べた。

《今にして、わたくしはこの大恩を独り占めしてはならないということを知りました。わたくしは愚かではありますが、ますます奮起して「上（将軍）」の恩徳の心に応《こた》える方法を考えていきたいと思います。》

そこで、［以上のことをわたくしに］願って書かせた。

訳注

（1）本作品の成立は、本文に「享保甲辰秋七月」とあることから、享保九年（一七二四）の秋七月のことだと分かる。

（2）「菅童子」とは山田麟嶼《りんしょ》（一七一二〜三五）を指す。麟嶼は字で、名を正朝、あるいは弘嗣といい、別号に尚古堂がある。菅原氏出身を名乗ったので、徂徠は「菅童子」と呼んでいる。父宗円に手ほどきを受けたのち、徂徠の門下に入り、早くからその才能を高く評価され、文中にあるように十三歳のときに幕府儒官に任用されるという栄誉を得た。その後、職を辞して、京都に行き、伊藤東涯のもとで学ぶが、父が病に倒れたことから江戸に戻り、その後ほどなくして死去した。麟嶼の著作として『尚古堂文集』『麟嶼遺稿』『麟嶼遺艸』があるというが、現在は所在不明となっている。東条琴台『先哲叢談後編』（巻四）には「菅原麟嶼」で載っているが、そこでは、将軍謁見の前にいく人かの大名から試されていたこと、天然痘で死去したことなどが書かれている。

上記のような経歴のためか、麟嶼の墓碑銘は東涯が書いており（「山田麟嶼学博墓碣銘」、『紹述先生文集』巻十三）、それを見ると、儒官任用は徂徠と室鳩巣の推薦であったことが分かる。『紹述先生文集』には、このほか麟嶼と唱和した詩一篇（同・巻二十七）、麟嶼の訃報を伝える父親からの書簡への返信（同・巻二十六）が収録されている。ただし、東涯に入門する前に麟嶼は堀景山を訪ねていたらしいことが、享保十一年（一七二六）に書かれた徂徠の「答屈景山」第一書から知ることができる。父の宗円が間に入ることによって両者の交流が生まれたのだが、そのきっかけが麟嶼の京都游学にあったことが分かる。

なお、将軍謁見に際しては、徂徠以外に、服部南郭「贈菅神童序」（『南郭先生文集初編』巻七）、太宰春台「賀山田神童登仕序」（『紫芝園後稿集』巻三）、平野金華「贈菅童子序」（『金華稿删』巻四）などの作品があり、本文のなかで徂徠および門人が祝賀に集まったということを裏づけている。

（3）　山田宗円（一六六一～一七四一）は、名を正方、号を李蔭という。幕府の医官となり、小児科の名医として、正徳二年（一七一二）には法眼に叙されている。『幼科全書』の著作があるというが、これもすでに失われているようである。宗円は八十一歳まで生きたから、息子の麟嶼が京都に滞在中に病気になったものの、その後回復し、そのために江戸に戻った麟嶼が先に亡くなったということになる。『麟嶼遺艸』は刊行されているが、その著者は山田宗円となっており、息子の死を悼んで編纂したものと推測される。

(4) 原文の「軒岐家之言」、軒は黄帝軒轅《けんえん》氏、岐は岐伯《きはく》、ともに伝説上の医学の祖のことで、転じて医者を「軒岐家」と呼ぶ。また「黄備氏之読」とは「訓読」を指す。吉備真備(六九五〜七七五)は七一七年に遣唐留学生として唐に渡り、七三五年に帰国したが、そのとき経書、史書、天文暦書を始めとする典籍および楽器などの器物を日本に持ち帰った。徂徠は「訓読」の起源を吉備真備に求めている。『学則』の第一則では、吉備真備が「和訓」を作ったことにより、鳥のさえずりのような言葉が自分の言葉になって、わが国の人々も聖人の道を理解できるようになるという恩恵を今に至るまで蒙っていると評価する一方で、本来の中国の言葉で表現されたことが分からなくなるという問題を引き起こしたと批判する。そのうえで吉備真備を模倣しないことこそ、真に吉備真備を模倣することになるのだと主張していた。こうした「唐話」や「華音」については、前出(第1巻2)の「野生の洛に之くを送るの序」を参照されたい。

(5) 徂徠が牛込から赤城に移転したのは享保五年(一七二〇)であるが、平石直昭氏の考証によれば同年五月のことである。また平石氏は、徂徠の南郭宛の国字牘から、享保九年(一七二四)七月に市谷仲之町にさらに転居したことを指摘している。本作品の成立が同年同月のことであるので——順序としては、移転が先にあって、それから本作品が書かれたことになる——、作品のなかでわざわざ赤城にいた頃のことだと断っているのであろう。

（6） 春台は、本文に見えるように、徂徠から指導を命じられていたために、蘐園のなかでもとくに親しかったと思われる。春台には麟嶼の京都行きを送る詩（「送麟嶼童子遊西京」、『紫園後稿』巻一）——この詩について、春台は徂徠宛の書簡（「与徂来先生」第三、同・巻十二）で「古詩」を試みたと得意げに述べている——と、京都滞在中の麟嶼宛の書簡二通（「与麟嶼童子書」、「答山田童子正朝書」、ともに同・巻十三に所収）がある。なお、徂徠もまた「送菅童子遊西京」（巻七）を書いている。これらのことや堀景山とのやり取りからすると、麟嶼は最初から東涯のもとで学ぶことを決意して京都に行ったわけではないと思われるが、あるいはひそかにそう考えていたのかもしれない。この上京の時期については、徂徠の詩の内容から享保十年（一七二五）の秋頃だと平石氏は推測しているが、春台の詩にも秋の情景が詠まれていることから見て、そのとおりであろう。

（7） 『礼記』礼運篇に「何謂四霊、麟鳳亀龍謂之四霊（何が四霊であるかといえば、麒麟・鳳凰・亀・龍のことである）」とか、「鳳凰麒麟皆在郊棷、亀龍在宮沼（鳳凰・麒麟は郊外の野におり、亀・龍は王宮の沼に住む）」とあるように、これらは瑞祥のシンボルと考えられていた。これに「朱草」が加わった例は、『漢書』公孫弘伝の「今人主和徳於上、百姓和合於下、故心和則気和、気和則形和、形和則声和、声和則天地之和応矣、故陰陽和、……嘉禾興朱草生、……此和之至也、……徳配天地、明並日月、則麟鳳至、亀龍在郊、河出図、洛出書……此和之極也（現在徳ある君主が上にいて、下々の者たちが穏やかに暮らしている。心が調和すれば気も調和し、気が調和すれば形が整い、形が整えば音声も調和する。音声の調和に天地も呼応して調和する。陰陽が調和して……嘉禾と朱草が生ずる。……これこそ調和の至極である。……人君の徳は天地と並び、その明るさは太陽や月に並ぶために、麒麟・鳳凰が訪れ、亀・龍が郊外に現れ、河図洛書も出てきて、……調和の極致である）」という例がある。

「霊芝」が加わる例は、魏の曹植が漢代の鞞舞歌《へいぶか》をまねて作った楽府《がふ》「霊芝篇」の冒頭で「霊芝生玉地、朱草被洛浜（霊芝が池のほとりに生え、朱草は洛水の水辺に茂る）」と詠ったほか、朱熹が「玉山講義」の冒頭で「熹此来得観学校鼎新、又有霊芝之瑞」と述べている例がよく知られている。徂徠が何に基づいたかを確定するのは難しいが、瑞祥として知られているものを挙げながら、それが君主の治政に応じた社会の安定と文化の興隆の所産であることを強調している点に注目する必要があろう。

（8）韓信（?～前一九六）・彭越（?～前一九六）は、ともに前漢の高祖劉邦のもとで功績を挙げた武将で、戦乱が平定されたのちに罪を得て殺害された。絳侯は周勃《しゅうぼつ》（?～前一九六）の爵位による呼び名で、やはり劉邦のもとで活躍し、その死後に丞相に就いて漢王朝の安定に貢献した。灌嬰（?～前一七六）も劉邦のもとで活躍した武将であったが、周勃が辞任した後に丞相となった。また賈誼（前二〇〇～前一六八）は、若くして博士となり、文章の名手として知られて、『文選』に多くの詩文が収録されている。司馬遷（前一四五／一三五～前八七／八六）は、いうまでもなく『史記』の著者としてよく知られている。司馬相如（前一七九～前一一七）も武帝に仕え、賦の名手として有名である。枚乗（生没年不詳）は景帝時代の文章家であり、武帝に呼びだされたが、上京の途中で亡くなった。厳助は、『漢書』が作成された後漢時代に明帝の諱《いみな》を避けて書かれていた荘助（?〜前一二二）の別名で、試験の答案が優れていたことから武帝の側近になったが、晩年は淮南王劉安の事件に巻き込まれて処刑された。虞丘寿王（生没年不詳）は、吾丘とも書き、董仲舒に『春秋』を学んで武帝に仕えた。班固の「両都賦序」には武帝の「言語侍従の臣」として、司馬相如・虞丘寿王・東方朔・枚皐《ばいこう》・王褒《おうほう》・劉《りゅう》向《きょう》の名が挙げられている。

（9）　徂徠は幼い頃に林信篤（鳳岡）に学んだこともあり、林家が闇斎流の「講釈」を採用していることを除けば、それほど批判的ではなかった。羅山に関して、その功績を賞賛することは、前出（第1巻11）の「二火弁妄編の序」に京都で学問が興隆したのは惺窩・羅山などの「大師」の出現によると述べた例がある。「二火弁妄編の序」は正徳四年（一七一四）の作品であるが、本作品との関係で言うと、注（2）で触れた「答屈景山」第一書にも、景山が堀杏庵の子孫であることを述べるなかで、羅山と那波活所に触れている例が注目される。もっとも「答屈景山」第一書では、羅山と活所は「弁博」が高く評価されたのに対して、杏庵は「温厚長者」であったと述べているので、必ずしも羅山を褒めているわけではない。その点からすると、本作品に見える羅山評価は、それが徂徠の本音であったかどうかは別にして、注目に値しよう。

（10）　「斯文」は、いうまでもなく『論語』子罕篇に見える言葉で、道すなわち儒教を指している。

原文

贈菅童子序

享保甲辰秋七月。菅童子年十三。以試賦詩読未見書。特□賜稟奉二百石。奉朝請。以従諸博士之列。当其時。都下聞者莫不驚嘆嗟異。奔走以相伝誦嘖嘖。謂為百年来希覯盛事也。童子家大人為医官李陰先生。童子生而儁異霊慧。迺弗屑為軒岐家之言。蒐猟経史。諷詠菁華。迺又弗屑為黄備氏之読。先生為謀其所問業。則曰吾其奚師。亡已乎其赤城邪。時予尚在赤城。赤城者謂予也。於是乎来見予。予一見以識其為渥洼駒哉。予廬相距頗遥。而童子尚幼。弗勝衣。弗能蹩躠乎道塗。婁来見予。則俾大宰徳夫往視其業。徳夫倡以華音。則童子愈益孜孜弗已。慨然自謂彼中人也。居亡何。迺有今□命云。是日先生置酒高会。吾党諸子悉集。童子為主。迺酣諸子各有贈言。予曰。麟鳳亀龍瑞芝朱草者。王者之祥也。王者之徳隆盛。和気洋溢乎両間。浮遊乎宇宙。絪縕化醇。所蒸以生。故不恒有焉。惟人亦然。韓彭絳灌雲興于楚漢之際。而文景之世。賈誼司馬遷相如枚乗厳助虞丘寿王之徒。継踵比肩以出。是寧特其性異稟然哉。亦時乎有以化之也。惟吾□神祖既定海内。偃武修文。夙収羅山于西畿。煦濡以成其学。終為一代儒宗。然是時戦国之習未尽除。以故京洛独称人文淵藪。而十数年来。操觚之士。迺益彬蔚于東都。豈非輦轂之下。首善之地。風教所自。愈久愈盛乎。故知□列聖相承。累洽重熙。百年之久。所陶育以鼓鋳。蓼蕭棫樸之化。於斯為盛。則誉髦之英。亦人之麟鳳亀龍瑞芝朱草哉。夫至和所翔。靡遠弗届。靡幽弗徹。窮陬下邑。于何弗有。而童子躬生於朝紳之家。違天尺五。鶴唳蚤聞。好爵縻之。栄亦大矣哉。雖然。□国家設制。崇高豊大。比隆三代。予跧伏侯邸之末。側聞除目之所遷転。増秩万石。晋爵大夫。率無虚歳。而都人耳目所狃。玩愒為常。恬且不駭。迺今童子之所為栄。博士賤矣。二百石微矣。而其驚嘆嗟異奔走弗已。嘖嘖以相伝誦者。独何哉。蓋□聖徳方明。昭曠日躋。励精為治。迺挙百年之曠典。破時俗之拘攣。俾海内之民。由是暁然以知□上攸好学。而歳時条令所勧督。非文具也。其効已見於今日者如此。則過此以往。仁声迺孚。民応如響。何翅一童子之栄哉。吾儕陪臣。亦為斯文慶之。若夫童子遠惟□列朝培育之化。有以使之。近惟□当今抜擢之恩。有以栄之。益懋其徳。追躅林公。以供国家異日之用者。是家人父子相勉励之意。先生在焉。何竢予言。言畢。童子蹶然興而離席以言曰。而今而後。吾知□大恩之不私哉。小子雖不敏。其不愈益自奮思所以対敭□上之徳意乎。因請而俾書。

書き下し

菅童子《かんどうじ》に贈《おく》るの序《じょ》

享保甲辰《きょうほうこうしん》、秋七月《あきしちがつ》。菅童子《かんどうじ》、年十三《としじゅうさん》にして、詩《し》を賦《ふ》し、未見《みけん》の書《しょ》を読《よ》むを試《こころ》みるを以《もっ》て、特《とく》に奉二百石《ほうにひやくこく》を□賜稟《しりん》し、朝請《ちょうせい》を奉《ほう》じて、以《もっ》て諸博士《しょはくし》の列《れつ》に従《したが》う。その時《とき》に当《あた》り、都下《とか》の聞《き》きし者《もの》、驚嘆嗟異《きょうたんさい》せざる莫《な》く、奔走《ほんそう》して以《もっ》て相伝誦《あいでんしょう》すること嘖嘖《さくさく》として、百年来希覯《ひやくねんらいきこう》の盛事《せいじ》為《た》りと謂《い》う。

童子《どうじ》の家大人《かたいじん》は、医官《いかん》、李陰先生《りいんせんせい》為《な》り。童子《どうじ》、生《うま》れて儁異霊慧《しゆんいれいけい》、迺《すなわ》ち軒岐家《けんきか》の言《げん》を為《な》すを屑《いさぎよ》しとせず。経史《けいし》を蒐猟《しゆうりよう》し、菁華《せいか》を諷詠《ふうえい》す。迺《すなわ》ちまた黄備氏《きびし》の読《どく》を為《な》すを屑《いさぎよ》しとせず。先生《せんせい》、為《ため》にその業《ぎよう》を問《と》う所《ところ》を謀《はか》れば、則《すなわ》ち曰《い》わく、吾《われ》、それ奚《いず》れを師《し》とせん。已《や》む亡《な》くんば、それ赤城《せきじよう》か、と。時《とき》に予《よ》、尚《な》お赤城《せきじょう》に在《あ》れば、赤城《せきじょう》とは予《よ》の謂《い》いなり。

ここにおいてか、予《よ》に来見《らいけん》す。予《よ》、一見《いっけん》して以《もっ》てその渥注《あくわ》の駒《く》為《た》るを識《し》る。予《よ》が廬《りょ》、相距《あいへだた》ること、頗《すこぶ》る遥《はる》かにして、童子《どうじ》尚《な》お幼《おさな》ければ、衣《い》に勝《た》えず。道塗《どうと》に蹩躠《へっさつ》して、屢《しばし》ば予《よ》に来見《らいけん》することを能《あた》わざれば、則《すなわ》ち、大宰徳夫《だざいとくふ》をして往《ゆ》きてその業《ぎょう》を視《み》しむ。徳夫《とくふ》、倡《とな》うるに華音《かおん》を以《もっ》てすれば、則《すなわ》ち童子《どうじ》、愈益《ますます》孜孜《しし》として已《や》まず。慨然《がいぜん》として自《みずか》らかの中人《ちゅうじん》なりと謂《い》う。居《お》ること何《いく》ばくも亡《な》くして、廼《すなわ》ち今《いま》の□命《めい》ありと云《い》う。

この日《ひ》、先生《せんせい》、酒《さけ》を置《お》きて高会《こうかい》す。吾党《ごとう》の諸子《しょし》悉《ことごと》く集《つど》い、童子《どうじ》、主為《しゅた》り。酒《さけ》、酣《たけなわ》にして諸子《しょし》、各《おのおの》の言《げん》を贈《おく》る有《あ》り。

予曰《よい》わく、麟《りん》・鳳《ほう》・亀《き》・龍《りゅう》・瑞芝《ずいし》・朱草《しゅそう》なる者《もの》は王者《おうじゃ》の祥《しょう》なり。王者《おうじゃ》の徳《とく》、隆盛《りゅうせい》にして、和気《わき》、両間《りょうかん》に洋溢《よういつ》し、宇宙《うちゅう》に浮遊《ふゆう》し、絪縕化醇《いんうんかじゅん》、蒸《じょう》じて以《もっ》て生《しょう》ずる所《ところ》なり。故《ゆえ》に恒《つね》には有《あ》らず。惟《た》だ人《ひと》もまた然《しか》り。韓《かん》・彭《ほう》・絳《こう》・灌《かん》、楚《そ》・漢《かん》の際《さい》に雲興《うんこう》し、文《ぶん》・景《けい》の世《よ》、賈誼《かぎ》・司馬遷《しばせん》・相如《しょうじょ》・枚乗《ばいじょう》・厳助《げんじょ》・虞丘寿王《ぐきゅうじゅおう》の徒《と》、踵《きびす》を継《つ》ぎ、肩《かた》を比《なら》べて以《もっ》て出《い》づ。これ寧《いず》くんぞ特《た》だその性《せい》の稟《ひん》を異《こと》にして然《しか》らんや。また時《とき》なるか、以《もっ》てこれを化《か》すること有《あ》るなり。

惟《た》だ吾《わ》が□神祖《しんそ》、既《すで》に海内《かいだい》を定《さだ》め、武《ぶ》を偃《おさ》え文《ぶん》を修《おさ》め、夙《つと》に羅山《らざん》を西畿《せいき》より収《おさ》め、眗濡《くじゅ》して以《もっ》てその学《がく》を成《な》し、終《つい》に一代《いちだい》の儒宗《じゅそう》と為《な》る。然《しか》れどもこの時《とき》、戦国《せんごく》の習《ならい》、未《いま》だ尽《ことごと》くは除《のぞ》かれず。故《ゆえ》を以《もっ》て、京洛《けいらく》、独《ひと》り人文《じんぶん》の淵藪《えんそう》と称《しょう》せらる。而《しか》るに十数年来《じゅうすうねんらい》、操槧《そうさん》の士《し》、廼《すなわ》ち益《ますま》す東都《とうと》に彬蔚《ひんい》す。

豈《あ》に輦轂《れんこく》の下《もと》、首善《しゅぜん》の地《ち》、風教《ふうきょう》の自《よ》る所《ところ》、愈《いよい》よ久《ひさ》しく、愈《いよい》よ盛《さか》んなるに非《あら》ざらんや。故《ゆえ》に知《し》る、□列聖相承《れっせいそうしょう》し、累洽重熙《るいこうちょうき》し、百年《ひゃくねん》の久《ひさ》しき、陶育《とういく》して、以《もっ》て鼓鋳《こちゅう》する所《ところ》、蓼蕭《りょうしょう》・棫樸《いくぼく》の化《か》、斯《ここ》において盛《さか》んなりと為《す》れば、則《すなわ》ち誉髦《よぼう》の英《えい》もまた人《ひと》の麟《りん》・鳳《ほう》・亀《き》・龍《りゅう》・瑞芝《ずいし》・朱草《しゅそう》たるかな。

それ至和《しわ》の翔《と》ぶ所《ところ》、遠《とお》くして届《とど》かざるは靡《な》く、幽《ゆう》にして徹《とお》らざるは靡《な》し。窮陬下邑《きゅうすうかゆう》、何《いず》くにおいてか有《あ》らざらん。而《しか》して童子《どうじ》は躬《おのずか》ら朝紳《ちょうしん》の家《いえ》に生《うま》れ、天《てん》を違《さ》ること尺五《せきご》、鶴唳蛩《かくれいつと》に聞《きこ》え、好爵《こうしゃく》これを縻《つな》ぐは、栄《えい》もまた大《だい》なるかな。

然《しか》りと雖《いえ》ども□国家《こっか》の制《せい》を設《もう》くること、崇高豊大《すうこうほうだい》にして三代《さんだい》に比隆《ひりゅう》す。予《よ》、侯邸《こうてい》の末《すえ》に跧伏《せんぷく》し、除目《じもく》の遷転《せんてん》する所《ところ》を側聞《そくぶん》するに、秩《ちつ》を増《ま》すこと万石《まんごく》、爵《しゃく》の晋《すす》むこと大夫《たいふ》、率《おおむ》ね虚歳《きょさい》無《な》し。而《しか》れども都人《とじん》の耳目《じもく》の狃《な》るる所《ところ》は、玩愒《がんかつ》常《つね》為《た》りて、恬《てん》として且《か》つ駭《おどろ》かず。

迺《すなわ》ち今《いま》、童子《どうじ》の栄為《えいた》る所《ところ》、博士《はくし》は賤《いやし》く、二百石《にひゃくこく》は微《び》なり。而《しか》れどもその驚嘆嗟《きょうたんさ》異《い》し奔走《ほんそう》して已《や》まず、嘖嘖《さくさく》として以《もっ》て相伝誦《あいでんしょう》する者《もの》、独《ひと》り何《なん》ぞや。蓋《けだ》し□聖徳《せいとく》の方《まさ》に明《あき》らかに、昭曠《しょうこう》の日《ひび》に躋《のぼ》り、励精治《れいせいち》を為《な》し、迺《すなわ》ち百年《ひゃくねん》の曠典《こうてん》を挙《あ》げ、時俗《じぞく》の拘攣《こうれん》を破《やぶ》り、海内《かいだい》の民《たみ》をして、これによりて暁然《ぎょうぜん》として以《もっ》て□上《かみ》の学《がく》を好《この》む所《ところ》、歳時《さいじ》の条令《じょうれい》の勧督《かんとく》する所《ところ》、文具《ぶんぐ》に非《あら》ざるを知《し》らしむるなり。その効《こう》、已《すで》に今日《こんにち》に見《あらわ》る者《もの》、此《か》くの如《ごと》し。則《すなわ》ち此《これ》を過《す》ぎて以往《いおう》、仁声《じんせい》は迺《すなわ》ち孚《まこと》にして、民《たみ》の応《おう》ずること響《ひび》くが如《ごと》し。

何《なん》ぞ翅《ただ》に一童子《いちどうじ》の栄《えい》ならんや。吾儕陪臣《われらばいしん》もまた斯文《しぶん》の為《ため》にこれを慶《よろこ》ぶ。若《も》しそれ童子《どうじ》、遠《とお》くは□列朝培育《れつちょうばいいく》の化《か》、以《もっ》てこれを使《せしむ》る有《あ》るを惟《おも》い、近《ちか》くは□当今抜擢《とうこんばってき》の恩《おん》、以《もっ》てこれに栄《えい》する有《あ》るを惟《おも》え。益《ますま》すその徳《とく》を懋《つと》め、林公《りんこう》を追躅《ついちょく》して以《もっ》て国家《こっか》異日《いじつ》の用《よう》に供《きょう》せんとする者《もの》、これ家人父子《かじんふうし》の相勉励《あいべんれい》するの意《い》なり。先生《せんせい》在《あ》れば、何《なん》ぞ予《よ》が言《げん》を竢《ま》たんや。

言畢《げんおわ》りて、童子《どうじ》、蹶然《けつぜん》として興《た》ち、席《せき》を離《はな》れ以《もっ》て言《い》いて曰《い》わく、而今而後《じこんじご》、吾《われ》、□大恩《たいおん》の私《わたくし》せざるを知《し》るかな。小子《しょうし》、不敏《ふびん》と雖《いえ》ども、それ愈益《ますます》自《みずか》ら□上《かみ》の徳意《とくい》に対敭《たいよう》する所以《ゆえん》を奮思《ふんし》せざらんや。

因《よ》りて請《こ》いて書《か》かしむ。

32 土《ど》伯曄《はくよう》の豊城《ほうじょう》に帰るを送るの序(1)

（享保九年・一七二四、徂徠集巻十一―⑤）

土伯曄（土屋藍洲《つちやらんしゅう》(2)）は、豊《ほう》の国（豊前《ぶぜん》・豊後《ぶんご》）の人である。豊の国には小大名が多いが、そのなかでは小笠原氏が最大であり、伯曄の代に至るまで、小笠原氏は東西の二系に分かれていて、土伯曄が仕えていたのは東の中津《なかつ》侯である。(3)たまたま、中津侯が跡継ぎのないままに亡くなり、藩は断絶される危機に陥った。朝廷（幕府）は、中津侯の先祖が、「鼎革《ていかく》の際」（関ヶ原の戦いや大坂の陣）において戦功があったゆえをもって、親族の者を立てて、その先祖への祀りを奉じさせ、わずかに小大名として残ることを許したのである。かくして、領国はますます削られ、代々の旧臣や世族の家を養っていくことができなくなってしまった。そこで伯曄は、父君のもとを辞し、東都（江戸）に来て、医術を学んだ。医者となって、父君を養っていきたいと願ったのである。

ほどなくして「伯曄は」医術を修得し、大切な家臣（上客）として延陵《えんりょう》（延岡《のべおか》）に招かれた[4]。そもそも、東都（江戸）において医術に巧みなる者は、古くから「素封《そほう》」という呼称があるほどであって[5]、医術の巧妙さを売り込めば、諸侯からのさまざまな贈り物すら期待できる。それゆえ父君の養育など、何の心配もないはずである。それにもかかわらず、伯曄は延陵からの招聘を受けて、家臣となった。延陵は豊後の南にあり、豊後からの街道が通っているところである。藩主の参勤交代に従って、道すがら、十日ほど父君のもとを訪れ、ともに楽しむことができればというのが、伯曄の願いであった。

伯曄は［江戸の］藩邸にいたのだが、暇なときには熱心に読書し、経書・史書はもとより多くの書物に通じ、そして力を尽くしてあでやかに美しい文章を綴った。そのうち、服生（服部南郭）、平生（平野金華）と交遊を結び、しばしば二人とともにわたくしのもとを訪れるようになった[6]。そこでわたくしは、伯曄が医術をもって仕えたのは重禄に惹かれてのことではないということを知り、ますますかれを秀れた人物だと考えるようになった。

まもなく［伯曄は］延陵を辞し、豊前の西にある小倉侯からの招聘に応ずることとなった。伯曄は「これからのち、わが家においてわが親に事《つか》えることができる。今まではわが親を［江戸と］延陵との往復の道中に置き、しばらく様子を窺いながら孝養を尽くそうと考えたが、なかなか困難であった。さらに延陵侯は［幼少で］成人するまで［江戸の］藩邸におられ、封国に帰らないのであるから、わが親はそれを待てないであろう[7]。そうであれば俸禄の高い低いは問題にすることもなかろう」と言い、かくして［小倉侯に］仕官したのである。先王の道を学んで、それを行う立場におらず、しかも医者としての職務も兼ねる、そういう仕官をよしとしない者もいよう。しかし、それは雒儒氏《らくじゅ》（伊藤仁斎）が［ことさらに］議論していることにすぎないのであり、(8)わたくしはそうは思わない。

そもそも先王の道は「大」なるもので、あらゆる物事を包摂している。(9)しかるに孟子は戦国の諸侯に弁舌をもって仕官しようと思い、楊朱や墨翟《ぼくてき》と言い争った。二程子や朱熹などは「心性」の論を天下に広めようと思い、仏老と言い争った。孟子、二程子や朱熹はみな、みずからを「小」なるものと限定してしまったのである。みずからを「小」なるものと限定してしまえば、［すべてを］包摂することなどできないから対立が生ずる。対立が生ずれば、妬《ねた》みが生じ、争いが生ずる。なんと心の狭いことではないか。しかし、そうしたことがあったにしても、［儒者が］医者と争ったということをいまだ聞いたことがない。医者と争うのは雒儒氏から始まったことであり、［雒儒氏は］ますます心が狭いと言わねばならない。

そもそも儒者が文章を綴り、医者が薬剤を調合するのは、みな有司（下級官吏）としての職務である。［儒者も医者もその職務だけでは］「道」を行うことなどできはしない。今、儒者として仕えることがすべて「道」を行う立場につくことだと主張する論者はいないであろう。そうだとすれば、経典を手にし、議論を講ずることにおいては、儒者として仕えようと、医者として仕えようと、どのような地位にあろうと、何の相違もないのである。［儒者として仕えて］言辞をあでやかにすることが主君の諮問に備えることだと主張する者もいないであろう。そうであれば、医者を兼ねることを悩むことはない。

たしかに大邦においては職務を兼任する者もいないだろうが、［小倉藩のような］小邦では兼任することが普通である。それぞれ［国の大小によって］そうなっているだけの話である。今、士（武士）が禄を食《は》んでいるのは、みな兵士として［仕えるから］である。[10] 世の人々は、兵士と儒者を兼ねることについては非難しないにもかかわらず、［儒者と］医者を兼ねることについては非難する。［儒者が兼務するのが］兵士であろうと、医者であろうと、何の違いがあろうか。

さらにまた、伯曄は、親のために仕官するのであり、だからこそ他の邦ではなく、豊の国にしたのである。そのうえ豊の東西の両諸侯は、ともに出自を同じくしているのであり、したがって、どちらも［伯曄の］先祖がかつて仕えた諸侯ということになる。［両邦は］山川はお互いに接し、［相手の］鶏や犬の鳴き声も聞くことができ、土地の風俗もほとんど同じである。その治政が類似しているさまは、あたかも［春秋時代の］魯と衛のごとくである。[11] ［豊の国の］人々はたがいに親戚であり、姻戚であり、また友人であったりするのだから、父君も安心されたことであろう。

「伯曄の仕官によって」父君は安心されるのだから、医を兼ねることなどに悩む必要はない。かの先王の道において、君主に用いられたときには、「朝廷に出て」政治を行い、君主に用いられないときには、「家に」引き籠る。用いられるか、用いられないかは君主や「上級職の」大夫次第であり、(12)伯曄にはどうすることもできないことなのである。だから、伯曄の仕官は、その邦に先王の道を行うことはできないにしても、先王の道に従ってその身を守るものだと言えよう。『書経』に「孝行であることよ、孝行であることよ。それが政治として現れる」とあるが、(13)伯曄はまさにそうなのである。

「わたくしが以上のように述べると、その場にいて」聞いていた者たちは大いに喜んだ。そこで、このことを書いて伯曄への贈り物とし、あわせて伯曄の友人たちの惑いを解くことにした。

訳注

(1) 本作品が享保九年（一七二四）秋に成立したことについては、すでに平石直昭氏が、服部南郭が長崎の僧侶玄海に送った書簡や南郭自身の「送土伯曄帰豊城序」（『南郭先生文集初編』巻七）などから推定されたところであるが、本多忠統《ただむね》の「送伯曄序」（『猗蘭台集』初稿）に「伯曄就仕、甲辰《こうしん》之秋、之小倉」とあり、享保甲辰、すなわち享保九年の秋に、小倉に仕官が決まって江戸を去ったことが分かり、そこから本作品も享保九年秋に成立したと確定できる。

（2）土屋藍洲（一六八六～一七六一）、名は昌英、伯曄は字で、藍洲と号した。豊前の中津出身で、本文にも見えるように一念発起して江戸に出て、医学を幕府医官の渋江《しぶえ》松軒《しょうけん》（一六五一～一七三五）に、儒学を徂徠に学ぶ。最初は日向《ひゅうが》・延岡藩主牧野貞通《さだみち》に仕えたが、のちに豊前・小倉藩主小笠原忠雄（ただたか／ただかつ）の侍医となる。小笠原忠雄（一六四七～一七二五）は、豊前・小倉藩の第二代藩主で、中世からの名門小笠原氏の嫡流である。正徳から享保にかけての財政難に直面しながらも、藩政をよく切り盛りし、譜代大名の鑑として幕府から賞賛されたという。この小笠原家の系譜などについては注（3）で詳しく述べる。

なお、のちに徂徠は、土屋藍洲からの依頼で、小倉藩の藩主一族であった養拙君《ようせつくん》が別荘に建てた二つのあずまやに関する文章「豊公族大夫養拙君二亭記」（巻十三）を書いている。養拙君とは、小倉藩の家老職にあった小笠原蔵人《くらんど》という人物のことで、蔵人は小倉城外にある赤坂山の山頂に別荘を築き、忘言亭・臨海亭を建てた。ここからの眺望は、眼下に海を望み、領内第一の絶景として評判だったという。

（3）小笠原氏は、中世に信濃を拠点に発展した武士団であったが、一族内の内紛で勢力を失った。そのなかで嫡流の府中小笠原氏（深志《ふかし》小笠原氏）は、小笠原秀政《ひでまさ》が松平信康《のぶやす》の娘登久姫と結婚して、有力な譜代大名となり、関ヶ原の戦いでは宇都宮城の守備に功績を挙げたため、下総・古河から信濃・飯田を経て、父祖の地である信濃・松本八万石の大名となった。しかし、秀政と長男の忠脩《ただのぶ》は大坂夏の陣で討死し、忠脩の長男長次《ながつぐ》が幼かったため、秀政の次男忠真《ただざね》が家督を相続した。忠真は、その後播磨・明石を経て、寛永九年（一六三二）に豊前・小倉十五万石に転封となった。同時に秀政の三男忠知《ただとも》には豊後・杵築《きつき》四万石が、また忠脩の長男長次には豊前・中津八万石が与えられた。

忠真の系統はそのまま幕末まで小倉にとどまるが、長次の系統は、五代目藩主長邕《ながさと》が享保元年（一七一六）に早世したため、いったんは無嗣改易となった。ただし、祖先の秀政・忠脩親子の功績が考慮され、長邕の弟長興《ながおき》が同年播磨・安志《あんじ》藩一万石に移封されて、家の存続が許された。徂徠が本作品のなかで述べている、土屋藍洲が最初に仕えていた東の小笠原氏（中津侯）が断絶寸前のところであったというのは、上記のことを指している。土屋藍洲はこれを機に中津藩から離れ、日向・延岡藩への仕官を経て、小倉の小笠原家（西の小笠原氏）に就職する。なお、忠知の系統は、忠知が三河・吉田に転封し、さらに四代目長重《ながしげ》のとき、元禄十年（一六九七）には武蔵・岩槻へと転封していて、天保期になって肥前・唐津に戻るにしても、徂徠の時代は「豊の国」から離れていた。

（4）日向・延岡藩主牧野貞通（一七〇七〜四九）は、綱吉の側近で、中野撝謙《ぎけん》が仕えていた牧野成貞《なりさだ》の長男であるが、成貞七十四歳のときに生まれたため、成貞の家督は養子の成春《なりはる》が継いだ。この成春のときに三河・吉田に移封され、成春が若くして死去したので、その長男の成央《なりなか》が家督を継いだものの、わずか九歳であったことから日向・延岡に転封された。しかし、この成央も享保四年（一七一九）に二十一歳で早世した。そのため祖父牧野成貞の長男に当たる貞通が継ぐことになった。

土屋藍洲が中津を去り、江戸に出て医術を学び、さらに延岡藩に医官として仕えた経緯に関して、徂徠の文章は少しく説明不足の感がある。平野金華の「送土伯曄帰豊序」(『金華稿刪』巻四)を参照すると、藍洲の父、彦玉《げんぎょく》は、元禄十一年(一六九八)に「病」という名目で中津藩を免ぜられ、三代目藩主小笠原長胤《ながたね》が悪政と乱行を理由にいったん改易され、その後に弟長円《ながのぶ》が後を継ぐことを許されたものの、四万石に減封されたことによる。そこで息子の藍洲は、志を立てて江戸に赴き、医術を修得した。その後、正徳三年(一七一三)に藍洲は中津藩に仕えることができたが、すでに述べたように、藩主小笠原長邕《ながさと》が享保元年に早世したために中津藩はいったん改易となった。これによって今度は藍洲が職を失うことになったというのが実際の経緯のようである。その後いくばくもなくして、藍洲はある人の推挙によって延岡藩に仕えたと金華は書いている。ここから、藍洲が日向・延岡藩に仕えるようになったのは、牧野貞通《さだみち》が藩主となった享保四年(一七一九)前後の頃ではないかと推測される。

(5)「素封」は、『史記』貨殖伝に典拠を持つ言葉で、爵禄などはないが、その富が王侯に匹敵する者を指している。多くは農業や商業によって豊かになった者を指すことが多く、徂徠も入江若水やその息子の兼欽について書いた文章、前出(第1巻4)の「江若水の詩に叙す」や「江兼欽字説」(巻十六)で、かれらのことを「素封」と呼んでいる。一方、医者に対しては「素封」という言葉は使用していないが、かれらが経済的に富裕であるという認識はやはり前出(第1巻15)の「長藩医仲邨玄与を送るの序」にも見られている。

また原文後出の「五侯之饋可鯖也」は、『西京雑記』(巻二)などに見られる「五侯鯖《ごこうせい》」の故事に基づいている。これは、王莽の親族で、成帝の外戚に当たる王氏の兄弟五人は仲が悪く、兄弟すべてと交遊することは難しかったが、医者出身の楼護《ろうご》だけは全員の家に賓客として訪れることができた。楼護はかれらのもてなしに飽き、あるとき、五侯それぞれのご馳走を一緒くたにして食べたとされ、そこから「五侯の混ぜ鍋」という意味の「五侯鯖」の語が生まれた。この語は唐詩などでも使用されているが、それは「混ぜ鍋」、「ごった煮」という意味であり、本作品での意味とは少し違うように思われる。徂徠は、土屋藍洲が医者であることから、この語の使用を思いつき、諸侯からのさまざまな贈り物を受けるという意味で用いたと推測し、「諸侯からのさまざまな贈り物」と訳した。

（6）本文に出てくる門人の名前は、南郭と金華だけであるが、注（1）で述べたように本多忠統も送序を書いていて、交遊があったことが知られる。また金華には「春同服子遷士伯曄守秀緯集越君瑞懐仙楼得催字」と題する詩があり、そこから守屋《もりや》秀緯《しゅうい》と越《お》智《ち》雲夢《うんぼう》も交遊の仲間であったことが分かる。守屋秀緯については前出の「守秀緯の大垣に適くを送るの序」の注（2）、越智雲夢についても前出の「同斎越先生八十の寿の序」の注（3）を、それぞれ参照のこと。

（7）徂徠の一文は、さきに述べた牧野貞通が藩主に就いたものの、年わずかに十三歳であったために江戸藩邸で暮らし、初めて延岡に赴いたのが七年後の享保十一年（一七二六）のことであったことを指している。もっとも、こうした事実は後になって分かることであるから、おそらく土屋藍洲は、藩主の年齢からしばらくは領国に帰ることはないと判断したのであろう。

（8）原文の「雒儒氏」は「京都の儒学者先生」というほどの意味であるが、伊藤仁斎を指している。前出（第1巻11）の「二火弁妄編の序」の注（10）で述べたように、伊藤仁斎には「儒医論」（『古学先生文集』巻三）があり、医者が儒者を兼ねることに対する批判が見られる。徂徠の立場は、前出の「長藩医仲邸玄与を送るの序」の本文に見られるように微妙であって、違和感を持ちながらも、頭からは否定しないというものであった。さらに門人の太宰春台が「儒医論」（『紫芝園後稿』巻七）を著して、否定論を展開していたことは、前出「守秀緯の大垣に適くを送るの序」の注（4）で触れておいた。なお「雑儒」ないし「洛儒」という言葉で、仁斎を批判したものとしては、享保十一年（一七二五）に書かれた後出の「于季子に贈るの序」がある。ここでの用語は、仁斎だけでなく、京都周辺の儒学者を指したものとも読めるが、その中心に仁斎がいると考えられていたことは確かであろう。この「洛儒」批判は、徂徠門下でも話題になったらしく、春台の「与子遷書」三書（『紫芝園後稿』巻十二）と、南郭の「答徳夫」（『南郭先生文集』二編）の応酬があった。これに関しては「于季子に贈るの序」の注（1）を参照のこと。

（9）「大」と「小」という対概念を用いて、先王の道と儒家を含む諸子の道とを論じることは、享保二年（一七一七）頃に成稿となった『弁道』や『弁名』において見られている。「大」という概念だけであれば、それ以前の『蘐園随筆』にすでに見られる。本作品では、みずからを「小」とするような議論が、孟子に始まり、二程子や朱熹だけでなく、伊藤仁斎にまで継承されているとはっきりと述べている。さきに挙げた仁斎の「儒医論」はその明白な証拠とされていて、「二火弁妄編の序」よりも儒医兼務に肯定的であり、また仁斎に対して敵対的である。

その意味では、本作品が書かれた翌年の享保十年五月に書かれた「于季子に贈るの序」との関連が注目される。

(10) 日本で「士」と自任している存在が「武士」、すなわち「兵士」にすぎないという認識を、徂徠は序類のなかでもっとも初期に属する「秦君の五十を賀するの序」(第1巻1)において展開しているほか、その後もいくつかの作品のなかで示している。その一方で、徂徠は文明論的な議論を展開していて、古代中国の文明が、同時代の中国や朝鮮ではなく、ほかならぬ日本で開化しているとも述べている。平和となって繁栄を遂げた現在の日本に対する評価と、繁栄にかげりが出はじめたなかで、武士本来のあり方に戻る必要があるという「武士土着論」という認識、さらには古文辞的な方法によって古代中国の理想的な社会に戻るべきだという議論のはざまに徂徠がいたことを理解する必要があろう。

なお、雨森芳洲《あめのもりほうしゅう》との交流で知られる朝鮮の申維翰《シンユハン》『海游録』に、日本には「士」は存在しておらず「兵」だけである、という認識が見える。徂徠の議論との間に影響関係はないだろうが、中国をモデルとする「文」という観点からすれば、日本には「文人」たる「士」の存在を認めがたいという点で一致していることは注目に値しよう。

(11) 魯は春秋時代に現在の山東省西南部にあった国で、武王の弟であった周公が統治の準備をし、周公の子の伯禽《はくきん》が封ぜられたとされる。衛は現在の河南省東部、黄河中流域にあった国で、武王の弟康叔《こうしゅく》が封ぜられたとされる。魯と衛は、出自を同じくする同姓の国で、しかも隣接していたということになる。それゆえ『論語』子路篇にも「魯衛之政、兄弟也」とあり、直接的には徂徠はこれを踏まえている。

(12)『論語』述而篇に、孔子が顔淵に向かって「用之則行、舎之則蔵、唯我与爾有是夫（用いられれば、実際に働き、見捨てられていれば、じっと隠れている。これができるのは、私とお前だけだ）」と述べたと書かれている。ここでは、「士」の出処進退に関する文脈で使用されているので、上記のような一般的な理解に従っておいたが、徂徠はこの一文に独特な解釈を施している。『論語徴』の当該章では、『論語集注』に引かれている尹氏語や仁斎の解釈を批判し、荘子の「内王外聖」説の影響のもとに、道徳的な修養を積んで、ある種の自由な境地に到達していることを孔子が述べたと解釈するのは誤りで、孔子は革命を目指していたのであり、それにふさわしい人物は自分と顔淵しかいないと述べた文章だと言うのである。この見解は、季氏篇の「孔子曰見善如不及」章や陽貨篇の「子曰鄙夫可与事君也与哉」章などにも述べられていて、徂徠の『論語』解釈や孔子観において特徴的な議論となっている。

(13)『書経』君陳篇に「惟孝、友于兄弟、克施有政」とあるが、より直接的な典拠は『論語』為政篇の「子曰、書云、孝乎惟孝、友于兄弟、施於有政」であろう。徂徠は『論語』の文章から「友于兄弟」を省略し、さらにそれを『書経』の表現として引用している。現在では、『書経』君陳篇に見えるこの一文は「偽古文」で、むしろ『論語』から採用された文章とされるが、清朝考証学で盛んに議論された偽古文尚書批判を徂徠はまだ知らず、今文・古文を区別しない立場にあった。

『論語徴』の当該章では、司空か、大司寇かははっきりしないが、孔子が魯の大夫であったときの話で、孔子が仕官していないときとするこれまでの諸注釈はすべて誤りだと切り捨てる。そのうえで、聖人たる孔子の政治的実践は常人には理解しがたいので、一国の政治を行うべき立場にあるのに、なぜそうしていないのかという疑問を呈せられ、『書経』を引用して、「孝友の道はそのまま政治であると『書経』に言うが、これも一国の政治をとるあり方なのだ」と答えたと解釈する。また徂徠は、『書経』君陳篇は、君陳が周公に代わって政治をとったときの話であるから、孔子が一国の政治をとっていたときに持ちだすのはきわめて自然だと言う。さらに『孔子家語』始誅篇に見える、孔子が大司寇だったときに、父子で訴訟をしあう事件があり、孔子はそれをしばらく放置していたところ、父の方から訴訟の取り下げがあったという話を徂徠は紹介している。断定はしていないまでも、徂徠はこの事件が『論語』当該章の背景にあったことを匂わせている。

原文

送土伯曄帰豊城序

土伯曄者豊人也。豊諸侯国。小笠氏最大。而小笠氏迨伯曄世。尚有東西二侯。土家所籍。蓋東侯云。会東侯薨亾嗣。国当除。□朝廷迺以其先世嘗有功鼎革際。立其疏属子弟以奉其祀。僅得比於附庸之微焉。於是乎国益朘削。不得畜其旧臣世族之家也。伯曄辞其家大人来東都学医。冀有以給水菽之奉哉。比成聘為延陵上客。夫輦轂下工医者。故嘗有素封之称。苟飾其術售焉。五侯之饋可鯖也。尚何所病家大人之養哉。伯曄顧迺為上客延陵。延陵在豊之南。道涂所経繇。則歳時扈侯家述職。庶可以便道帰子舎中。得家大人旬日歓者。是其志為爾。伯曄既已在延陵邸中。暇則愈益自奮読書。旁通它経史百氏之言。因肆力於文章彪如也。迨与服生平生従游相友善。時時迺偕二生者来見予。予故識其非重糈食於伎人也。益異之。居亾何。辞延陵就豊西侯聘。伯曄曰。而今而後。吾得事吾親于吾家哉。郷之置吾親道路旁。毎来往蹔奉其顔色。以為得計者何艱也。且延陵侯猶待年其邸不就封。而吾親其待邪。亦何問禄之崇庳。遂委質焉。人或病其学先王之道而無所施。猶且摂医仕也。是雒儒氏之論已。予則謂不然。夫先王之道大亾対。而孟軻氏以説干諸侯也。与楊墨争焉。程朱氏掲心性以行天下也。与仏老争焉。之二者皆自小者也。小斯有対。有対斯妒。妒斯争。亦何陋也。然未聞有与医争者。有与医争者。自雒儒氏始。不愈陋乎。夫儒操觚。医事匕剤。皆有司之守也。豈能行道邪。今論者豈謂儒仕為皆能行其道者邪。則執経講論。処者何択。豈謂掞文辞備顧問邪。則何病摂医。唯大邦官事不摂。小邦則摂。固其所也。今士之禄者皆兵。兵而摂儒。人則不非之。迺非夫以医摂也。兵与医何択。且伯曄者為其親仕者也。迺不於它邦而於豊。豊之東西侯。同其出自。亦皆其先人所嘗服事之邦也。其地山川相接焉。雞鳴狗吠之声相聞焉。其風気謡俗相若焉。其政魯衛焉。其人親戚昏媾朋好聯焉。而其家大人安焉。家大人所安。伯曄安焉。豈病其摂乎。若夫先王之道。用則行之。舎則蔵之。是在君大夫耳。非伯曄之所能為也。故伯曄之仕。雖不能行先王之道其邦哉。亦可謂能以先王之道守其身者也。書云。孝乎惟孝。施於有政。則伯曄有之矣。聞者説。書以為伯曄之贈。併解其所知識者之惑。

書き下し

土《ど》伯曄《はくよう》の豊城《ほうじょう》に帰《かえ》るを送《おく》るの序《じょ》

土《ど》伯曄《はくよう》なる者《もの》は豊人《ほうひと》なり。豊《ほう》の諸侯国《しょこうこく》、小笠氏《しょうりゅうし》、最《もっと》も大《だい》なり。而《しこう》して小笠氏《しょうりゅうし》、伯曄《はくよう》の世《よ》に迨《およ》ぶまで、尚《な》お東西《とうざい》の二侯《にこう》有《あ》り。土家《どけ》の籍《せき》する所《ところ》、蓋《けだ》し東侯《とうこう》と云《い》えり。会《たまた》ま東侯薨《とうこうこう》じて嗣《し》亾《な》く、国《くに》、当《まさ》に除《のぞ》かれんとす。□朝廷《ちょうてい》、迺《すなわ》ちその先世《せんせい》、嘗《かつ》て鼎革《ていかく》の際《さい》に功有《こうあ》るを以《もっ》て、その疏属《そぞく》の子弟《してい》を立《た》てて、以《もっ》てその祀《し》を奉《ほう》じて、僅《わず》かに附庸《ふよう》の微《び》に比《ひ》するを得《え》さしむ。ここにおいてか、国《くに》、益《ますま》す朘《せん》削《さく》し、その旧臣《きゅうしん》・世族《せぞく》の家《いえ》を畜《やしな》うを得《え》ざるなり。伯曄《はくよう》、その家大人《かたいじん》を辞《じ》して、東都《とうと》に来《きた》りて医《い》を学《まな》び、以《もっ》て水菽《すいしゅく》を給《きゅう》するの奉有《ほうあ》らんことを冀《こいねが》う。

比《このご》ろ聘《へい》成《な》りて延陵《えんりょう》の上客《じょうきゃく》と為《な》る。それ輦轂《れんこく》の下《もと》、医《い》に工《たく》みなる者《もの》、故《もと》より嘗《かつ》て素封《そほう》の称有《しょうあ》り。苟《いやし》くもその術《じゅつ》を飾《かざ》りて售《う》れば、五侯《ごこう》の饋《き》も鯖《せい》とすべきなり。尚《な》お何《なん》ぞ家大人《かたいじん》の養《やしな》いに病《や》む所《ところ》ならんや。伯曄《はくよう》は顧《かえりみ》て迺《すなわ》ち延陵《えんりょう》の上客《じょうきゃく》と為《な》る。延陵《えんりょう》は豊《ほう》の南《みなみ》に在《あ》りて、道途《どうと》に経繇《けいゆ》する所《ところ》なり。則《すなわ》ち歳時《さいじ》、侯家《こうけ》の述職《じゅつしょく》に扈《したが》い、以《もっ》て道《みち》すがら子舎《ししゃ》の中《なか》に帰《かえ》り、家大人《かたいじん》と旬日《じゅんじつ》の歓《かん》を得《う》るに便《べん》なるべきを庶《こいねが》わんか。これその志《こころざし》、爾《しか》りと為《な》す。

伯曄《はくよう》、既已《すで》に延陵邸中《えんりょうていちゅう》に在《あ》りて、暇《ひま》なるときは則《すなわ》ち愈益《ますます》自《みずか》ら奮《ふる》いて書《しょ》を読《よ》み、旁《かたわ》ら它《た》の経《けい》史《し》・百氏《ひゃくし》の言《げん》に通《つう》じ、因《よ》りて力《ちから》を文章《ぶんしょう》に肆《つと》むること彪如《ひょうじょ》たり。服生《ふくせい》・平生《へいせい》と従游《しょうゆう》し、相友《あいとも》として善《よ》くするに迨《およ》べば、時時迺《ときどきすなわ》ち二生《にせい》と偕《とも》に来《きた》りて予《よ》に見《まみ》ゆ。予《よ》、故《もと》よりその糈《しょ》を重《おも》んじ伎《ぎ》に食《しょく》する人《ひと》に非《あら》ざるを識《し》り、益《ますま》すこれを異《い》とす。

居《お》ること何《いくば》くも亾《な》くして、延陵《えんりょう》を辞《じ》し、豊西侯《ほうせいこう》の聘《へい》に就《つ》く。伯曄曰《はくようい》わく、而今而後《じこんじご》、吾《われ》、吾《わ》が親《おや》に吾《わ》が家《いえ》にて事《つか》うることを得《う》るかな。郷《さき》の、吾《わ》が親《おや》を道路《どうろ》の旁《かたわ》らに置《お》き、来往《らいおう》するごとに蹔《しばら》くその顔色《がんしょく》を奉《ほう》じて、以《もっ》て計《けい》を得《う》るを為《な》す者《もの》、何《なん》ぞ艱《かた》きかな。且《か》つ延陵侯《えんりょうこう》、猶《な》お年《とし》をその邸《てい》に待《ま》ちて封《ほう》に就《つ》かず、而《すなわ》ち吾《わ》が親《おや》、それ待《ま》たんや。また何《なん》ぞ禄《ろく》の崇庳《すうひ》を問《と》わんや、と。遂《つい》に質《しつ》を委《ゆだ》ぬ。人《ひと》、或《ある》いはその先王《せんのう》の道《みち》を学《まな》びて施《ほどこ》す所無《ところな》く、猶《な》お且《か》つ医《い》を摂《か》ぬる仕《し》を病《や》む。これ雑儒氏《らくじゅし》の論《ろん》のみ。予《よ》は則《すなわ》ち謂《い》う、然《しか》らず、と。

　それ先王《せんのう》の道《みち》、大《だい》にして対亾《ついな》し。而《しか》れども孟軻氏《もうかし》の説《せつ》を以《もっ》て諸侯《しょこう》に干《もと》むるや、楊《よう》・墨《ぼく》と争《あらそ》う。程《てい》・朱氏《しゅし》、心性《しんせい》を掲《かか》げて以《もっ》て天下《てんか》に行《おこな》うや、仏《ぶっ》・老《ろう》と争《あらそ》う。この二者《にしゃ》、皆《み》な自《みずか》ら小《しょう》にする者《もの》なり。小《しょう》なれば斯《すなわ》ち対有《ついあ》り。対有《ついあ》れば斯《すなわ》ち妒《ねた》む。妒《ねた》めば斯《すなわ》ち争《あらそ》う。また何《なん》ぞ陋《ろう》ならんや。然《しか》れども未《いま》だ医《い》と争《あらそ》う者有《ものあ》るを聞《き》かず。医《い》と争《あらそ》う者有《ものあ》るは雑儒氏《らくじゅし》より始《はじ》まる。愈《いよい》よ陋《ろう》ならざらんや。

　それ儒《じゅ》は觚《こ》を操《あやつ》り、医《い》は剤《ざい》を匕《ひ》するを事《こと》とす。皆《み》な有司《ゆうし》の守《しゅ》なれば、豈《あ》に能《よ》く道《みち》を行《おこな》わんや。則《すなわ》ち経《けい》を執《と》り論《ろん》を講《こう》ずる今《いま》の論《ろん》ずる者《もの》、豈《あ》に儒《じゅ》の仕《し》は皆《み》な能《よ》くその道《みち》を行《おこな》う者為《ものた》りと謂《い》わんや。則《すなわ》ち何《なん》ぞ医《い》を摂《か》ぬるに、処《お》ること何《なに》をか択《えら》ばん。豈《あ》に文辞《ぶんじ》を捓《と》ること、顧問《こもん》に備《そな》うと謂《い》わんや。則《すなわ》ち何《なん》ぞ医《い》を摂《か》ぬるを病《や》まんや。

　唯《た》だ大邦《たいほう》は官事《かんじ》を摂《か》ねず、小邦《しょうほう》は則《すなわ》ち摂《か》ぬるは、固《もと》よりその所《ところ》なればなり。今《いま》、士《し》の禄《ろく》なる者《もの》、皆《み》な兵《へい》なり。兵《へい》にして儒《じゅ》を摂《か》ぬるも、人則《ひとすなわ》ちこれを非《ひ》とせず。迺《すなわ》ちそれ医《い》を以《もっ》て摂《か》ぬるを非《ひ》とするか。兵《へい》と医《い》と何《なん》ぞ択《えら》ばん。

　且《か》つ伯曄《はくよう》なる者《もの》は、その親《おや》の為《ため》に仕《つか》うる者《もの》なり。迺《すなわ》ち它邦《たほう》においてせずして豊《ほう》においてす。豊《ほう》の東西侯《とうざいこう》、その出自《しゅつじ》を同《おな》じくす。また皆《み》なその先人《せんじん》の嘗《かつ》て服事《ふくじ》する所《ところ》の邦《くに》なり。その地《ち》は山川相《さんせんあい》接《せつ》し、雞鳴《けいめい》・狗吠《くはい》の声相聞《こえあいきこ》ゆ。その風気謡俗《ふうきようぞく》、相若《あいおな》じ。その政《せい》は魯《ろ》・衛《えい》なり、その人《ひと》、親戚《しんせき》・昏《こん》媾《こう》・朋好《ほうこう》に聯《れん》なれば、而《すなわ》ちその家大人安《かたいじんやす》んぜん。

家大人《かたいじん》の安《やす》んずる所《ところ》は、伯曄《はくよう》も安《やす》んず。豈《あ》にその摂《か》ぬるを病《や》まんや。若夫《か》の先王《せんのう》の道《みち》は、用《もち》いらるれば則《すなわ》ちこれを行《おこな》い、舎《す》つらるれば則《すなわ》ちこれに蔵《かく》るとは、これ君大夫《くんたいふ》に在《あ》るのみ。伯曄《はくよう》の能《よ》く為《な》す所《ところ》に非《あら》ざるなり。故《ゆえ》に伯曄《はくよう》の仕《し》は、能《よ》く先王《せんのう》の道《みち》をその邦《くに》に行《おこな》わずと雖《いえ》ども、また能《よ》く先《せん》王《のう》の道《みち》を以《もっ》てその身《み》を守《まも》る者《もの》と謂《い》いつべし。書《しょ》に云《い》う、孝《こう》なるかなこれ孝《こう》、有政《ゆうせい》に施《ほどこ》す、と。則《すなわ》ち伯曄《はくよう》、これ有《あ》り。

聞《き》く者説《ものよろこ》べば、書《しょ》して以《もっ》て伯曄《はくよう》の贈《ぞう》と為《な》し、併《あわ》せてその知識《ちしき》する所《ところ》の者《もの》の惑《まど》いを解《と》かん。

33　于季子《うきし》に贈るの序[1]

（享保十年・一七二五、徂徠集巻十一―②）

わたくしが、古文辞《こぶんじ》を関東で唱えはじめてから十年、全国の人々が古文辞の教えを慕い求めて、[2]豪傑の士が食糧を携えてたびたび訪れるのは、[3]西は大海の浜にせまる遠方にまで及んでいるのだが、ただ京都だけはなんの音沙汰もなく、やってくる者を聞かなかった。

このことをいぶかしく思う者もいたが、[4]わたくしは、次のように言った。

《豪傑の士がいないはずがない。しばらく待とうではないか。

そもそも京都は「共主（天皇）」のいるところである。[5]王室は千年にわたって途切れずに、［しかし］糸のように細々と続いている。このありさまを世の中が安寧に保たれて乱れのない政治［によってもたらされたもの］だと言えるのだろうか。[6]保元・平治の頃になると、王室の典章文物は変わりはて、ほとんど失われたに近い。[7]［後醍醐天皇による］建武時代が終わり、覇主［となった足利尊氏］は王室に依拠してはいたものの、これはあの［後漢の王室を利用した」曹操や董卓《とうたく》と同様で、王室を奉戴したのは「尊崇の念からではなく」自分のためであり、「共主」とする意図はそこにはなかった。(8) だから「尊氏は」、弓馬を飾って「礼」とし、猿楽を整えて「楽」とし、一切を武断によって天下に号令したが、(9) どうして「このような尊氏の行いを」ふたたび「文」に意を用いたと言えるだろうか。

しかし、君臣の義は廃することができないので、「尊氏の」心中穏やかではなく、禅の教えを借りて心を落ち着かせようとした。(10) また足利氏がみずから王者を名乗ると、「形式的に」奉戴していた王室を凌ぐことになるので、中華を持ちだして「その任命を」重んじた。(11) これは鎌倉「を拠点とした源」氏がやろうと望んでも、やりとげられなかったことであり、「それゆえに」北条氏は将軍を奉戴し、執権として「権力を」恣《ほしいまま》にしただけにすぎなかった。(12)

かくして禅が盛んになり、聖人の道は廃絶した。それがために外交上の応接（辞命）に支障をきたすことになったので、僧を外交官とした。(13) これ以降、禅寺が学問を司《つかさど》って専門の職務とされたため、儒者の学問は三百年にわたってすっかりなくなってしまった。「徳川家康が天下を治めるようになった」国家の初め、生き残りの儒者はみな僧形のままであった。そもそも禅は宋・元の時代に「日本に」伝わったものであるから、その教えの基づくところは分かるというものだ。

そのうえ京都は、王臣（公家）のほか、職人と商人しか住んでいないから、一定の収入がなく、ただ商売による利益を求めるだけで、その吝嗇《りんしょく》の風俗はまるで周の人のようである。(14)したがって、儒者がそこで暮らしても生計をたてることは難しく、金を稼ぐために塾を開いて講義をすることになる。(15)百人千人が群れをなして来るので、忙しくて時間が足りないから、宋の書物に依拠して「性」や「天」について語ることしかできないのである。筆記道具を手に持って、天井を見上げながら、長い年月をかけて思慮と習熟を重ねて、自然にひらめくのを待つことなどできはしない。(16)だから、仁斎（伊藤仁斎）のように優れた学者であっても、そうした習性が身についてしまう。京都が卑しい理由はこれによるのである。

そのうえに、京都「の人士」が重んじているところは「幕府ではなく」「共主」であるようだ。王臣たる公家たちは、『周礼《しゅらい》』が秦の焚書坑儒の後も残って発見されたごとくに「典章文物を戦火から守ったと称して」天下を欺いている。京女は柔肌《やわはだ》で美しく、工芸品は細やかで巧みであり、山川は美しく秀《ひい》で、言葉は上品で優美である。これらのことは、京都の人々が誇りとするところである。しかし、こうした「自尊の」意識が習い性にまでなってしまうと、その見解は卑しいもの、料簡の狭いものへと凝り固まってしまい、変化することが難しい。(17)

しかし、比叡山や愛宕《あたご》山の急峻なる頂きを思えば、「悪い習俗に染まる前の」上古の若芽がないはずがない。習俗の影響を受けてしまうことは、自分の力ではどうしようもないが、太平の世の恵みは、若芽を育てる雨露のようなものであるから、必ず若芽が生えてくるに違いない[18]。しばらく待とうではないか。》

しばらくして、はたして于季子（宇野士朗《うのしろう》）[19]という者が現れ、遠い道のりをものともせずに訪れてきた。みずから言うには、自分の家は船奉行に仕えて運漕業を営んでおり、兄弟で船の窓の下で書物を読み、京都の儒者とは付きあいがないまま十年が過ぎ、やや会得したところがあったので、千里を遠しとせずに、わたくしに質問がしたいと思い、訪ねてきたというのである。「入門の」束脩を受け取り、住むところも決まったので、今まで学んできたことについて説明させてみたところ、上古の若芽がすでに芽生えて「いたどころか」、枝を伸ばし、葉を茂らせていたのである。わが門に集う者たちは、口々に「賈誼《かぎ》がふたたび京都に生まれた」と言いあった[20]。

わが一門の服子遷（服部南郭[21]）は、文章のすべてが備わっていると称されているが、実は京都の生まれである。幼くして江戸に来たため、京都の習俗に染まっていない。ちかごろ、大きくため息をついて、「京都に帰ろうか」と言っていると聞く。もし将来、子遷が京都に帰り、鴨川のほとりで「道」を講じ、宇野兄弟がこれを補佐したならば、ほとんど理想に近いであろう。天下の道路はみな京都に繋がっており、四方の士が集まってくる。影響力は、わが関東の比ではないだろう。これこそ、わたくしが望みとするところである。

于季子は兄の病気によって京都に帰るというので、［以上のことを］書してこれを与えよう。これによって京都の人々に遠回しであるが、教え諭すことにしよう。

訳注

（1）本作品の成立は、享保十年（一七二五）五月と推定した平石直昭氏の考証に従う。それによると、日野龍夫『服部南郭伝攷』（ぺりかん社、一九九九）に紹介された「宇士朗遺稿」のほか、服部南郭の「報于士茹」と「報玄海師」（『南郭集初編』巻十）によって、宇野士朗は享保九年（一七二四）十月に江戸を訪れ、翌十年五月に京都に帰ったことが確定される。このとき徂徠は本作品以外に、「贈于士茹」（巻一）という七言古詩も贈っている。宇野士朗の経歴については注（19）で述べるが、かれが京都に戻る際に書かれた徂徠門下の序や詩としては、南郭「餞別于士茹帰西京四首」（『南郭集初編』巻二）、平野金華「送于士茹帰西京」（『金華稿刪』巻二）、山県周南「送于士茹序」（『周南文集』巻五）がある。また『徂徠集』（巻二十二）には、徂徠の書簡「復于士茹」（二通）、「対士茹問」のほか、兄の明霞宛の「復于士新」が収録されている。

なお、これより遅れた享保十一年（一七二六）春頃に、太宰春台が本作品の内容を批判した書簡を南郭に送っており、南郭が徂徠の意図を汲んで反論するという出来事が起きている。京都で学んだ経験を持つ春台からすると、徂徠の文章には度が過ぎたところがあると映ったようで、同じく京都に関わりを持つ南郭に同意を求めたらしいが、南郭は直接徂徠に言上したらと、やんわりといなしている。これらのことについては、日野氏の南郭に関する考証、さらには書簡の応酬時期をめぐる平石氏の考証で詳しく扱われている。同じ年に書かれた後出の「南郭初稿の序」の内容とも関わるが、最晩年になるにつれて徂徠の仁斎批判、あるいは東涯を含む京都の学者全般への批判はより過激になっており、それが蘐園内部でも話題になっていたことは確かであろう。

（2）原文の「喁然郷風」は、『漢書』司馬相如伝の「喁喁然皆郷風慕義」を踏襲した表現であろう。司馬相如（前一七九～前一一七）は、たびたび徂徠が挙げる名前であるが、前漢の景帝の時代は不遇で、生まれ故郷の成都に暮らしていたが、武帝がその「子虚の賦」を読んで感激したものの、古人だと思い込んでいたところ、現存することが分かり、都に呼んで寵愛したという逸話が残っている。後文で宇野士朗を賈誼《かぎ》になぞらえるが、漢代の学術をめぐる出来事が本作品の背後に設定されている。徂徠の学問を多くの人が喜び、それを慕って集まってくるという様子を表現したものであるが、語句だけでなく、情景全体をも想起させ、古文辞的な手法と言える。

（3）「豪傑之士」は『孟子』滕文公上篇と尽心上篇に見える語句。滕文公上篇で「豪傑之士」とされるのは陳良という人物で、周公や仲尼の道を慕い、それを学ぶために南方の楚からやってきたと説明されるが、これについては『学則』（一）で、「而後豪傑自陳良之徒、蓋皆北学於中国云（その後陳良のような豪傑の徒から、北の中原の国々へと学びにやってきた）」と言及されていた。尽心上篇では、孟子が「待文王而後興者凡民也、若夫豪傑之士、雖無文王猶興（文王がいたから興起する者は凡人にすぎない。豪傑の士は、文王がいなくとも興起するのだ）」と述べたとある。本作品における徂徠の用法では、『孟子』の二つの「豪傑之士」をあわせて、遠い道のりをものともせずに自らを奮い立たせて徂徠の古文辞学を慕ってやってくる者が「豪傑之士」だということになろう。徂徠は、「与藪震菴」（巻二十三）で「足下可謂豪杰之士焉」と震菴のことを、また「復水神童」（巻二十四）でも「足下為海内豪杰也」と水足博泉のことを「豪杰（傑）之士」と呼んでいたから、「西薄大海之浜」から「豪傑之士」が来ているというのは実感であったかもしれない。

このほか、注目されるのは「与伊仁斎」（巻二十七）で、「茫茫海内、豪杰幾何、一亡当於心、而独郷於先生（広い日本のなかで豪傑なる人物がどれほどおりましょうか？　思い当たるのは仁斎先生をおいて、ほかにはありません）」と述べている例がある。『弁道』や『弁名』で、仁斎ばかりでなく程子・朱子などを「豪傑」とか、「豪傑之士」と呼んでいるから、別に不思議ではないのだが、本作品では宇野兄弟以前はこれまで京都に「豪傑」は生まれてこなかったかのような書き方なので、その落差が気になるところである。ついでに『訳文筌蹄』題言では「李王以脩辞振之、一以古為則、可謂大豪傑矣」と、李攀龍・王世貞を「大豪傑」と呼んでいたこともつけ加えておく。なお、原文後文の「裹糧以至」は、賈誼の『新書』君道篇で、文王が霊台を作るにあたり、多くの人々が集まったことを述べた一節、「令近境之民、聞之者、裹糧而至、問業而作之」を襲っている。宇野士朗を賈誼になぞらえることに関わる修辞法である。

（4）徂徠は、宇野士朗が京都に戻った後に書かれた明霞宛の書簡、「復于士新」（巻二十二）のなかで、「海内有志之士、比比奮起、乃中土之寥如、心深怪之（日本全土から有志の士がつぎつぎと訪れるが、京都のみはやってくる者がなく、甚だ不審に思っていた）」と述べている。本作品では、徂徠周辺の門下生のなかから不審に思う声が挙がったと書かれているが、これは徂徠自身の心のなかの声でもあったと思われる。

（5）「共主」は、『史記』楚世家の「弑共主、臣世君（共主を弑《しい》し、世君を臣とす）」に対する索隠《さくいん》に「共主世君、倶是周自謂也、共主言周為天下共所宗主也、世君言周室代代君於天下（共主・世君は周が自称した呼称である。共主は、周のことを天下全体が宗主とするという意味であり、世君は、周の王室が代々にわたって天下の君主であるという意味である）」とあるように、天下がともに宗主とする君主、一統の君主という意味である。周の王室が衰微していった春秋時代に、楚のように周王朝を「共主」と仰がない勢力も台頭しはじめ、それに危機感を抱いた孔子が『春秋』を執筆したという理解も加わって、儒教においては、秦以前の中国の政治体制、すなわち封建制に関する常識となっていた。徂徠は、ここで、京都の朝廷が政権としての実質を失いながらも辛うじて存続していることを前提に、天皇を指して「共主」と呼んでいる。こうした意味での用例としては、宝永三年（一七〇六）に書かれた「野生の洛に之くを送るの序」がある。詳しい内容は、前出（第1巻2）の本文と訳注（12）などを参照してほしいが、そのなかで徂徠は、世間の噂として、「共主」のいる京都は風土がすばらしく、民衆は争い好きであるが、君子は落ち着きはらって、精密を尊ぶ学問と思慮に富んだ詩文を楽しんでいると誉めあげていた。もちろん、江戸は「興王」の地であるから新たな気運があるとか、京都・江戸以上に長崎は大都会であるとも書いていたから、京都だけを誉めていたわけではないが、京都の風土・文化と「共主」との関係を「肯定」的に捉えていたと言えるだろう。ところが、本作品では、後文に京都の人士は形式的に「共主」を尊崇しているだけではないのかという疑問を呈しており、「否定」的なニュアンスを漂わせている。本作品の徂徠の京都理解では、つまるところ、京都の自然だけは古来から変わることなく秀でているということになるようである。

なお、政治的な議論において、徂徠には江戸時代の天皇を「共主」と捉える意図はなかったと思われる。たとえば『政談』の「官位爵禄の次第ならびに勲階の事」では、「幸」いにも「堂上に用い来らぬ」古《いにし》えの「勲階」を「武家に取り用いて、これにて武家の格式を立て」ることを提唱するが、その一つの理由として、律令官位を武家が利用することの危険性を指摘して、「天下の諸大名皆々御家来なれども、官位は上方より綸旨・位記を下さるる事なる故に、下心には禁裡を誠の君と存ずる輩もあるべし」とし、「総じて御政務の筋、何事も堂上方邪魔になりて、上の御心一ぱいに御取行い遊ばされがたき筋あるようなれば、この愚按に及ぶ也」とまとめている。また朝鮮通信使の扱いをめぐっても、「公儀と朝鮮王を同格と儀式を定め」るべきで、「朝鮮王を禁裡と同格と見る」と「公儀は一格おつる事になる」ので「国体を取失いて甚だ宜しからざる事也」としている。徂徠にとって、日本の政治権力の頂点は江戸幕府の「公儀《こうぎ》」「公方様《くぼうさま》」であって、京都の禁裏を「共主」とするような発想は認めがたいということになる。

（6） 原文の「是寧一政邪」は、『日本思想大系36 荻生徂徠』（岩波書店、一九七三）所収の訓読のように「これ寧《いずくん》ぞ一政ならんや」と読むこともできるが、「これ寧一の政ならんや」と読んでおきたい。『史記』曹相国世家の「載其清浄、民以寧一（その清浄を載せ、民以て寧一）」とか、『漢書』蕭何曹参伝の「載其清靖、民以寧壱（その清靖を載せ、民以て寧壱）」とあるように、「寧一」は、世の中が安寧に保たれて乱れていないさまを意味している。

（7） 原文の「保平」は「保元の乱」と「平治の乱」を指す。一一五六年に「保元の乱」が、一一五九年に「平治の乱」が起こり、これ以降武士が政界に進出するようになったとされる。林鵞峰の『本朝通鑑』条例に「延喜以来、至後冷泉帝、則国政多是出自藤氏、自後三条帝、至近衛帝、則多是太上皇之政也、保元以後、政権移於武家、此是国家之変操、筆者不可不知焉」と見えるように、摂関政治・院政を経て、武家に政治の実権が移る端緒が「保元の乱」にあるという理解は、近世中期にはほぼ常識となっていたと思われる。

徂徠は『政談』の「古三代の制度を考え定むべき事」で、唐を手本とした律令格式による政治が三百年を経て武家の手に渡ったとしている。唐の政治は「聖人の道」に反する面もあったが、全体としてはそれに則《のっと》っていたので、三百年続いたとしているから、徂徠の理解では、律令時代の日本の政治は「聖人の道」に近かったことになる。他方、武家政権は、鎌倉は百年で亡び、室町は百年で大乱に陥ったように、「不学」で「聖人の道」に則ることを知らなかったとしている。もっとも『太平策』では、「朝廷ノ礼楽ノ制度ハ、皆唐朝ノ法ナリ。今ノ世ノ堂上有職ノ家ニ伝ヘタルハ、皆冷泉・円融・花山・一条ノ御代ヨリ以後、朝廷衰ヘタルトキノ制度也」と、徂徠は述べている。冷泉天皇から一条天皇の在位は九六七～一〇一一年であるから、保元・平治より遡ることになるが、いずれにせよ、現在の京都に伝えられている朝廷の礼楽制度は、唐を手本とした礼楽制度とは異なるものになったと考えている点が重要であろう。『政談』「貴賤共に女の所業の事」でも、「日本の古礼も、皆異国聖人の礼を本として、かくの如く殊勝なる事の古はありしを、跡かたなくなりたるなり」と述べていた。本作品で徂徠は、保元・平治を境に「典章文物」が損なわれ、室町幕府で「似非礼楽」が作られたと批判しているが、上記のような歴史観・制度観と重ね合わせて理解するべきであろう。なお、最晩年に書かれた「復安澹泊」第六書（巻二十八）には、「大氏建武時、王室南遷、凡百制度、由此以淪」と、後醍醐天皇が吉野に南朝を樹立した際に、それまでの律令制に倣った日本の制度も失われたとある。

（8）　董卓（?～一九二）は後漢末期の武将で、少帝を廃して献帝を擁立し実権を握ったが、最期は部下の呂布に殺された。曹操（一五五～二二〇）も、董卓亡き後の混乱を献帝を擁立しながら乗り切り、丞相・魏王となった。曹操の死後、息子の曹丕《そうひ》が献帝から禅譲されたという形で魏王朝を建てると、太祖武帝と追号された。足利尊氏（一三〇五～五八）は、六波羅探題を滅ぼして、鎌倉幕府打倒の勲功によって、後醍醐天皇から偏諱《へんき》を授けられ、名を高氏から尊氏と改めた。その後、後醍醐天皇と対立し、持明院統の光明天皇を擁立して室町幕府を樹立した。また原文の「覇主」は、後文に足利義満の事績も書かれていることから、足利氏全体と解釈することも可能であろうが、『徂徠集便覧』や『徂徠先生文集解』に従って足利尊氏のことを指すものとして訳出した。

なお、徂徠が日本歴史上の人物について「覇主」と述べた例としては、『峡中紀行』下に「福原鎌府室町世世覇主」と、平清盛から鎌倉幕府、室町幕府を指したものと、『後慧林寺殿機山覇主影堂上梁文』（『徂徠集』巻十八）に、快川紹喜《かいせんじょうき》から「機山」の号を授けられた武田信玄のことを指した例があり、必ずしも「歴史観」として厳密に定義づけられたものではなかったと思われる。

（9）徂徠が弓馬を飾る武家の礼として思い描いているのは、『政談』「当時制度これなき事」で「今の代にはまことの礼というものはなくて、小笠原というものを礼のように覚ゆる也」と述べていたように、小笠原流の礼法であろう。また猿楽については、やはり『政談』「将軍宣下御能の事」「能の事」に議論がある。そのなかで徂徠は、能は「現在では武家の儀式のように」なっているが、そもそもは「東山殿」（足利義政）から始まったものであり、「東山殿より室町家は衰えたる事なれば、衰えたる世の事を武家の法として、今の御代までも儀式のように用いらるる事いかがあるべき」と批判する。徂徠にとって能は「費《ついえ》の夥《おびただ》しき物」であり、改革が必要な儀式的芸能であった。

（10）『論語』微子篇に子路の発言として「君臣之義、如之何其廃之（君臣の義は、どうして廃することなどできようか）」とある。『論語徴』の当該章では、徂徠は何も言及していないが、学而篇の「子曰学而時習之」章では、「蓋先王之道、安民之道也、学者、学之也、学優則仕、以行其道、子路曰、不仕無義、君臣之義、如之何其廃之、孔子時議論如此、故人不知而不仕、其心有所怫鬱、士子之常也、楽詩書以忘憂、儒者之事也、孔子以此自処、亦以勧人、此章之義也（先王の道は「安民」の道であり、学ぶというのは、これを学ぶのである。学問が上達すれば、仕えて、その道を実践するのである。子路は、仕えなければ義はなりたたない、君臣の義をどうして廃することができようか、と述べた。孔子の時代はこのようであり、自分が認められなければ、仕えなかった。だから心のなかに鬱屈したところがあるのは、中下級役人たる士の子供はみなそうであった。詩書を楽しんで憂いを忘れるのは、儒学者としてのあり方なのである。孔子はこうした状態にあり、そのことを他人にも勧めたのである。これが本章の意味である）」と述べる。それゆえ、本作品における「君臣之義、亡解于中」は、断章取義的な用い方と言えるだろう。

本文で徂徠が述べている内容は、足利尊氏が夢窓疎石《むそうそせき》に帰依し、天龍寺を建立して後醍醐天皇の冥福を祈ったことを指していよう。夢窓疎石は、京都・鎌倉で禅学を学び、甲斐・土佐・相模などで活動した後、後醍醐天皇の招きで京都に来て、南禅寺の住持となり、国師号を授けられた。その後、以前から交流のあった尊氏から帰依を受け、後醍醐天皇の冥福を祈るために、京都・嵯峨野に天龍寺を建立し、その開山となった。尊氏に後醍醐天皇の冥福を祈るという「宗教」的な理由があったのは確かであろうが、それを君臣関係に基づくある種の「後ろめたさ」によるというのは、もちろん徂徠独自の解釈である。

（11）　第三代将軍足利義満（一三五八―一四〇八）は、臣を辞して出家したのち、応永八年（一四〇一）に「日本准三后源道義」の名義で明に使節を派遣した。明の建文帝は義満を日本国王に冊封し、両国の国交が正式に樹立されると、義満は「日本国王臣源道義」と記すようになった。こうした義満の姿勢は、相国寺の僧瑞渓周鳳《ずいけいしゅうほう》の『善隣国宝記』のなかで批判されている。ただし江戸時代の儒学者はこの点についてあまり論じていないようである。その意味では、徂徠の見解は注目する必要があろう。

（12）徂徠は、鎌倉・室町の武家政権が皇位簒奪を目論んでいたと見なしていたようである。「記松浦塩冶飫浦事」（巻十二）のなかで、執権であった北条氏を指すと見られる「有相氏」が「三たび天皇を廃す」とか、「醍皇（後醍醐天皇）を誅す」と書いていて、鎌倉の武家政権が天皇を尊崇するどころか、その打倒を目指していたというような文脈で議論を展開しているからである。この資料だけでは確実とは言えないのだが、中国の歴史を鑑みて、政治的権力は本質的に絶対的な支配者を目指すと見ていた節がある。結局のところ、鎌倉政権では皇位簒奪は成し遂げられなかったが、それは室町政権に継承されて、ある程度の成果を挙げていたというのが本作品における徂徠の見解だと思われる。なお、『政談』「養子の事」に、「養子の事、他苗の養子・聟養子は古はこれなき事也。北条家の時に、所領を女子に譲る事を免したるより、他苗にて相続する事起れり。はては頼朝卿の跡を藤原家にてつがせ、天下は北条の手に入る謀計の所為というべし」とあり、鎌倉の北条氏が、将軍を飾りとするために、「養子」という制度を作りだしたかのような見解も示していた。

（13）「辞命」は『孟子』公孫丑上篇の「孔子兼之、曰我於辞命則不能也（孔子、これを兼ねるも、我、辞命においては則ち能わざるなりと曰う)」に基づき、春秋時代における諸侯間の交渉における使者の弁舌を指すことから、外交を意味した。徂徠が、同時代の儒学者の役割として「辞命」を重視したことは前出(第1巻13)の「対の書記雨伯陽に贈るの叙」のなかで展開されているので、それを参照のこと。また禅僧が政治・外交顧問として活躍し、外交文書の起草などを行ったことに関しては、同作品の注(5)の最後に挙げた『政談』の朝鮮通信使に関する議論のなかで、これまで不適切な取り扱いがあったが、「これは五山の長老どもが了簡か、または道春などが了簡なるべし。甚だ事情に暗くして文盲なる事也」と厳しく批判している。

(14) 原文の「人無恒禄」は、『孟子』梁恵王上篇「無恒産而有恒心者、惟士為能、若民則無恒産、因無恒心(恒産無くして恒心有る者は、これ士のみ能くす。民の若きは、則ち恒産無くんば、因りて恒心無し)」を踏まえた表現であろう。また「繊嗇之俗、周人惟肖」については、『漢書』貨殖伝の「然其贏得過当、愈於孅嗇(余ったもうけを取りすぎ、ますます吝嗇になっている)」や「周人既孅、而師史尤甚(周人はけちであるが、それは師史がもっともひどい)」とあるのを踏まえている。さらに物資が集積されて賑わう都の人々を指す「周人」については、『漢書』地理志に「周人之失、巧偽趨利、貴財賤義、高富下貧、憙為商賈、不好仕宦(周人の欠点は、巧みに偽って利益を得ようとし、財や富を尊んで、義を重んじたり貧しさに甘んじることを低く見て、喜んで商売に走って、役人として仕えることを好まない)」という評価もなされていた。徂徠は、こうした典拠に基づきながら、京都もそれと同じだと断定しているのである。

(15) 注(1)で述べたように、太宰春台は本作品を批判した書簡を服部南郭に送っているが、そのなかで、大きなこだわりを示していたのがこの「金を稼ぐために塾を開いて講義をする」(原文「舌耕《ぜっこう》」)の問題であった。徂徠が京都の儒学者、おそらくは仁斎・東涯を念頭に置いて「舌耕」を批判したことが春台は不満であったが、南郭は、徂徠の意図は「舌耕」それ自体の批判ではなく、京都の儒学者たちが生活に追われるあまり視野が狭くなっていることを批判しているのだと返信している。なお、徂徠は、京都の山崎闇斎学派をやり玉にあげて「講釈」という方法を厳しく批判している。『訳文筌蹄』題言の第五則では、「講」「講説」を厳しく批判し、その「十害」を挙げている。また、「豪傑」でさえも「講肆」を開くと「弊風」に煽られると指摘している。すでに見たように徂徠は仁斎を「豪傑」としたから、仁斎のような「豪傑」をもってしても、この「弊風」に染まってしまうと述べたことになる。『太平策』でも、「ナカンヅク、今ノ世ノ陋習ニ、講釈ト云フモノアリテ、学問ヲスルトイヘバ、貴賤トモニ必講釈ヲ聴コトニスルナリ」、「世上ノ習ハシニテ、朱子ノ註解ヲ正説ト定メ、学問ヲスルニハ必講釈ヲ聴ト云コト、又一定ノ法ノヤウニナリ来テ、コレヲハナレテ別ニ学問ノ仕様ヲシラズ」などと、厳しく「講釈」を批判している。前出の「官刻六論衍義の叙」の注(2)でも触れたが、林家でも「講釈」が行われ、吉宗によって木下順庵も庶民向けの「講釈」を行うなど、こうした授業スタイルは一般的であった。

(16) この一文は徂徠の古文辞学の学習法を念頭に置くと理解しやすいだろう。「思慮」に関しては、『学則』(一)で「心与目謀、思之又思、神其通之(心と目とを働かせ、熟慮に熟慮を重ねれば、精神はおのずと通じるようになる)」とあり、『弁名』思謀慮では、「管子曰、思之思之、思之而不通、鬼神将通之、是学問之道、思為貴也(『管子』内業篇に、思慮に思慮を重ね、さらに思いめぐらして通じなければ、鬼神が通じるようにしてくれるとあるが、学問の道は思慮を大切にするのである)」とか、「孟子曰、心之官則思、是人之所以為人、亦以其能思已(『孟子』告子上篇に心の働きを思慮と呼ぶのだとあるが、これは人間が人間である理由が思慮にあることを言っているのである)」などと述べているのが参考になろう。

また「習熟」に関して徂徠は、いろいろなところで語っているが、『学則』(二)の「吾奉于鱗氏之教、睎古修辞、習之習之、久与之化、而辞気神志皆肖、辞気神志皆肖、而目之睎、口之言、何択、夫然後千歳之人、旦莫遇之、是之謂置身仲尼之時、従游夏親受業也、是之謂与古為徒也、亦何仮彼之故為(私は李攀龍の教えに従って、古代を見習って修辞を修得し、習熟に習熟を重ねて、ようやく同化することができたので、表現と精神が古代と似ることができた。表現と精神が似れば、見るもの、話すことは古代と同じになる。そうしてこそ、千年もの後でも、朝な夕なに古代の人々と会うことができるのだ。これが孔子の時代に身を置き、子遊・子夏から直接教えを受けるということであり、これこそが古代のともがらとなるということであって、訓読などによることなど必要としないのである)」というあたりが徂徠の理解をよく示している。後文にも「習以為意」という語句が出てきており、これは『書経』太甲上の「習与性成」を踏まえた表現であるが、より直接的には『太平策』で「習与成性、習慣若天性ト云ヘル古語モアリ」と述べているのと同じように、『漢書』賈誼伝の「少成若天性、習慣如自然」を意識しているだろう。すでに指摘したように、徂徠が宇野士朗を賈誼になぞらえたことに関連する修辞法である。

原文の「神化」という言葉は『弁名』聖で使われており、「祇以其事業之大、神化之至、無出於制作之上焉者、故命之曰聖人已（その事業の大きさや神秘なる化育の働きが、道の制作以上のものはないことから、聖人と命名したのである）」と述べている。聖人の場合は、将来を見通す構想力のようなものの働きを指しているが、ここでは古文辞を学ぶ者に関することなので、「ひらめき」と訳出した。

(17) この京都批判に関連して、注（1）で触れた「贈于士茹」のなかで、「文章千歳落塵埃、誰其所使室町氏、坑士焚経何得似、君乃著書欲過秦、知君才調本無倫（勝れた学問もながらく塵埃にまみれ、室町氏によって行われたことは、焚書坑儒のようであった。あなたの著述は秦を咎めるものであり、あなたの才能に匹敵する者などいない）」とあるのが注目される。この「贈于士茹」では、京都の学者たちが欺いているという記述はないが、室町時代の戦乱によって学術が低迷した状態を秦の焚書坑儒に喩えるという発想は確認できる。もっともこれは、宇野士朗あるいは兄の明霞を賈誼になぞらえたことによるのかもしれない。秦を厳しく批判した『過秦論』は、いうまでもなく賈誼の作品だからである。もっとも京都の学術に批判的であった宇野兄弟を持ちあげるなかで、秦の焚書坑儒という出来事が徂徠の脳裏に浮かびあがったということであって、修辞的な表現にすぎない可能性もある。さらに『政談』巻二の「諸大名の困窮を救ふ制度の事」で、「大名の内に公家と縁組をしたる有るが、上方の者にだまされて出来たる格多し」とし、「堂上方《とうしょう》を始め、京都の人情、大名をだまして物を取る事を専一とする風俗」だと述べている点も参考になる。公家の娘のお付きの女房が「種々の故実をこしらへ」、「種々の奢」をし、それが「今は自然と江戸中一統に大名の奥方の格といふ事に成りたる也」と、さまざまな慣例が偽りの故実によって定着してしまったことを批判していた。

(18) 原文「上古之蘖」は、『孟子』告子上篇の「雨露之所潤、非無萌蘖之生焉（雨露の潤すところ、萌蘖の生ずること無きにあらず）」を踏まえていよう。雨露が若芽を育てるという表現も重なっている。徂徠には「先王の教え」「聖人の道」の有効性を雨露の働きの比喩で表現することが多くある。たとえば、『弁名』性情才に「先王之教、詩書礼楽、辟如和風甘雨、長養万物（先王の教えは、詩書礼楽に基づき、穏やかな風や恵みの雨が、あらゆる物を養うのと同じである）」とか、『学則』（五）で「聖人之道、猶和風甘雨邪、物得其養以生、生斯長、豈有窮已乎（聖人の道は、穏やかな風や恵みの雨のようである。すべての物がそれによって芽生え、成長し、窮まることがない）」とあるのがそれである。また江戸時代になって、平和と繁栄がもたらされ、それによって学芸もまた盛んになるという発想は、初期の「江若水の詩に叙す」以来、多くの作品で主張されている。

(19) 宇野士朗（一七〇一～三一）、名は鑒で、最初に用いていた字が士茹であったので、徂徠はそれを用いている。兄の宇野明霞（一六九八～一七四五）は、名を鼎、字を士新といった。本作品で徂徠が述べるように運漕業を家業としていたが、これは父の安治が豪商角倉《すみのくら》家に仕えて事業に成功したことを指している。宇野兄弟は、近江・野洲《やす》に生まれたが、その後京都に移り、木下順庵門下の向井三省《むかいさんせい》(滄洲)に師事したが、やがて入江若水を通じて徂徠学を知ったとされる。兄の明霞が病弱であったために、弟の士朗だけを徂徠に入門させたことが、日野龍夫氏が紹介する明霞から南郭宛の書簡に見える。明霞は京都で大潮元皓に唐音や古文辞を学んだとされるが、弟士郎がわずか一年で帰京したこともあり、やがて蘐園学派を激しく批判するようになる。

(20) 賈誼(前二〇〇~前一六八)は、前漢の洛陽の人。十八歳にして詩経・書経をそらんじ、文章が優れていたために評判になり、やがて河南守であった呉公を通じて博士に任命される。文帝に寵愛された賈誼は、その後周勃《しゅうぼつ》らの讒言によって左遷される。その道中で詠ったのが「弔屈原文」で、これは『文選』にも収録されているが、みずからを屈原になぞらえた作品である。その後、赦されて都に戻り、文帝が可愛がっていた末子の梁懐王《りょうかいおう》の太傅《たいふ》となったが、懐王が落馬して亡くなった悲しみから、賈誼もその翌年に三十三歳で憂死した。『史記』屈原賈生列伝、『漢書』賈誼伝にこれらの経歴が書かれている。徂徠は「贈于士茹」でも、「洛陽復見賈生才(洛陽、また賈生の才を見る)」と、賈誼になぞらえている。この「贈于士茹」では、賈誼が呉公に見いだされたこと、『過秦論』を著したり、屈原を弔ったことなどが詠み込まれている。賈誼と同じく宇野士朗も三十一歳の若さで亡くなっているが、これは徂徠没後のことであり、偶然にすぎない。

なお、『太平策』には、漢の文帝について、「ナマ中シノコトヲセンヨリハ、老子ノ道ヲ行ヒ、文帝ノ治メ、聖人ノ次ナリト知ルベシ」と、ある程度の功績は認めながらも、聖人の治とは言えないと評している。また、太宰春台は、『経済録』序で、賈誼を「巨擘」とし、「漢ノ賈誼ガ長大息シテ、治安ノ策ヲ文帝ニ献ゼシハ、其身朝士ノ列ニ在シ故也。今純ハ草野ノ民也。何ゾ敢テ賈生ガ為ザニ傚ンヤ。只憤懣ニ堪ズシテ、聊胸中ノ蘊ヲ吐ノミ」と、賈誼のように献策が思うようにできない自身のやるせない思いを表現している。この春台と賈誼の関係については、濱野靖一郎『頼山陽の思想——日本における政治学の誕生』（東京大学出版会、二〇一四）を参照した。同著では、頼山陽の『通議』の草稿とも言える『新策』は賈誼の『新書』になぞらえたものであることも紹介されている。

(21)　服部南郭の経歴については、後出の「南郭初稿の序」を参照のこと。日野龍夫氏の『服部南郭伝攷』所収の「服部南郭年譜考証」によると、享保八年（一七二三）・九年と南郭は立て続けに火災にあい、とくに九年の火災では準備してきた文集初編の草稿をすべて焼失するという被害にあっている。そのためか、同年に長崎の釈玄海に送った書簡では「悲愁孤独」を訴えていた。この後に宇野士朗が徂徠のもとに入門してきたので、あるいは宇野士朗によって京都への思いがさらに強まったのかもしれない。ただし、四十歳を前にした享保六年（一七二一）、親友の平野金華が西遊した際にすでに「望郷の念」を示していたので、南郭はかなり前から京都に戻りたいという気持ちを持っていたのかもしれない。

原文

贈于季氏序

予倡古文辞于関以東者十年。海内喁然郷風。豪傑之士往往裹糧以至者。西薄大海之浜。而京洛独寥寥亡聞焉。人或怪之。予曰。豈亡乎哉。少須之。夫洛者共主之所居也。王室更千歳。弗絶如綫。是寧一政邪。及至保平之際。典章文物。蓋変更殆尽。建武之後。覇主抛之。夫操卓所奉。其亦自為也。豈有意共哉。故飾弓馬以為礼。節猿舞以為楽。一切武断。号令四海。豈復有意文哉。然君臣之義。亡解于中。則借禅以解之。王者之名。圧其所奉。則援中華以為重。是鎌倉氏之所謀未遂。而北条氏之託以自恣也。於是禅盛而聖人之道廃。終有所困於辞命。則以僧為行人。自斯之後。叢林掌翰墨以為職。而儒者之業掃地者三百年。国初縫掖之徒。皆其噍類。髡形未化。夫禅繇宋元。則風之所自。可以知已。且洛王臣之外。唯工賈居之。人無恒禄。唯末是逐。繊嗇之俗。周人惟肖。即儒生之寄其間。亦難為生。則舌耕開肆。百千成群。日弗遑給。語性語天。率非宋籍不可也。其孰能握觚仰頭視屋梁。曠日弥久。以竢其従神化来者哉。故雖有聡儁若仁斎。猶率乎其所習者。洛之所以陋是已。且洛之所為重者□共主邪。王臣執周礼于秦火之余。以欺海内。而名姫靡曼。百貨繊巧之所出。与其山川之韶秀。語言之都雅。是亦洛人之所誇。習以為意。所見既卑。不復思其外。乃其所以難変為爾。雖然。睿宕嵯峨之顚。豈亦莫有上古之蘖者邪。風之所被。豈吾力哉。昇平之沢。如雨如露。必有茁然以生者。少須之。居亡何。果有于季子者。履蹻来謁。自謂其家隷船司空。仲季読書篷窓下。不与洛儒相識面十年。而似有得焉者。是以不遠千里。特以相質。予已受其質。館定。俾解其業。則上古之蘖既生以成枝葉者也。吾党之士。皆相謂賈生復生于洛。吾党服子遷。文章称具体。実洛産也。幼而来東。不習其俗。近聞頗喟然有帰与之嘆。異日子遷講道洛水之澨。而于生仲季左右之。則其庶乎。海内道路之所均。四方士輻湊以集其里。風之所被。豈吾関以東之比哉。是吾所望也。于生以仲疾且帰。故書而付之。以風洛人。

書き下し

于季子《うきし》に贈《おく》るの序《じょ》

予《よ》、古文辞《こぶんじ》を関以東《かんいとう》に倡《とな》うる者《もの》、十年《じゅうねん》、海内喁然《かいだいぎょうぜん》として風《ふう》に郷《むか》い、豪傑《ごうけつ》の士《し》、往往《おうおう》にして糧《りょう》を裹《つつ》みて以《もっ》て至る者《もの》は、西《にし》のかた大海《たいかい》の浜《ひん》に薄《せま》る。而《しか》して京洛《きょうらく》は独《ひと》り寥寥《りょうりょう》として聞《き》くこと亡《な》し。人或《ひとある》いはこれを怪《あや》しむも、予曰《よい》わく、豈《あ》に亡《な》からんや。少《しばら》くこれを須《ま》たん、と。

それ洛《らく》は共主《きょうしゅ》の居《お》る所《ところ》なり。王室《おうしつ》、千歳《せんざい》を更《へ》て、絶《た》えざること綫《せん》の如《ごと》し。これ寧一《ねいいつ》の政《せい》ならんや。保《ほう》・平《へい》の際《さい》に至《いた》るに及《およ》んで、典章文物《てんしょうぶんぶつ》、蓋《けだ》し変更《へんこう》して殆《ほとん》ど尽《つ》く。建武《けんむ》の後《のち》、覇主《はしゅ》はこれに拠《よ》り、かの操《そう》・卓《たく》の奉《ほう》ずる所《ところ》にして、それまた自《みずか》らの為《ため》にす。豈《あ》に共《きょう》するに意有《いあ》らんや。故《ゆえ》に弓馬《きゅうば》を飾《かざ》りて以《もっ》て礼《れい》と為《な》し、猿舞《さるまい》を節《せっ》して以《もっ》て楽《がく》と為《な》し、一切武断《いっさいぶだん》にして、四海《しかい》に号令《ごうれい》す。豈《あ》にまた文《ぶん》に意有《いあ》らんや。

然《しか》れども君臣《くんしん》の義《ぎ》は中《うち》に解《と》くこと亡《な》くんば、則《すなわ》ち禅《ぜん》を借《か》りて以《もっ》てこれを解《と》く。王者《おうじゃ》の名《な》、その奉《ほう》ずる所《ところ》を圧《あっ》すれば、則《すなわ》ち中華《ちゅうか》を援《ひ》きて以《もっ》て重《おも》しと為《な》す。これ鎌倉氏《かまくらし》の謀《はか》る所《ところ》の未《いま》だ遂《と》げず、而《しか》して北条氏《ほうじょうし》の託《たく》して以《もっ》て自恣《じし》するなり。

ここにおいてか、禅盛《ぜんさか》んにして、聖人《せいじん》の道廃《みちはい》す。終《つい》に辞命《じめい》に困《くる》しむ所有《ところあ》れば、則《すなわ》ち僧《そう》を以《もっ》て行《こう》人《じん》と為《な》す。これよりの後《のち》、叢林《そうりん》、翰墨《かんぼく》を掌《つかさど》りて以《もっ》て職《しょく》と為《な》す。而《しか》して儒者《じゅしゃ》の業《ぎょう》は地《ち》を掃《はら》うこと三《さん》百年《びゃくねん》、国初《こくしょ》の縫掖《ほうえき》の徒《と》、皆《み》なその噍類《しょうるい》は髡形《こんけい》にして未《いま》だ化《か》せず。それ禅《ぜん》は宋《そう》・元《げん》に繇《よ》れば、則《すなわ》ち風《ふう》の自《よ》る所《ところ》、以《もっ》て知《し》るべきのみ。

且《か》つ洛《らく》は王臣《おうしん》の外《ほか》、唯《た》だ工賈《こうこ》のみこれに居《お》りて、人《ひと》、恒禄無《こうろくな》し。唯《た》だ末《すえ》のみこれを逐《お》い、織《せん》嗇《しよく》の俗《ぞく》、周人《しゆうひと》に惟《こ》れ消《に》る。即《すなわ》ち儒生《じゆせい》の、その間《かん》に寄《よ》るも、また生《せい》を為《な》し難《がた》ければ、則《すなわ》ち舌耕《ぜつこう》して肆《し》を開《ひら》き、百千群《ひやくせんむれ》を成《な》して、日《ひ》に給《きゆう》するに遑《いとま》あらず。性《せい》を語《かた》り、天《てん》を語《かた》るに、率《おおむ》ね宋籍《そうせき》に非《あら》ざればば不可《ふか》なり。それ孰《いずれ》か能《よ》く觚《こ》を握《にぎ》り、頭《こうべ》を仰《あお》ぎて屋梁《おくりよう》を視《み》て、日《ひ》を曠《むな》しくすること弥《いよい》よ久《ひさ》しくし、以《もっ》てその神化《しんか》に従《したが》い来《きた》る者《もの》を竢《ま》たんや。故《ゆえ》に聡儁《そうしゆん》なること仁斎《じんさい》の若《ごと》き有《あ》りと雖《いえ》ども、猶《な》おその習《なら》う所《ところ》の者《もの》に率《したが》うは、洛《らく》の陋《ろう》たる所以《ゆえん》、これのみ。

且《か》つ洛《らく》の重《おも》しと為《な》す所《ところ》の者《もの》は、□共主《きようしゆ》ならんか。王臣《おうしん》、周礼《しゆらい》を秦火《しんか》の余《よ》に執《と》り、以《もっ》て海内《かいだい》を欺《あざむ》く。而《しか》して名姫《めいき》靡曼《びまん》、百貨《ひやつか》織巧《せんこう》の出《い》づる所《ところ》と、その山川《さんせん》の韶秀《しようしゆう》なる、語言《ごげん》の都雅《とが》なると、これもまた洛人《らくじん》の誇《ほこ》る所《ところ》なり。習《なら》いて以《もっ》て意《い》と為《な》り、見《み》る所既《ところすで》に卑《ひく》く、またその外《ほか》を思《おも》わず。乃《すなわ》ちその変《へん》じ難《がた》き所以《ゆえん》、爾《しか》りと為《な》す。

然《しか》りと雖《いえ》ども、睿《えい》・宕《ご》の嵯峨《さが》たるの顚《いただき》、豈《あ》にまた上古《じようこ》の蘖《げつ》なる者有《ものあ》ること莫《な》からんや。風《ふう》の被《こうむ》る所《ところ》、豈《あ》に吾《わ》が力《ちから》ならんや。昇平《しようへい》の沢《たく》は、雨《あめ》の如《ごと》く露《つゆ》の如《ごと》く、必《かなら》ず茁然《さつぜん》として以《もっ》て生《しよう》ずる者有《ものあ》り。少《しばら》くこれを須《ま》たん。

居《お》ること何《いくば》くも亡《な》くして、果《はた》して于季子《うきし》なる者有《ものあ》り。蹻《くつ》を履《は》き来謁《らいえつ》し、自《みずか》ら謂《い》う、その家《いえ》、船《せん》司空《しくう》に隷《したが》い、仲季《ちゆうき》、書《しよ》を篷窓《ほうそう》の下《もと》に読《よ》み、洛儒《らくじゆ》と相識面《あいしきめん》せざること十年《じゆうねん》、而《しか》して得《う》ること有《あ》る者《もの》に似《に》たり。是《ここ》を以《もっ》て千里《せんり》を遠《とお》しとせず、特《とく》に以《もっ》て相質《あいただ》さん、と。予《よ》、已《すで》にその質《し》を受《う》け、館定《かんさだ》まり、その業《ぎよう》を解《と》かしむれば、則《すなわ》ち上古《じようこ》の蘖《げつ》、既《すで》に生《しよう》じて以《もっ》て枝葉《しよう》を成《な》す者《もの》なり。吾党《ごとう》の士《し》、皆《み》な相謂《あいい》う、賈生《かせい》、また洛《らく》に生《うま》れり、と。

吾党《ごとう》の服子遷《ふくしせん》、文章《ぶんしょう》、体《たい》を具《そな》うると称《しょう》せらるるは、実《じつ》に洛《らく》の産《さん》なり。幼《おさな》くして来東《らいとう》し、その俗《ぞく》に習《なら》わず。近頃聞《ちかごろき》く、頗《すこぶ》る喟然《きぜん》として帰与《きよ》の嘆有《たんあ》り、と。異日《いじつ》、子遷《しせん》、道《みち》を洛水《らくすい》の澨《せい》に講《こう》じ、而《しか》して于生《うせい》の仲季《ちゅうき》、これを左右《さゆう》すれば、則《すなわ》ちそれ庶《ちか》からんか。海内道路《かいだいどうろ》の均《ひと》しき所《ところ》、四方《しほう》の士《し》、輻《ふく》湊《そう》して以《もっ》てその里《り》に集《あつ》まらん。風《ふう》の被《こうむ》る所《ところ》、豈《あ》に吾《わ》が関以東《かんいとう》の比《ひ》ならんや。これ吾《わ》が望《のぞ》む所《ところ》なり。

于生《うせい》、仲《ちゅう》の疾《しつ》を以《もっ》て且《まさ》に帰《かえ》らんとす。故《ゆえ》に書《しょ》してこれに付《ふ》し、以《もっ》て洛人《らくじん》に風《ふう》せん。

34　県先生八十の序(1)

（享保十年・一七二五、徂徠集巻九―⑫）

この年（享保十年）、次公《じこう》（山県周南）(2)は、藩主の参勤交代に従って江戸に来たが、九月になって帰ることになった。

そこで、わたくしに次のように依頼を述べた。

《わが父はすでに八十歳でございます。しかし、わたくし孝孺《こうじゅ》は貧しいために華やかにお祝いをすることができません。先生のお言葉を頂戴して、わが父の喜びとしたいと思います。》

思い返すと、次公がわたくしのもとに入門したとき、県先生（山県良斎《りょうさい》）(3)もわたくしの居所においでになられた。県先生とはそのとき初めてお会いしたが、今から二十年ほども前のことになる。

聞くところでは、次公の学問は多くの人々に信用され、経書を携えて藩の重役のところに赴くために少しも暇がなく、また国中の藩士の子弟が教えを請いに来るため、履物がいつも［家の］玄関に溢れているということだ。教えを請う者は、次公が留守だと分かっても帰ることなく待っている。そこで県先生がみずから句読を授けているが、「孝孺に代わって教えよう」と述べておられるそうである。次公が藩主の参勤交代に従って東西に奔走して暇がないのに、ながく国元にとどまっている他の学者よりも、県氏の学徒が盛大な理由はここにあろう。

考えてみれば、県先生はわたくしよりも二十歳ほど年長で、ことし八十歳である。なんとも壮健なことである。わたくしはといえば、わずか六十歳なのに疲れが甚だしく、教えを請う者をすべて断っており、人との交際を絶っているために謗《そし》りを残しているが、それと比べるとなんと大違いなことだろう。

また、みずから句読を授けることを避け、帳《とばり》を下ろした奥にいて、たまに顔を見せたとしても古参の弟子に代わりにさせるというのが、今の教師の常であり、今の学者が、字句の訓詁がおろそかで、文章も乱れているのは、このためである。立派にしつらえた講釈の席では、高尚な議論を説き、傍若無人に振る舞い、尊大な態度をとる。日々に若い者とともに努力し、丁寧に字句をおって、顔を上げたり下げたりしながら、絶えず口から読書の声がついて出て、一つの章を何十回となく読みながら、それでもなおやむことがない、ということをいったい誰がしているというのか。

県先生は久しい以前から大国の「師氏」であったが、次公をわたくしのもとに学ばせた。つねに何ごとも可能なかぎり推及して、それが無理だと分かったら、へりくだって自分を養うということであり、謙譲ということなのである。また、親子の間は生来の定めであるにしても、教えて飽きることがなく、細かなことまでも漏らすことがないというのが、古えの優れた君子の行いであった。県先生もまたそうであるに違いない。

県先生はわたくしよりも二十歳ほど年長であり、わたくしに学ぶことがなかったとしても、わたくしのことを理解されている。もしも理解されていないのなら、今まで学んだ朱子学を堅く守り、世の中の変化に従って言語も変わるというわたくしの説を受けいれず、朱子学が自分の職分であると考えられるに違いない。そのうえご自身の学問を実践されようとすれば、漢の劉向《りゅうきょう》・劉歆《りゅうきん》のように、(4)父と子が互いに意見を異にして非難することになるはずである。しかし、「実際には」まったくそうならなかった。

県先生の方が「次公よりも」先にわたくしを理解されていたのである。みずからはいつも謙遜されていて、わが子が自分から新たな知見を開くのを待とうとしたのだ。そうでなければ、「県先生が」士人として目指すところは、その見識が公明正大であり、「三公《さんこう》」(5)の地位をもってしてもその志を改めることがなく、また弓馬を専門とすることを卑しいものとして退けることなく、「父と子とが離ればなれとなって」それぞれの道を歩み、それぞれに行うところを改めて、それぞれに完成を目指すということがあろうか「いや、そんなことはない」。

　こうしたことから、県先生はわたくしのもとで学ばなかったにしても、以前からわたくしのことを理解されていたと分かる。だから、次公よ、君から求められたとしたら、どうしてわたくしが断ることなどあろうか。

　かなり以前のことであるが、次公はわたくしの塾に三年間とどまって本国に帰っていった。帰ってから五年が経過して、朝鮮からの使節が訪れるという機会が到来した。(6)使節の船が赤間関《まがせき》（下関《しものせき》）に泊ったが、朝鮮の学者は「文学」に熟達しているとされていたので、日本中の学者が、自分の技芸を磨いてかれらと競おうとした。次公もまたかれらを訪れて試してみた。ところが、かれらはためらって次公と正面から競うことを避けたのである。このことによって次公の名は高められ、日本中の学者で次公の名を知らない者はいなくなった。

　その後しばらく時を経たが、今の藩主は「文学」を重んじ、藩内に学校を造り、藩の重役たちの子弟を入学させた。(7)次公の待遇もそれに応じたものとなった。毎年の定まった時期に先聖・先師を厳《おごそ》かに祭祀したから、藩内の人々もみな教化されることとなったが、これは次公の働きによるものであろう。次公に教えを受けた者も、和智東郊《わちとうこう》・小田村鄜山《おだむらろくざん》・窪井鶴汀《くぼいかくてい》など、数十人がつぎつぎに現れ、(8)詩文を朗誦する声が国中に響きわたっているという。数年もすれば、西京（京都）を凌ぎ、東都（江戸）に匹敵するようになるだろう。なんとも盛んなことだ。そして、これは県先生がそのように仕向けたのである。

士人たるもの、つね日頃から自分には志があると言いはるに違いない。しかし、今や日本は平和であり、士も大夫もみな俸禄と役職を世襲している。役職に就けば、賢いとか愚かだということには関係なく、それぞれ今までのことを踏襲している。平和な世の中が百年続けば、人も賢いとか愚かだということには関係なく百年が過ぎてゆく。今不足しているものは人材であるはずなのに、士の職分は低く俸禄も少ない。志があったとしても何ができようか。万が一、よい機会に巡りあい、自分の能力のかぎりを尽くして役職の序列に就いたとしても、任用すべき人物がおらず、一人で忙しく働くことになる。これでは、志があったとしても何ができようか。これこそが、平和な時代の憂いなのである。それゆえ文王は人々を育成し、孔子は優れた人材の教育を楽しみとしたのである。だからこそ学校は治の本であり、それは儒学者の仕事だというのである(9)。

この点から言えば、わが党の人士のなかで、今の世の中に自分の志を実践できている者は、次公の上に出る者はいない。県先生にとっては、なんとも楽しみなことである。伝（『論語』雍也篇）には「知者は楽しみ、仁者は長命である」とある(10)。そうならば県先生は知者と仁者の二つを兼ねていると言えよう。世間で褒めたたえているような、若々しい顔と黒く艶《つや》やかな髪、食欲も旺盛で、ゆったり歩き、子供たちも結婚し、一日中座敷に座り、飴《あめ》をしゃぶって孫の相手をし、晩年を楽しみながら過ごすといったこととは、まったく比べものにならない姿である。

次公が帰っていくのに際して詩八章を作り与え、(11) 県先生の前で［次公に］朗誦させて、お祝いの酒を勧めさせよう。

立派な学校が、ここに造りあげられた。ここに集《つど》う俊秀な士は、先生方（師氏）が教えの労をとる者たちである。その一

学校はすでに落成し、［楽を奏《かな》でる］金石の楽器も備えられた。学生たちよ、威儀を正すがよい。その二

楽器と歌が演奏される、学生たちによって。黄鳥も来て、その音に合わせて尾を上げ下げしている。その三

講学所を見上げると、花びらがひらりひらりと舞い落ちる。学生たちよ、ゆったりと学ぶがよい。その四

学生たちは、その才能を開花させている。先生方もまた、ともに楽しんでいる。その五

楽しむものは何か、志は大きいが粗雑な者を完成させることだ。優れた人材の輩出は、

邦家にとってよい兆しである。その六
よい兆しとは何か、「聖人の出現を示す」鳳凰であろうか麒麟であろうか。「天上にいる」それらが降りてくれば、なんとも盛んな治政である。その七
むかし老彭《ろうほう》は、士を三千人育成したという。教授職（師氏）もつぎつぎに受け継がれて、これこそが万年の寿命のしるしである。その八

訳注

（1）本作品の成立は、本文中に徂徠が、自分は「耆《き》」すなわち六十歳であると述べていることから、享保十年（一七二五）と推定される。また、さらに山県周南が九月に国元に帰ろうとしていると述べていることから、その直前の、八月の終わりか、九月の初めに書かれたものと推定できる。周南が享保十年に江戸に滞在していたことは、平石直昭氏が、周南だけでなく、同じ頃に江戸にいた宇野士朗や入江若水の動向を含めて綿密に考証されている。

（2）山県周南（一六八七～一七五二）は、名を孝孺または文孺、字は次公。長州藩藩儒山県良斎の次男として生まれた。父とともに長州藩に仕えて、朝鮮通信使との応接などに活躍し、また藩校明倫館の設立をはじめとする学術振興に尽力した。本文に見えるように三年間徂徠のもとで学び、宝永五年（一七〇八）に長州に戻った。帰国に際して徂徠は前出（第1巻3）「次公の字に叙して行に贈る」を著しており、周南に関する詳しいことはそちらの訳注を参照のこ

と。

（3）　山県良斎（一六四八～一七二八）、名は長伯または長白、字は子成、別号を雲洞といった。『周南文集』巻十に所収されている服部南郭の「周南先生墓碑」および周南の子の山県泰恒《やすつね》が著した「先考周南先生行状」によると、山県氏はもともと安芸（広島）にいたが、毛利輝元の移封に従って周防に移ったという。当初、良斎は「毛利一門八家」の一つの右田《みぎた》毛利《もうり》家に仕えていた。右田毛利家は、鎌倉初期に活躍した天野《あまの》遠景《とおかげ》の子孫であることから、もともとは天野姓を名乗っていたが、後継ぎが絶えたために毛利家から元就《もとなり》の七男である元政《もとまさ》が入り、毛利家に仕えるようになった。その子元倶《もととも》のとき、毛利の姓を貰い、「右田毛利家」として一門に列したという家柄である。その後、元倶の孫に当たる就信《なりのぶ》のとき、嫡男の定道《さだみち》が急死したため、毛利本家から養子を迎えた。それが藩主綱広《つなひろ》の子の就勝《なりかつ》であったが、元禄七年（一六九四）に就勝の実兄であった藩主吉就《よしなり》が死去したため、今度は就勝が本家に戻り第五代藩主吉広《よしひろ》となった。良斎はこの就勝（吉広）に「師儒」として仕えていたが、就勝（吉広）が藩主となるに伴って、長門の萩に移り、本藩の「碩儒」として重用されたという。朱子学を学んで厳格な教育で知られ、三人の男子を得たが、長男は早く亡くなり、次男が周南で後継者となり、三男の裔昭君は多田氏の養子となった。

　ところで『周南文集』巻八所収の「海北君毛利文子神道碑」によると、右田毛利家は挲摩《さま》郡海北《かいほく》を拠点としたために「海北毛利」と呼ばれたとある。右田毛利家は当初は周防・三丘に領地を保有していたが、寛永二年（一六二五）に周防・右田に移されたという。「神道碑」に見える「峯摩郡」は「佐波郡《さば》」（現山口県防府市《ほうふ》）のことで、「海北」はそこにあった地域名で、現在「右田《みぎた》」と呼ばれている場所と同じだと思われる。そうした経緯から「右田毛利家」以外に「海北毛利」という名称も存在していたようである。幕末から明治に生きた吉田恕菴《じょあん》（一八一八?〜一九〇一）の『恕庵詩文集』の「例言」（河辺寛之助執筆）には、吉田が「夙に長藩公族海北毛利氏に仕えて、その邑宰と為り……」という記述が見え、「海北毛利」という呼び方が幕末まで続いていたことを示している。

（4）『漢書』劉歆伝によると、『春秋』の解釈に関して、父の向は『春秋穀梁伝』を、息子の歆は『春秋左氏伝』を重んじており、歆はしばしば父向の見解を非難したが、向はその見解を変えなかったという。ここの文意は、良斎は朱子学、周南は徂徠学と、それぞれ信奉していた学問が異なる点は向・歆父子と同じであるが、良斎・周南の場合は、良斎が徂徠の学問に理解を示していたがゆえに争うことなく子弟を教えているということであろう。

（5）「三公」とは、最高位にある三つの官職のことで、周では太師・太傅《たいふ》・太保、前漢では丞相・大司馬・御史大夫（大司馬・大司徒・大司空も使用された）、後漢から唐・宋では太尉・司徒・司空、その後の元・明・清では周の制度の名称を用いた。

（6）周南が長州藩の接待役として赤間関（下関）で朝鮮通信使と会見したのは、正徳元年（一七一一）のことであった。このとき周南が作った詩文は、安藤東野ら他の徂徠一門の作品とともに翌年刊行された『問槎畸賞』に収められている。同書の刊行に際して、徂徠は同二年の「中秋翌日」に「題問槎篇首」（『徂徠集』巻十九）を書いていた。これらのことに関する詳しい考証は、前出（第1巻9）「広陵問槎録の序」の注（1）を参照のこと。

（7）長州藩の明倫館が落成したのは、享保四年（一七一九）のことである。このとき藩主吉元に代わって周南が作った「明倫館落成祭先聖告文」および「明倫館釈菜祝文」が『周南文集』巻九に収められている。また、明倫館設立に関する周南の活動は、「長門明倫館記」（『周南文集』巻七）や注（3）で触れた「先考周南先生行状」（同・巻十）などに窺うことができる。しかし、藩校の設立に周南が重要な役割を果たしたのは確かだとしても、明倫館の初代学頭は朱子学を奉じていた小《お》倉《ぐら》尚斎《しょうさい》（一六七七～一七三七）であり、周南が学頭となるのは、尚斎が死去した元文二年（一七三七）以降のことである。したがって、本文中に見える徂徠の周南に対する評価は、若干身びいきな表現となっている。なお、明倫館設立に関わる周南の立場については、若水俊『徂徠とその門人の研究』（三一書房、一九九三年）の門人篇第四章「徂徠学の地方への浸透——山県周南と萩明倫館の場合」に詳しく述べられている。

（8）原文には「和某」「田某」「井某」と記されているが、和智東郊・小田村鄜山・窪井鶴汀のことであろう。徂徠の周南宛の書簡、「与県次公」第十に「田郎」「和生」（『徂徠集』巻二十一）の名が、また「与県次公」第十二（同前）に「子華」「子濯」の名が見える。このうち「和生」「子華」は和智東郊のこと、「田郎」は小田村鄜山のこと、「子濯」は山根《やまね》華《か》陽《よう》のことである。「井某」ははっきりしないが、周南の門人で「井維忠」ないし「井良佐」と称した窪井鶴汀のことだと推測される。

和智東郊（一七〇二～六五）、名は君実・棣卿、字は子華・子萼。和東郊・和棣卿、あるいは本姓が藤原氏のため滕子華・滕子萼と称した。著書に『東郊先生文集』『和智東郊座右記』、また明治になってまとめられた『長州叢書』に「虚実見聞記」が収録されている。ところで、『徂徠集』巻二十五には徂徠の東郊宛の書簡「答和君実」「復子華」の二通が収録されている。平石直昭氏は『荻生徂徠年譜考』のなかで、この二通をともに享保十年(一七二五)の成立と推定されているが、「和君実」と「子華」とが別人だと理解したための誤りだと思われる。「答和君実」が君実という名を、「復子華」が子華という字を記していることから、「答和君実」の成立は享保十年としても、「復子華」の成立はそれ以降の時期、おそらく享保十二年(一七二七)に周南が江戸から帰る際のことだと思われる。「復子華」は、江戸に来た周南が徂徠に渡した東郊の書簡への返事であり、すでに書簡を通じて既知の間柄となっていたために「子華」という字を徂徠が記したのだと思われる。

小田村鄜山(一七〇三〜六六)、本姓は山本で、三田尻《みたじり》警固方小田村喜左衛門の養子となる。名を望之、字を公望・士彦、別号に鹿門がある。田公望あるいは田望之と称した。本作品が書かれた享保十年(一七二五)に徂徠の門下に入り、服部南郭・平野金華などと交遊したが、徂徠没後の享保十四年(一七二九)に帰国して、明倫館都講となった。ながく教授職にあったため「城下大先生」と呼ばれたという。著書に『鄜山集』『小田村鄜山遺稿』がある。

窪井鶴汀、名は惟忠(維忠)・惟恭、字は良佐・良祐。井維忠・井良佐と称する。著書に宝暦九年(一七五九)刊行の『為学正論』、明和三年(一七六六)刊行の『古訓輯要』などがあり、詩文よりも経学が得意だったようである。生没年は不明。

また服部南郭が撰述した「周南先生墓碑」（『周南文集』巻十および『南郭集』四編・巻八）には、周南の門人十数人が列挙されている。今、その順序に従って挙げると、山子灌（山根華陽）・田望之（小田村鄜山）・津士雅（津田東陽《つだとうよう》）・倉彦平（小倉鹿門《おぐらかもん》）・滕子萼（和智東郊）・田子恭（田坂灞山《たさかはざん》）・仲子路（仲子岐陽《なかのこきよう》）・曽子泉（増野雲門《うんもん》）・林義卿（林東溟《とうめい》）・滝弥八（滝《たき》鶴台《かくだい》）・県魯彦（山県洙川《しゅせん》）・秦貞夫（波多守節《はたしゅせつ》）であり、このうち、徂徠没後、南郭と交流のあった周南の門人は、書簡などを見ると、山根華陽・滝鶴台・小田村鄜山・和智東郊・仲子岐陽に限られている。ここには窪井鶴汀の名は見えないが、太宰春台の「答次公書」第一（『紫芝園後稿』巻十三）には、「井生」が尋ねてきたことを述べ、その人物を誉めており、この「井生」が窪井鶴汀のことだと推定すると、徂徠没後、窪井は南郭ではなく春台と親交があったことになる。窪井の著書に経学関係が多いのもこれが理由かもしれない。

（9）原文は「故曰、学校者治之本也、儒者之事也」となっている。「学校者治之本也」という表現は、その内容から『荀子』礼論篇の「君師者治之本也」に基づいていると思われる。「儒者之事也」という表現もそのままの典拠はないが、明・丘濬《きゅうしゅん》『大学衍義補』（巻七十六）「治国平天下之要」に「蓋儒者之事無一而非礼学」という文章が見える。徂徠が『大学衍義補』を見ていた確証はないので推測になるが――和刻本が出版されるのは寛政四年（一七九二）のことであるにしても、それ以前に輸入本が流布していたと思われる――、その前にある「文王作人」という、中国の詩文でもあまり見慣れない表現が、同じく『大学衍義補』（巻八十一）「治国平天下之要」に、「按先儒謂、此詩為文王作人之効如春風」という文章として見ることができる。この詩とは『詩経』召南のことであるが、近接する箇所に同じ資料の語句が使用されているので、直接『大学衍義補』を襲ったとは言えないまでも、それに触れた類書があった可能性もあり、念のために記しておく。徂徠はこの語句をやや気に入っていたらしく、享保四年(一七九一)成立の前出(第1巻21)「子和の三河に之きて書記を掌るに贈るの序」でも使用していたから、それ以前に知ったのであろう。

なお、「文王作人」ということの内容それ自体は、『詩経』大雅・棫樸《よくぼく》の「周王寿考、遐不作人」に基づいており、それに続く「仲尼楽育英才」も、『孟子』尽心上篇の「得天下英才、而教育之、三楽也」に基づいている。

(10) 徂徠は『論語徴』題言で、孔子は王者の位を天から与えられなかったので、門人たちと先王の道を修めて論定したが、その際、六経への注釈として弟子たちが「伝」と「記」として残し、さらにそれ以外の孔子の発言をまとめたものが『論語』だと書いている。したがって『論語』を広い意味で「伝」と呼んでも必ずしも間違いとは言えないが、厳密に言えば、『礼記』の「記」や『易経』の「伝」と『論語』とはその性格を異にするので、問題は残る。なお、『徂徠集』のなかで「伝曰」として徂徠が引用しているものは、『論語』以外に『礼記』や『孟子』があり、徂徠の「伝」の定義がきちんと定まっていたかどうかを含めてさらに検討する余地が残っている。

(11) この四言古詩の形式で作られた詩では、多くの典拠が使用されている。第一の詩では、「頖宮」は『礼記』王制篇の「諸侯曰頖宮」から、「経始」は『詩経』大雅・霊台の「経始霊台」から、「髦士」は同小雅・甫田「烝我髦士」から採られている。第二の詩では、「青青者衿」が『詩経』鄭風・子衿の「青青子衿」から採用され、「威儀可選」は同邶風・柏舟の「威儀棣棣、不可選也」を踏まえている。「金石有県」の「金石」も典拠があるだろうが、類似の用例が多く、特定するのが難しい。第三の詩では、「黄鳥」が『詩経』周南・葛覃の「黄鳥于飛、集于灌木、其鳴喈喈」を踏まえ、「下上其音」は同邶風・燕燕の「燕燕于飛、下上其音」から採られている。第四の詩では、「瞻彼」が『詩経』の語句を踏まえていることは確かであるが、用例が多くてやはり特定するのが難しい。「杏壇」は、『荘子』漁父篇の冒頭「孔子游乎緇帷之林、休坐乎杏壇之上、弟子読書、孔子弦歌鼓琴（孔子、緇帷の林に游び、杏壇の上に休坐す、弟子、書を読み、孔子、弦歌鼓琴す）」を踏まえる。先の第三の詩の「于弦于歌」もあるいはこれを踏まえているのかもしれない。「時雍於変」は、『書経』堯典の「万邦黎民、於変時雍」を踏まえたものである。第五の詩では、「鬱兮」は盛んなさまの形容であるから、『楚辞』などではなく、曹植「感婚賦」の「百卉鬱兮含英」などを踏まえているだろう。「偕楽」は、『孟子』梁恵王上篇の「古之人与民偕楽、故能楽也（古《いにし》えの人は民と偕《とも》に楽しむ、故に能く楽しむなり）」に基づく。『孟子』の文章には先に挙げた霊台の詩が引用されている。第六の詩では、「狂簡成章」が、『論語』公冶長篇の「吾党之小子狂簡、斐然成章」から、「済済多士」は『詩経』大雅・文王の「済済多士、文王以寧」から採用され、さらに「邦家之祥」は同小雅・南山有台の「邦家之光、楽只君子」を踏まえていよう。第七の詩では、「鳳邪麐邪、等而下之」は、『漢書』賈誼伝に見える「弔屈原賦」の「鳳皇翔于千仞兮、覧徳煇而下之」を踏まえると、『徂徠先生文集解』などは指摘している。「彪如」も、『徂徠先生文集解』などでは、『太玄経』巻四の「炳如彪如、尚文昭如」に基づくとするが、たぶんそれを参照した別の資料からの援用であろう。第八の詩では、「老彭」は、『論語』述而篇の「述而不作、信而好古、窃比於我老彭」を、また「造士三千」は『史記』孔子世家の「孔子以詩書礼楽、教弟子、蓋三千焉」を踏まえる。「錫類」は『詩経』大雅・既酔の「孝子不匱、永錫爾類」に、「侯万斯年」は同・下武の「於万斯年、受天之祜（ああ万斯年、天のさいわいを受けん）」に典拠がある。

原文

県先生八十序

是歳次公復従侯述職来于東也。越九月将還。乃請予曰。家大人齢已及耄矣。孝孺貧。無以為寿。請先生之言。以為家大人驩。予惟始次公之従予游也。県先生乃一造予以相見。距于今殆且二十有余年矣。聞今次公学大孚于上下。日横経君大夫所。畧弗遑給。而国中諸子弟来受業者。屨恒盈戸。値其亡不肯還以竢。則県先生為之口授句逗曰。吾其代孝孺労哉。以次公之従侯述職東西無虚歳。而県氏之徒。比它博士淹国者独盛以此。憶県先生年長於予二十許。今既八十邪。何壮也。予則僅耆憊甚。一切謝生徒。以絶物眙誚。又何異也。且今教者。皆不肯躬親授句逗。下帷深居。罕見其面。乃以弟子久次而使之代。是常耳。今学者訓故貿乱。章句弗乂。職此之由。夫皐比之上。高譚眇論。旁若無人。望之尊倨。乃孰能屑屑然日与群童子偕。逐行尋墨。頫昂其首。吾伊声承其腭以囁嚅一章数十過。尚且諄諄乎弗已也。県先生久已儼然為大邦師氏。乃以次公従予游也。居常推之以為弗及。卑以自牧。謙譲以之。父子之際雖天性。教而弗勧。無遺細物。其諸古有道君子之行。非邪。且県先生長於予二十許。雖不我学乎。其亦知我焉。不爾。其必固守所聞。不知世載文以遷。謂是我職也。而欲身自効之。父子相難。如向歆異見。必不爾也。蓋県先生先獲我心者也。顧謙譲未遑。竢其子以発。不爾。士所独見昭曠三公不易。豈肯執射執御。不辞其卑。汝出我処。一左一右。各更其為。以底其成也。是県先生雖不我学乎。既先獲我心焉。仮使微吾子之請。予何已乎。曩者次公居予塾中。三年乃帰。帰五年。値朝鮮聘使之来也。舟泊赤関。其人素称嫺文学。於是海内学士。砥其芸以求一相当。次公亦且往試之。則彼逡巡不敢当其鋒。由此次公名隆隆以起。諸海内学士。莫有不識其名者。久之。今侯益郷文学。築宮其国中。以館国子。既稟称之。歳時祀先聖先師惟粛。則国人翕然化之。蓋次公与有力焉。而諸受業次公者。若和某田某井某等数十人。彬彬然以興。弦誦之声。達諸四竟。仮之数年。行将軼西京。比隆東都。何其盛也。県先生実使之焉。夫士居則孰不云吾有志焉。方今海内無事。士大夫皆世禄世官。官無知愚。各守其成。故昇平百年。人無知愚亦百年。所乏者人。而士職微秩卑。有志何能為。万一遭遇。陳力就列。任使無人。拮据独労。亦将何能為。是昇平之憂也。是以文王作人。仲尼楽育英才。故曰。学校者治之本也。儒者之事也。以此観之。吾党士。獲志能行於当世者。宜莫次公若也。県先生其楽乎。伝曰。知者楽。仁者寿。県先生者可謂兼之已。若夫世俗所称道童顔鬒須髪。健啖食。行歩衎衎。男女畢婚嫁。日坐堂皇。含飴弄孫。娯其余年。亦何足言哉。臨次公之行。乃賦詩八章以授之。俾誦於県先生前侑之酒。

翬彼頖宮。維侯経始。維斯髦士。師氏所肄。其一　　頖宮既落。金石有県。青青者衿。威儀可選。

其二　于弦于歌。青青者衿。黄鳥来止。下上其音。其三　瞻彼杏壇。有華其翽。青青者衿。時雍於変。其四　青青者衿。鬱兮有作。維斯師氏。与侯偕楽。其五　所楽維何。狂簡成章。済済多士。邦家之祥。其六　其祥維何。鳳邪麐邪。等而下之。有偉彪如。其七　維昔老彭。造士三千。師氏錫類。侯万斯年。其八

書き下し

県先生八十《けんせんせいはちじゅう》の序《じょ》

この歳《とし》、次公《じこう》また侯《こう》の述職《じゅつしょく》に従《したが》いて東《ひがし》に来《きた》るも、越《ここ》に九月《くがつ》、将《まさ》に還《かえ》らんとす。孝孺貧《こうじゅまず》しくして以《もっ》て寿《じゅ》を為《な》す無《な》し。先生《せんせい》乃《すなわ》ち予《よ》に請《こ》いて曰《い》わく、家大人《かたいじん》、齢《よわい》、已《すで》に耄《ぼう》に及《およ》ぶ。先生《せんせい》の言《げん》を請《こ》いて、以《もっ》て家大人《かたいじん》の驩《かん》と為《な》さん、と。予《よ》、惟《おも》うに、始《はじ》めて次公《じこう》の予《よ》に従《したが》いて游《あそ》ぶや、県先生《けんせんせい》乃《すなわ》ち一《ひと》たび予《よ》に造《いた》りて、以《もっ》て相見《あいまみ》ゆ。今《いま》を距《へだ》たること、殆《ほとん》ど且《まさ》に二十有余年《にじゅうゆうよねん》にならんとす。聞《き》くならく、今《いま》、次公《じこう》、学《がく》、大《おお》いに上下《しょうか》に孚《まこと》とせられ、日《ひ》に経《けい》を君大夫《くんたいふ》の所《ところ》に横《よこ》にし、畧給《ききゅう》するに遑《いとま》あらず、と。而《しか》して国中《くにじゅう》の諸子弟《しょしてい》、来《きた》りて業《ぎょう》を受《う》く者《もの》、屨《くつ》は恒《つね》に戸《こ》に盈《み》つ。その亡《な》きに値《あ》えば、還《かえ》るを肯《がえん》ぜずして以《もっ》て竢《ま》つ。則《すなわ》ち県先生《けんせんせい》、これが為《ため》に句逗《くとう》を口授《こうじゅ》して曰《い》わく、吾《われ》、それ孝孺《こうじゅ》の労《ろう》に代《かわ》らん、と。次公《じこう》の、侯《こう》の述職《じゅつしょく》に従《したが》いて東西虚歳無《とうざいきょさいな》きを以《もっ》て、県氏《けんし》の徒《と》、它《た》の博士《はくし》の国《くに》に淹《とど》まる者《もの》に比《ひ》して、独《ひと》り盛《さか》んなるは此《ここ》を以《もっ》てす。

憶《おも》うに、県先生《けんせんせい》は予《よ》より年長《ねんちょう》なること二十許《にじゅうばか》りなれば、今既《いますで》に八十《はちじゅう》ならんか。何《なん》ぞ壮《そう》なるや。

予《よ》は則《すなわ》ち僅《わず》かに耆《き》憊《はい》甚《はなは》だしく、一切生徒《いっさいせいと》を謝《しゃ》し、物《もの》を絶《た》つを以《もっ》て誚《そし》りを貽《のこ》す。また何《なん》ぞ異《い》なるや。且《か》つ今《いま》の教《おし》うる者《もの》は、皆《み》な躬親《みずか》ら句逗《くとう》を授《さず》くるを肯《がえん》ぜず、帷《とばり》を下《おろ》して深居《しんきょ》し、その面《おもて》を見《あらわ》すこと罕《まれ》にして、乃《すなわ》ち弟子《ていし》の久《ひさ》しく次《じ》するを以《もっ》てして、これをして代《か》わらしむること、これ常《つね》のみ。今《いま》の学者《がくしゃ》、訓故《くんこ》貿乱《ぼうらん》し、章句《しょうく》乂《おさ》まらざるは、職《もと》としてこれこれに由《よ》る。それ臯比《こうひ》の上《うえ》、高譚眇論《こうたんびょうろん》して、旁《かたわ》らに人無《ひとな》きが若《ごと》くして、これに望《のぞ》めば尊倨《そんきょ》たり。乃《すなわ》ち孰《たれ》か能《よ》く屑屑然《せっせつぜん》として、日《ひび》に群童子《ぐんどうじ》と偕《とも》にして、行《こう》を逐《お》い墨《ぼく》を尋《たず》ね、その首《こうべ》を頫昂《ふこう》して、吾《わ》が伊声《いせい》、その脗《ふん》を承《う》けて、以《もっ》て囁嚅《しょうじゅ》として一章《いっしょう》、数十過《すうじゅうす》ぐるも、尚《な》お且《か》つ諄諄乎《じゅんじゅんこ》として已《や》まざらんや。

県先生《けんせんせい》、久《ひさ》しく已《すで》に儼然《げんぜん》として大邦《たいほう》の師氏《しし》為《た》るも、乃《すなわ》ち次公《じこう》の予《よ》に従《したが》いて游《あそ》ぶを以《もっ》てや、居《つね》常《ひごろ》にこれを推《お》して以《もっ》て及《およ》ばずと為《な》す。卑《へりくだ》りて以《もっ》て自《みずか》ら牧《ぼく》せり。謙譲《けんじょう》すること、これを以《もっ》てす。父《ふう》子《し》の際《さい》は天性《てんせい》なりと雖《いえ》ども、教《おし》えて勧《う》まず、細物《さいぶつ》を遺《のこ》す無《な》く、それこれ古《いにしえ》の有道《ゆうどう》の君子《くんし》の行《こう》、非《ひ》ならんか。

且《か》つ県先生《けんせんせい》は予《よ》より長《ちょう》ずること、二十許《にじゅうばか》りなり。我《われ》に学《まな》ばずと雖《いえ》ども、それまた我《われ》を知《し》る。爾《しか》らずんば、その必《かなら》ず固《かた》く聞《き》く所《ところ》を守《まも》り、世《よ》の文《ぶん》を載《の》せて以《もっ》て遷《うつ》るを知《し》らず、謂《おも》えらく、これ我《わ》が職《しょく》なり、と。而《しか》して身《み》自《みずか》らこれを効《いた》さんと欲《ほっ》すれば、父子《ふうし》相難《あいなん》ずること、向《きょう》・歆《きん》の見《けん》を異《こと》にするが如《ごと》し。必《かなら》ず爾《しか》らざるなり。

蓋《けだ》し県先生《けんせんせい》、先《さき》に我《わ》が心《こころ》を獲《う》る者《もの》なり。顧《かえりみ》て謙譲《けんじょう》すること遑《いとま》あらず。その子《こ》の以《もっ》て発《はっ》するを竢《ま》つ。爾《しか》らずんば、士《し》の昭曠《しょうこう》に独《ひと》り見《み》る所《ところ》、三公《さんこう》も易《か》えず、豈《あ》に肯《あ》えて射《しゃ》を執《と》り御《ぎょ》を執《と》り、その卑《いや》しきを辞《じ》せず、汝出《なんじい》でて、我処《われお》り、一左《いっさ》一右《いちゆう》して、各《おのお》のその為《な》すを更《か》え、以《もっ》てその成《な》すを底《きわ》めんや。これ県先生《けんせんせい》は我《われ》に学《まな》ばずと雖《いえ》ども、既《すで》に先《さき》に我《わ》が心《こころ》を獲《え》たり。仮使《たと》い吾子《ごし》の請《こ》い微《なかり》しも、予《よ》、何《なん》ぞ已《や》まんや。

曩者《さき》に次公《じこう》、予《よ》が塾中《じゅくちゅう》に居《お》ること、三年《さんねん》にして乃《すなわ》ち帰《かえ》る。帰りて五年《ごねん》、朝鮮聘使《ちょうせんへいし》の来《きた》るに値《あ》いて、舟《ふね》、赤関《しゃくせき》に泊《とま》る。その人《ひと》、素《もと》より文学《ぶんがく》に嫺《な》れると称《しょう》さるれば、ここにおいてか、海内《かいだい》の学士《がくし》、その芸《げい》を砥《と》ぎて以《もっ》て一《ひと》たび相当《あいあた》るを求《もと》む。次公《じこう》もまた且《か》つ往《ゆ》きてこれを試《こころみ》れば、則《すなわ》ち彼《かれ》、逡巡《しゅんじゅん》して敢《あ》えてその鋒《ほこ》に当《あた》らず。此《ここ》によりて次公《じこう》の名《な》、隆隆《りゅうりゅう》として以《もっ》て起《おこ》る。諸《もろもろ》の海内《かいだい》の学士《がくし》、その名《な》を識《し》らざる者有《ものあ》ること莫《な》し。

これより久《ひさ》しくして、今侯《きんこう》、益《ますま》す文学《ぶんがく》に郷《むか》い、宮《きゅう》をその国中《こくちゅう》に築《きず》きて、以《もっ》て国子《こくし》を館《とど》め、既稟《きひん》これに称《かな》えり。歳時《さいじ》には先聖《せんせい》・先師《せんし》を祀《まつ》ること、これ粛《しゅく》たれば、則《すなわ》ち国人《こくじん》、翕然《きゅうぜん》としてこれに化《か》す。蓋《けだ》し次公与《じこうあずか》りて力有《ちからあ》り。而《しか》して諸《もろ》ろの業《ぎょう》を次公《じこう》に受《う》けし者《もの》、和某《わぼう》・田某《でんぼう》・井某等《せいぼうとう》の若《ごと》き数十《すうじゅう》人《にん》、彬彬然《ひんぴんぜん》として以《もっ》て興《おこ》る。弦誦《げんしょう》の声《こえ》、諸《これ》を四竟《しきょう》に達《たっ》す。これに数年《すうねん》を仮《か》せば、行《ゆくゆ》くは将《まさ》に西《せい》京《きょう》を軼《こ》え、東都《とうと》に比隆《ひりゅう》せん。何《なん》ぞそれ盛《さか》んなるや。県先生《けんせんせい》、実《まこと》にこれを使《しから》しむ。

それ士《し》は、居《お》れば則《すなわ》ち孰《たれ》か吾志有《われこころざしあ》りと云《い》わざらんや。方今《ほうこん》、海内無事《かいだいぶじ》にして、士大夫《したいふ》は皆《み》な禄《ろく》を世《よよ》にし、官《かん》を世《よよ》にす。官《かん》は知愚《ちぐ》無《な》く、各《おのお》のその成《な》れるを守《まも》る。故《ゆえ》に昇平百年《しょうへいひゃくねん》なれば、人《ひと》も知愚《ちぐ》無《な》く、また百年《ひゃくねん》。乏《とぼ》しき所《ところ》の者《もの》は人《ひと》なり。而《しか》れども士《し》の職《しょく》は微《び》にして、秩《ちつ》は卑《ひく》し。志有《こころざしあ》れども何《なん》ぞ能《よ》く為《な》さんや。万一遭遇《まんいつそうぐう》して、力《ちから》を陳《の》べ列《れっ》に就《つ》くも、任使《にんし》する人《ひと》無《な》く、拮据《きっきょ》して独《ひと》り労《ろう》すれば、また将《は》た何《なん》ぞ能《よ》く為《な》さんや。これ昇平《しょうへい》の憂《うれ》いなり。是《ここ》を以《もっ》て文王《ぶんのう》は人《ひと》を作《つく》り、仲尼《ちゅうじ》は英《えい》才《さい》を育《そだ》つるを楽《たの》しむ。故《ゆえ》に曰《い》わく、学校《がっこう》なる者《もの》は治《ち》の本《もと》なり、と。儒者《じゅしゃ》の事《こと》なり。

此《ここ》を以《もっ》てこれを観《み》れば、吾党《ごとう》の士《し》、志《こころざし》の能《よ》く当世《とうせい》に行《おこな》うを獲《う》る者《もの》、宜《よろ》しく次公《じこう》に若《し》くは莫《な》かるべきなり。県先生《けんせんせい》、それ楽《たの》しむか。伝《でん》に曰《い》わく、知者《ちしゃ》は楽《たの》しみ、仁者《じんしゃ》は寿《いのちなが》し、と。県先生《けんせんせい》なる者《もの》はこれを兼《か》ぬと謂《い》いつべきのみ。若《も》しそれ世俗《せぞく》の称道《しょうどう》する所《ところ》の、童顔《どうがん》にして鬒須髪《しんしゅはつ》、健啖食《けんたんしょく》にして、行歩《こうほ》衎衎《かんかん》、男女婚嫁《なんにょこんか》を畢《お》え、日《ひ》に堂皇《どうこう》に坐《ざ》し、飴《あめ》を含《ふく》み孫《まご》を弄《あや》して、その余年《よねん》を娯《たの》しむは、また何《なん》ぞ言《い》うに足《た》らんや。

次公《じこう》の行《ゆ》くに臨《のぞ》み、乃《すなわ》ち詩《し》八章《はちしょう》を賦《ふ》して以《もっ》てこれを授《さず》け、県先生《けんせんせい》の前《まえ》に誦《しょう》して、これに酒《さけ》を侑《すす》めしめん。

翬《き》たるかの頖宮《はんきゅう》。維《こ》れ侯経始《こうけいし》し、維《こ》れ斯《こ》の髦士《ぼうし》、師氏《しし》の肄《し》する所《ところ》なり。その一《いち》　頖宮《はんきゅう》既《すで》に落《さだ》まる。金石県《きんせきかか》る有《あ》りて、青青《せいせい》たる者《もの》の衿《きん》、威儀《いぎ》選《えら》ぶべし。その二《に》　于《ここ》に弦《げん》し于《ここ》に歌《か》す。青青《せいせい》たる者《もの》の衿《きん》、黄鳥来止《こうちょうらいし》して、その音《いん》に下上《かじょう》す。その三《さん》　かの杏壇《きょうだん》を瞻《み》て、華《はな》有《あ》りてそれ翩《ひるがえ》りたり。青青《せいせい》たる者《もの》の衿《きん》、時《こ》れ雍《やわら》ぎて於《おお》いに変《しげ》る。その四《し》　青青《せいせい》たる者《もの》の衿《きん》、鬱《さか》んに作《た》つこと有《あ》り。維《こ》れ斯《こ》の師氏《しし》、侯《こう》と偕《とも》に楽《たの》しむ。その五《ご》　楽《たの》しむところは維《こ》れ何《なん》ぞや。狂簡章《きょうかんあや》を成《な》し、済済《さいさい》たる多士《たし》は、邦家《ほうか》の祥《きざし》なり。その六《ろく》　その祥《きざし》は維《こ》れ何《なん》ぞや。鳳《ほう》か麐《りん》か。等《ひと》しくしてこれを下《くだ》せば、偉《い》有《あ》ること彪如《ひょうじょ》たり。その七《しち》　維《こ》れ昔《むかし》の老彭《ろうほう》は、士《し》を造《つく》ること三千《さんぜん》。師氏《しし》は類《るい》を錫《たま》い、侯《こう》は万斯年《ばんしねん》ならん。その八《はち》

35　皇和通歴の序[1]　（享保十年・一七二五、徂徠集巻九―④）

孟子は「天がいかに高くとも、星がいかに遠くとも、「過去の事実（故）」を把握しておけば、千年後の冬至もいながらにして知ることができる」と言っている。[2]

そもそも学者というものは、苦心し、神経をすりへらし、結論を求めようとするものであるが、しかし、ひとたび結論が得られるとそれに固執して変わろうとせず、いっさいのことがらをそれに基づいて一括りにしてしまう。なんとかたくなな態度であろう。その究極においては、自己の見解を輝かして「過去の事実（故）」を否定するまでに至る。しかし「過去の事実」は、昔の人がすでに古代の典籍に記録しておいたものであるから、どうして否定できようか。

世の儒学者たちは、幼いときから程・朱の注釈によって［典籍を］習い読み、日に日に熟達してやまず、それが究極の姿だと考えている。しかし、昔の人は聖人だとはいえ、どうして程・朱のなすことをあらかじめ知ることができようか。だから、宋儒の学説を守る者は、唐・宋以前の書を読み、通暁することはできないのだ。これはみずからを誇って知者と考える者であって、かえって愚かではないか。やはりまた、さきに述べた学者と同類なのである。

わたくしの知人、平安（京都）の平元珪《へいげんけい》（中根《なかね》元珪）[3]はそういう学者とは異なる。元珪は、一つの学芸に秀《ひい》でた人物である。暦学に優れ、「授時暦《じゅじれき》」を学んで、[4]それに詳しい人物である。しかし、また一つの暦に固執することを嫌い、史官が記録した漢以来の、数十家の暦をことごとく取りあげ、それらを推し測って、過去の天体の運行を計算しており、「過去の事実（故）」について細心の注意を払っているのである。そこで、「かつて［郭守敬《かくしゅけい》の］「授時暦」以前に「統天《とうてん》暦」があった。[5]郭守敬の独創とされているところは、「統天暦」がそれ以前に得ていたのだ。世の一つの立場に固執する者は、ひたすらその素晴らしさを「授時暦」に帰しているが、それは［逆の言い方ではあるが］「濡《ぬ》れ衣《ぎぬ》」というものだ」と述べたのであった。

現在、「貞享暦《じょうきょうれき》」が世に行われているが、[6]しかしその原理［を記した書物］は、幕府の天文方が独占し、秘密にされてきた。[7]そこで元珪は、自分で考え、その原理を得て、その後［原理を記した］書物を入手し調べてみると、ほとんど合致しており、さらにその誤謬まで指摘している。なんと精妙なことではないか。

ちかごろ、「元珪は」『皇和通歴』を著し、序をわたくしに依頼してきたので、眼を通してみた。わが国の用いてきた、「元嘉暦《げんか》」「儀鳳暦《ぎほう》」「大衍暦《たいえん》」「宣明暦《せんみよう》」については、これまでも解説はあったが、(8)「五紀暦《ごき》」の行われた時期が明らかになったのは元珪からである。(9)『皇和通歴』では」「元嘉暦」以前の時代の暦法については、初代の天皇の時代まで遡り、「上古暦、中古暦、晩古暦の」三つの暦の行われていたことも明らかにし、(10)またもろもろのことがすぐに分かる換算表を作って、巻末に付している。

元珪は、暦学においては、いかなる側面においても根源を究めているものと言えようが、それはあの「過去の事実（故）」を明らかにしたからであって、孟子が述べたところの「千年の後」とは、今の世のことであり、それは元珪のことである。元珪は、また、巧みなアイディアの持ち主である。かつて、新しく思いついて、古《いにし》えの天球儀をもとに工夫して、装置を施し、回転するようにした。一旋《めぐ》りが一日、たちまちにして三百五十四旋りするのだが、一年間の太陽の動き、月の離れたり近づいたりする動き、黄道と赤道との交点のあり方、月の満ち欠けの状態などを、一日ごとに理解することができる。二十四節の変わり目には、鐘が自然に鳴るようになっている。「これらのことに」驚かない人はいなかった。しかし、それはほんの手すさびだというのである。

元珪は、「京都の」銀座(11)の微禄な役人として世に隠れていたのだが、だからといって自分を見失うことはなく、一つの学芸を通じて家名を世に知らしめたのである。ああ、太平の世にあっても人間は慎重に振る舞うべしと、よく分かっていたことは、このようである。

訳注

（1）刊本『皇和通歴』に所収された徂徠の序文には「享保乙巳冬十月朔」とあり、そこから享保乙巳、すなわち享保十年（一七二五）の冬十月に書かれたことが分かる。『皇和通歴』は、初版が正徳四年（一七一四）に行されており、渋川春海《しぶかわはるみ》（一六三九〜一七一五）の『日本長暦』をもとに、中根元珪が若干の修正を加えて、神武から正徳までの年代に従って図表化したものである。また付録では、上古、中古、晩古の古暦三法、元嘉暦、儀鳳暦、大衍暦、宣明暦、それぞれの暦における算法を解説していて、現在ではこの点がとくに評価されている。ただし正徳版に付されているのは、中根元珪の自序だけである。享保十年頃に、正徳から享保までの部分を増補した再版の出版の計画が持ちあがり、徂徠がその序文を依頼されたと考えられるが、実際に再版されたのは、寛政五年（一七九三）のことで、現在各地に所蔵されている『皇和通歴』の多くは、この寛政再版本である。また本文中に徂徠が『皇和通歴』に目を通したという記述が見られるが、これは稿本ではなく、先に出版された版本であったと思われる。なお、本作品の書き下し文は、寛政再版本に載せられたものの訓点に従っている。

ところで、中根元珪と徂徠との接点はよく分かっていない。宇佐美灊水《しんすい》が考訂して出版した徂徠の『読荀子』（明和二年、一七六五刊）は、「葛西市郎兵衛」が出版元となっているが、中根元珪は下記に示すように『荀子』の出版を企画しており、死後に出版された『荀子全書』に「葛西市郎兵衛」が関与しているので、あるいは『荀子』の出版が契機となって両者の交流が始まったのかもしれない。徂徠は同じ享保十年の「十月望」に「刻荀子跋」（巻十八）を書いているが、そこには「平安平元珪、捐貲刻荀」と、中根元珪によって『荀子』が出版されることを賞賛する記述が見える。この『荀子』は、実際には延享二年（一七四五）になって出版された、「延享二年乙丑夏六月穀旦　京白山堂　中根保之丞法軸　平安書林　梅村弥右衛門武政　葛西市郎兵衛好廷　江戸書店　梅村弥市郎富高　梓行」という刊記を持つ『荀子全書』のことであり、そのなかに徂徠の跋文も収録されている。

「白山堂《はくさんどう》」の「白山」は元珪が暮らしていた京都の町名で、それにちなんで元珪は「白山先生」とも呼ばれていたと伝えられている。「白山堂」がいつ頃始められたかは不明であるが、先に挙げた初版の『皇和通暦』に「白山蔵板」と見えることから、正徳年間には自著を「蔵版」として刊行しはじめたのかもしれない。また「中根保之丞」は、元珪の子の彦循《げんじゅん》（一七〇〇～六一）であろうが、父の後を継いで算学を教えるかたわら、出版業にも関わっていたのであろう。

（2）『孟子』離婁下篇に、「天之高也、星辰之遠也、苟求其故、千歳之日至可坐而致也（天の高きと、星辰の遠きとも、苟しくもその故を求むれば、千歳の日至も坐して致すべきなり）」とある。ここに見える「故」はいくつのも意味が含まれている言葉であるが、本作品では、とりあえず「過去の事実」と訳出した概念をもとに文章が構成されている。

(3)　中根元珪（一六六二～一七三三）、名は璋、字は元珪のほかに元圭とすることもある。律襲、律聚と号した。近江・浅井郡に生まれ、京都に出て算学・暦学を田中由真《よしざね》（一六五一～一七一九）、建部《たけべ》賢弘《かたひろ》（一六六四～一七三九）に学んで、正徳元年に京都銀座の役人になる。『新撰古暦便覧』『三正俗解』『授時暦図解発揮』といった暦学関係の著作のほか、『七乗冪演式《しちじょうべきえんしき》』という和算の著述、『律原発揮』という楽律研究の著述、さらには『異体字弁』『筌蹄集《せんていしゅう》』の漢字研究など、幅広い分野で活躍している。とくに元禄五年（一六九二）に刊行された『律原発揮』は、日本で最初に独自に「十二平均律」を説明したことで知られている。徂徠は最晩年に幕命によって、明・朱載堉の『楽律全書』の校閲を行っているが、この中には中国で最初に「十二平均律」を明らかにした『律呂精義』が含まれていた。徂徠の校閲作業に中根元珪の知識がどこまで影響したかは不明であるが、念のために指摘しておく。

　享保元年（一七一六）、将軍職となった吉宗は「天文暦術は民に時を授くる要務」と考え、誤脱の多い「貞享暦」の改暦を企図し、当時暦学で知られていた建部賢弘に下問した。建部は老齢を理由に辞退し、門人の中根元珪を推挙した。そこで元珪は翌年江戸に出て、暦学振興のために漢訳の西洋天文書の輸入制限緩和を進言した。このことを契機に、西洋天文学説を伝える梅文鼎の『暦算全書』の訓訳を吉宗から命じられ、亡くなる年までかけてこれを完成させた。また吉宗の命により、「貞享暦」の差異調査のため、伊豆下田で太陽と月の高低を観察し、「貞享暦」の正しさを報告してもいる。元珪の経歴やその家系などについては、小林龍彦「中根元圭の研究（1）」（『数理解析研究所講究録』一七八七、京都大学数理解析研究所、二〇一二）を参照されたい。

（4）「授時暦」は、元の郭守敬（一二三一～一三一六）らによって作成された太陰太陽暦で、至元十八年（一二八一）から八十八年間施行され、その後明代でも「大統暦」として若干の変更を加えた暦が明末まで実施された。一太陽年をグレゴリウス暦と同じ三六五・二四二五日とし、一朔望月を二九・五三〇五九三日としたうえで、一太陽年の長さが微妙に変化するという「歳実消日法」——一〇〇年ごとに〇・〇〇〇二日減少させるもの——を採用した。「授時」とは『書経』堯典の「敬授民時」とあるのに基づいている。元代になって伝えられたアラビア天文学の影響から、精密な天文観測が行われるようになったことによって、正確な暦を作ることが可能になったと考えられている。

（5）「統天暦」は、南宋の楊忠輔《ようちゅうほ》によって作られた太陰太陽暦。慶元五年（一一九九）から三十二年間施行された。一太陽年を三六五・二四二五日とし、一朔望月を二九・五三〇五九四日としていた。また後漢の劉歆《りゅうきん》が作った「三統暦」以来の「上元積年法」——暦元をきわめて遠い過去に置いて暦計算する方法——は用いられなかった。徂徠が、「授時暦」の前に「統天暦」が正しい理解をしていたことを中根元珪が見抜いたと述べているのは、「統天暦」と「授時暦」の一太陽年と一朔望月がほとんど一致している点か、あるいは「統天暦」が「上元積年法」を使用しなかったことを受けて、「授時暦」において正式に「上元積年法」が廃止された点を指しているのであろう。なお、宋代ではたびたび暦が改変され、北宋では「応天暦」から「紀元暦」まで九暦、南宋では「紀元暦」から「成天暦」まで十一暦が短い期間に実施されていた。「統天暦」の実施は南宋時代に使用された暦のほぼ中間に位置している。また南宋と同時代に北を支配していた金朝では「大明暦」が長期にわたって用いられており、これが元代になっても使用されたうえで「授時暦」へと改変される。

(6)「貞享暦」は、渋川春海が「授時暦」をもとに自ら観測して求めた日本と中国との経度差を加味して作成した日本独自の暦法で、当初春海は「大和暦」と命名していた。それまで八百年以上も使用されていた「宣明暦」に代わって貞享二年（一六八五）に実施されたことから「貞享暦」と呼ばれ、宝暦四年（一七五四）まで行われた。春海は、幕府の「碁方」に任じられた一世安井《やすい》算哲《さんてつ》の長子として京都に生まれ、二世安井算哲として万治二年（一六五九）から禄を受けていたが、「天文方」に任じられたことにより、「碁方」は辞任している。このほか、垂加神道を山崎闇斎に、土御門《つちみかど》神道を土御門泰福《やすとみ》に学んだ。なお、中根元珪が一時渋川春海に学んでいたという話が、やはり春海に暦学などを学んでいた垂加神道系の谷秦山《たにじんざん》が書いた「雑著壬癸録三」（『秦山集』）に見える。このことについては、前掲の小林「中根元圭の研究(1)」を参照のこと。

(7)　幕府は、貞享元年（一六八四）、寺社奉行配下として新たに「天文方」——当初の正式名称は「天文職」——を設け、「貞享暦」を作成した渋川春海を禄高二百五十石で採用した。中世以前、暦の作成は朝廷の陰陽寮（おんようりょう／おんみょうりょう）の所轄とされ、近世になっても安倍氏の子孫である土御門家が独占していたが、「天文方」を置くことによって幕府は暦作成の権限をようやく握ることになった。「天文方」は延享四年（一七四七）に若年寄支配となり、役職は世襲制で、俸禄は百石、役料として五人ないし十人扶持が加算された。幕末までに渋川家以外にも、猪飼家、西川家、山路家、吉田家、奥村家、高橋家、足立家と、すべてで八家が世襲しており、安政三年（一八五六）の「蕃書調所《ばんしょしらべしょ》」設置まで継続された。徂徠が「其法蔵日官」と書いている箇所を「幕府の天文方が独占し、秘密にされてきた」と訳したのは、渋川春海が元禄五年（一六九二）に武士身分を認められ、正徳元年（一七一一）には「天文方」を長男の昔尹《ひさただ》に譲ったこと、しかし昔尹が正徳五年（一七一五）に後継ぎがないまま急死し、それに衝撃を受けた春海も後を追うように死去したため、渋川家と「天文方」を春海の弟安井知哲《ちてつ》の次男敬尹《ひろただ》が継承したこと、さらにこうした経緯のなかで、春海の著作などが「秘伝」化され、その多くは春海の弟子で、仙台藩の天文家の遠藤盛俊《もりとし》（一六六九〜一七三四）が預かることになっていたことを暗に指していると考えたためである。

（8）「元嘉暦」は、南北朝時代の宋の何承天《かしようてん》（三七〇〜四四七）が作成した暦。元嘉二十二年（四四五）から六十五年間施行された。日本では、推古朝で百済の学僧観勒《かんろく》がもたらした知識をもとに暦が作られたという話が平安時代の『政事要略』に見え、これを「元嘉暦」に基づくとする理解が一般的であるが、現実に施行されたのは、持統天皇六年（六九二）——持統天皇四年説もある——から文武天皇元年（六九七）まで、「儀鳳暦」とあわせて使用されたにすぎない。「儀鳳暦」は、正式には「麟徳暦」といい、唐の李淳風《りじゆんぷう》（六〇二〜六七〇）が作成した暦で、「進朔」が採用されたことから比較的正確な暦として評価されている。麟徳二年（六六五）から開元十六年（七二八）までの六十三年間施行された。日本では、「元嘉暦」とあわせて施行されたのち、文武天皇元年から天平宝字七年（七六三）まで単独に施行された。「大衍暦」は唐の一行（いちぎょう／いっこう、六八三～七二七）が玄宗の命を受けて作成した暦。一行は、善無畏《ぜんむい》・金剛智《こんごうち》から密教を学び、真言八祖の一人として知られている。天文・暦学に詳しかったために新暦の作成を命じられたが、完成直前に没している。開元十七年（七二九）から三十三年間施行された。「大衍」は『易経』に「大衍之数五十」とあるのに基づく命名である。日本では、吉備真備が天平七年（七三五）に唐から持ち帰ったが、暦学に通じた人材が不足していたため、なかなか実施に至らなかった。天平宝字八年（七六四）から貞観三年（八六一）まで施行されたが、天安二年（八五八）から四年間は、改暦の準備のため「五紀暦」と併用されている。「宣明暦」は、正式には「長慶宣明暦」といい、唐の徐昂《じょこう》（生没年不詳）が作成した暦である。長慶二年（八二二）から七十一年間施行された。日本には、天安三年（八五九）に渤海使によってもたらされ、暦博士大春日《おおかすがの》朝臣真野麻呂《まのまろ》の推挙によって、それまでの「大衍暦」「五紀暦」に代わって、貞観四年（八六二）から、近世の貞享元年（一六八四）まで、じつに八百二十三年間の長きにわたり施行された。このために貞享元年では「二十四節気」が実際の日時と二日以上もずれていた。

　このように長期間にわたって「宣明暦」が用いられたのは、遣唐使の廃止などによって中国との交渉が衰えたために、中国で生まれた新しい暦が輸入されなかったと同時に、「暦道」として秘伝化された日本の暦学が独自の暦法を作る水準まで至っていなかったことによると考えられている。暦の編纂は、本来は朝廷の専権事項であり、暦の算出方法は陰陽寮以外には秘密とされていたが、「宣明暦」があまりにも長く使用されたために、次第に民間に流布するようになり、中世には多くの「民間暦」が作られていた。こうしたことから、近世になると、「宣明暦」以前の日本の暦に関しても研究が進み、たとえば、延宝五年（一六七七）に編纂された渋川春海の『日本長暦』では「元嘉暦」「儀鳳暦」「大衍暦」「宣明暦」について解説されていた。また会津藩の和算家・暦学者であると同時に郡奉行としても活躍した安藤有益《ゆうえき》（一六二四〜一七〇八）は、寛文三年（一六六三）に「宣明暦」の研究書である『長慶宣明暦算法』を著し、さらに貞享四年（一六八七）に編纂した『本朝統暦』のなかで「元嘉暦」「儀鳳暦」「大衍暦」についても解説している。

（9）「五紀暦」は、唐の郭献之《かくけんし》（生没年不詳）らによって作成された暦で、宝応元年（七六二）から二十三年間施行された。「五紀」とは『書経』洪範に見える語である。実際には、「大衍暦」で使用された天文定数をそれ以前の「儀鳳暦（麟徳暦）」の形式に変えただけで、安史の乱後に衰微した唐王朝の権威を高めるための改暦であったとされている。日本では、天安元年（八五七）に暦博士大春日朝臣真野麻呂の奏請によって、翌年から四年間「大衍暦」と併用された。

（10）古暦三法について、『皇和通歴』の「凡例」には以下のようにある。「神武天皇東征甲寅以至仁徳天皇十年壬午、凡九百八十九年、一法。今号曰、上古暦。同十一癸未以至皇極天皇元年壬寅、凡三百二十年、一法。今号曰、中古暦。同二年癸卯以至持統天皇五年辛卯、凡四十九年、一法。今号曰、晩古暦」。すなわち、神武東征から仁徳十年までが「上古暦」、仁徳十一年から皇極元年までが「中古暦」、皇極二年から持統五年までが「晩古暦」で、持統六年（六九二）からは、注（8）で述べたように「元嘉暦」が使用されたというのが中根元珪の理解であった。

（11）銀座は、豊臣秀吉が堺・京都の銀吹屋《かねふきや》二十人を集めて大坂に「常是座《じょうぜざ》」を設けて銀貨の統一を図ったことに始まる。これを受けて、徳川家康は関ヶ原の戦いの翌年、慶長六年（一六〇一）に、京都・伏見城下に貨幣鋳造所を設け、堺の両替商湯浅作兵衛《ゆあささくべえ》（のちに大黒常是《だいこくじょうぜ》と改名）に取り仕切らせた。その後銀座は京都の室町《むろまち》から烏丸《からすま》の中間（現在の中京区両替町）に移転した。これが「伏見銀座」であるが、慶長十三年（一六〇八）に、室町と烏丸の中間、二条から三条までの四町に土地が与えられ、「京都銀座」、「両替町」が誕生した。ただし、注（3）で紹介した小林「中根元圭の研究（1）」によれば、京都銀座役人としての中根元珪の宅地は「麩屋町《ふやまち》二条上ル」であったそうであるから、「京都銀座」からはだいぶ東にあったことになる。「麩屋町二条上ル」は現在の「白山町」からはほんの少し北に位置するが、元珪が「白山先生」と呼ばれていたことから、ほぼこのあたりに暮らしていたことは確かであろう。

原文

皇和通歴序

孟子曰。天之高也。星辰之遠也。苟求其故。千歳之日至。可坐而致也。夫学者莫不苦思焦心以求其至焉者已。苟有所得。執之不化。以概一切。亦何固也。其究必至耀己所見以廃故。然故者昔人既已布諸方策。何可廃也。彼世儒自幼習読程朱所故訓。日熟之不已。以為是其至焉者。然昔人雖聖乎。烏能先知彼所為乎。故守宋儒者。不能読唐宋以前書以通之。是其所自夸為知者。顧不愚哉。亦是類耳。予所知平安平元珪。乃異於是。元珪者。一芸之士也。善歴。蓋学授時而精焉者。然亦悪固也。尽取史所志漢以来数十家歴。推而歩之。其於故。無所不尽心焉耳矣。嘗謂前授時而有統天。守敬之所為創。彼先得之。世之執一者。独帰美授時。冤哉。今貞享歴行于世。而其法蔵日官。元珪乃自思而得之。後獲其書験之。皆合。亦能言其紕繆。可不謂精乎。近者作□皇和通歴。問序于予。予閲之。吾所用元嘉儀鳳大衍宣明。人能言之。至於其得五紀之年。則自元珪発之。元嘉之前。溯諸人皇之初。乃立三法以括之。又作為諸捷法附末。元珪之於歴。可謂左右逢其原者已。亦晰夫故之効也。孟子之所称。千歳之後。方今之世。其惟元珪与。元珪又有巧思。嘗創其心変古渾儀。設機旋輪。一旋一日。須臾而三百五十四旋。一歳之日躔月離。黄赤道之所交。弦晦盈食之状。按日可験。二十四節。有鐘自鳴。人莫不嘖嘖驚異。亦其緒余云。元珪隠銀官而微。其不以此而自廃。能通一芸。卓然名其家。嗚呼昇平之世。人皆知自重者若斯夫。

書き下し

皇和《こうわ》通歴《つうれき》の序《じょ》

孟子《もうし》曰《い》わく、天《てん》の高《たか》きや、星辰《せいしん》の遠《とお》きや、苟《いやし》くもその故《こ》を求《もと》めば、千歳《せんざい》の日至《にっし》、坐《ざ》して致《いた》すべし、と。

それ学者《がくしゃ》、苦《く》思《し》焦心《しょうしん》して以《もっ》てその至《いた》れることを求《もと》めざる者莫《ものな》きのみ。苟《いやし》くも得《う》る所有《ところあ》れば、これを執《と》りて化《か》せず、以《もっ》て一切《いっさい》を概《がい》す。また何《なん》ぞ固《こ》なるや。その究《きわ》め必《かなら》ず己《おのれ》が見《み》る所《ところ》を耀《かがや》かして、以《もっ》て故《こ》を廃《はい》するに至《いた》る。然《しか》れども故《こ》は、昔人《せきじん》の既已《すで》にこれを方策《ほうさく》に布《し》く。何《なん》ぞ廃《はい》すべきや。

かの世儒《せじゅ》は、幼《おさな》きより程《てい》・朱《しゅ》の故訓《こくん》する所《ところ》に習《なら》い読《よ》みて、日《ひび》にこれに熟《じゅく》して已《や》まず。以為《おも》えらく、これその至《いた》れる者《もの》、と。然《しか》れども昔人《せきじん》、聖《せい》なりと雖《いえ》ども、烏《いずく》んぞ能《よ》く彼《かれ》が為《な》せる所《ところ》を先知《せんち》せんや。故《ゆえ》に宋儒《そうじゅ》を守《まも》る者《もの》、唐宋以前《とうそういぜん》の書《しょ》を読《よ》みて以《もっ》てこれに通《つう》ずること能《あた》わず。これその自《みずか》ら夸《ほこ》りて、知《し》ると為《す》る所《ところ》の者《もの》にして、顧《かえり》て愚《ぐ》ならざらんや。またこの類《るい》のみ。

予《よ》が知《し》る所《ところ》の平安《へいあん》の平元珪《へいげんけい》は、乃《すなわ》ちこれに異《こと》なり。元珪《げんけい》は一芸《いちげい》の士《し》なり。歴《れき》に善《よ》し。蓋《けだ》し授時《じゅじ》を学《まな》びて精《くわ》しくする者《もの》なり。然《しか》もまた固《こ》を悪《にく》みてや、尽《ことごと》く史《し》の志《し》する所《ところ》の漢以来数十家《かんいらいすうじゅうか》の歴《れき》を取《と》り、推《お》してこれを歩《ほ》す。その故《こ》における心《こころ》の尽《つく》さざる所無《ところな》きのみ。嘗《かっ》て謂《い》う、授時《じゅじ》より前《まえ》にして統天有《とうてんあ》り。守敬《しゅけい》が創《はじ》むることと為《な》る所《ところ》、彼先《かれさき》にこれを得《う》。世《よ》の一《いっ》を執《と》る者《もの》、独《ひと》り美《び》を授時《じゅじ》に帰《き》すは、冤《えん》なるかな、と。

今《いま》、貞享歴《じょうきょうれき》、世《よ》に行《おこな》わるも、その法《ほう》は日官《にちかん》に蔵《ぞう》す。元珪《げんけい》、乃《すなわ》ち自《みずか》ら思《おも》いてこれを得《う》、後《のち》にその書《しょ》を獲《え》てこれを験《こころみ》るに、皆《み》な合《がっ》す。また能《よ》くその紕繆《ひびゅう》を言《い》う。精《せい》と謂《い》わざるべけんや。

近者《ちかごろ》、□皇和通暦《こうわつうれき》を作《つく》り序《じょ》を予《よ》に問《と》う。予《よ》、これを閲《み》るに、吾《わ》が用《もち》うる所《ところ》の元嘉《げんか》・儀鳳《ぎほう》・大《たい》衍《えん》・宣明《せんみょう》は、人《ひとびと》能《よ》くこれを言《い》うも、その五紀《ごき》の年《とし》を得《う》るに至《いた》りては、則《すなわち》ち元珪《げんけい》よりこれを発《はっ》す。元嘉《げんか》の前《まえ》、諸《これ》を人皇《じんこう》の初《はじ》めに溯《さかのぼ》りて、乃《すなわ》ち三法《さんぽう》を立《た》て以《もっ》てこれを括《くく》る。また諸《もろ》ろの捷法《しょうほう》を作為《さくい》して末《すえ》に附《ふ》す。

元珪《げんけい》の歴《れき》におけるや、左右《さゆう》してその原《みなもと》に逢《あ》う者《もの》と謂《い》うべし。またかの故《こ》に晣《せき》なるの効《こう》なり。孟《もう》子《し》の称《しょう》する所《ところ》の千歳《せんざい》の後《のち》、今《いま》の世《よ》に方《あた》りてそれ惟《こ》れ元珪《げんけい》か。元珪《げんけい》また巧思《こうし》有《あ》り。嘗《かつ》てその心《こころ》より創《はじ》めて古渾儀《ここんぎ》を変《へん》ず。機《き》を設《もう》けて輪《りん》を旋《めぐ》らす。一旋一日《いっせんいちじつ》、須臾《しゅゆ》にして三百五十四旋《さんびゃくごじゅうしせん》。一歳《いちさい》の日躔《にちてん》月離《げつり》、黄赤道《こうせきどう》の交《まじ》わる所《ところ》、弦晦盈食《げんかいえいしょく》の状《じょう》、日《にち》を按《あん》じて験《あきら》かにすべし。二十四節《にじゅうしせつ》に、鐘《しょう》有《あ》りて、自《おのずか》ら鳴《な》る。人《ひとびと》、嘖嘖《さくさく》として驚異《きょうい》せざるということ莫《な》し。またその緒余《しょよ》と云《い》う。

元珪《げんけい》、銀官《ぎんかん》に隠《かく》れて微《び》なり。その此《ここ》を以《もっ》てして自《みずか》ら廃《はい》せず、能《よ》く一芸《いちげい》に通《つう》じて、卓然《たくぜん》としてその家《いえ》を名《なづ》く。嗚呼《ああ》、昇平《しょうへい》の世《よ》、人《ひとびと》、皆《み》な自重《じちょう》することを知《し》る者《もの》の、斯《か》くの若《ごと》きか。

36　南郭《なんかく》初稿の序(1)

（享保十年・一七二五、徂徠集巻九―⑥）

平安（京都）の服子遷《ふくしせん》（服部南郭）は、わたくしのもとに遊ぶこと数年にして学業を成就させた。(2) 学業が成就したならば、わたくしごときがたちうちできるものではない。ちかごろ、自分の門人たちから(3)『南郭初稿』の出版を要請されたので、子遷はわたくしに相談をもちかけた。そこで、わたくしは次のように述べた。《「門人の要請を受け入れて」出版するのがよかろう。君の詩を朗誦すれば、なんとも壮大で麗しい。(4) 詩の形式も揃っており、あらゆる題材が扱われている。思うに、滄溟（李攀《はん》龍《りょう》）(5) の境地をひたすら会得しようとしているが、楽しみ和《やわ》らぐ境地ということではすでに滄溟を凌ぐところに達している。まさしく中土（中国）の声調である。細かな細工や勝れた才気を抑えることに努め、温和で平らかなことは「多くの人々が」手本とするにふさわしい。

いつの日か、子遷が指導者の一人となる日が来れば、詩の教えによる一時代の教化が達成されるであろう。文章についてもまた同じであるが、それは君の才知がとくに秀でているからだ。技巧と才知は隠そうとしても隠し切れるものではなく、その時どきに表に出てしまうものなのだ。子遷には足りないものはないと言えよう。

わたくしはかつて『経国集』『懐風藻』といった「日本の」詩編をいくつか読んだことがあるが(6)、そのとき、「こんなことがあってよいものか、なんとも寂しいかぎりだ」と深くため息をついたものである。千年を遡ったとしても、晁衡《ちょうこう》（阿倍仲麻呂）・藤万里（藤原麻《ま》呂《ろ》）・野篁（小野篁《たかむら》）およびわが一族の大納言（石上宅嗣《いそのかみやかつぐ》）が唐と同じといえるだけで(7)、夜明けの星のごとく僅かなものでしかなかった。こんなありさまでは「わが国は」「日出づる邦」と称することはできないだろう。

「わが国の古代の詩編には」楽府《がふ》があるといっても(8)、「中国の」郊祀《こうし》・鐃歌《どうか》・横吹《おうすい》・三調《さんちょう》・相和《しょうわ》に相当するものはありはしない(9)。古詩は古詩とは言えないばかりか、歌行体《かこうたい》や五言・七言の近体詩《きんたいし》が数多く詠まれてきた(10)。また、そのできばえについても「作品によって」相当のひらきがあった。

文章に至っては、古代日本では四六駢儷体《しろくべんれいたい》にとくに勝れているだけであった。それゆえ左《さ》丘明《きゅうめい》・司馬遷や『荘子』・「『楚辞』の」離騒篇に始まり、韓愈・柳宗元に至るまで(11)の勝れた文章「に匹敵するもの」は、古えの時代にまったくないのだ。そこから下って千年の間、文章はなかったと言っても誤ってはいないだろう。

千年遡ってみたところでもこのように僅かでしかないのだから、この文集が出版されれば、「日出づる邦（日本）」に燦然と光り輝くことであろう。時代差に拘泥している者は「古唐」をぼんやり仰ぎみているだけであり、地域差に拘泥している者は李［攀龍］・王［世貞］ばかりに惑っていて、[12]子遷の業績があることを知るはずもない。他日というのではなく、すでに今の世を教化するに充分である。［出版したいという］門人の要請を断るべきではなかろう。》

ああ、わたくしは年老いた。子遷の二稿・三稿の出版を目にすることもないだろう。そこで出版の世話役を引き受けたわたくしの思いを序文として記すことにした。[13]

享保乙巳《いっし》（享保十年）、十月望。

訳注

（1）本作品の成立は、文末の記述から享保十年（一七二五）十月だと分かる。ただし、実際に『南郭先生文集初編』が出版されたのは、享保十二年（一七二七）九月のことで、徂徠のほかに、徂徠門下の本多猗蘭《いらん》（忠統《ただむね》）・平野金華の序文、南郭の門人である望月鹿門《かもん》の跋文が付けられ、嵩山房《すうざんぼう》・須原屋新兵衛から刊行された。詳しくは、『南郭先生文集』（『近世儒家文集集成』第七巻、ぺりかん社、一九八五）に付せられた日野龍夫氏の解説を参照のこと。

（2）南郭が徂徠に入門したのは、宝永七年（一七一〇）末ないしは翌年の正徳元年（一七一一）初めのことだと推定されている。宝永七年末は平石直昭氏（『荻生徂徠年譜考』）の説で、正徳元年初めは日野氏の推定であるが、いずれにしても南郭の入門の時期については、それほど大きく異なるものではない。なお、南郭の生涯については、日野龍夫『服部南郭伝攷』（ぺりかん社、一九九九）に所収された三つの論文「文人の成立――服部南郭の前半生」「服部南郭年譜考証」「晩年の服部南郭」によってほぼその全容が明らかになっている。

（3）『南郭先生文集初編』には、前述の望月鹿門のほか、伊藤南昌《なんしょう》の名が見える。望月鹿門（一六九八～一七六九）は、名を三英、字を君彦といい、丸亀藩の医師望月雷山の子として江戸に生まれ、医学を父に、儒学を南郭に学び、幕府御典医となって将軍吉宗に寵愛された。野《の》呂元丈《ろげんじょう》などとともに「古医方」を唱えたが、蘭書・和医方を含む古医書と経験との合致を重視したものと評価されている。伊藤南昌は、名を元啓、字を維弛といい、南部出身であった。『先哲叢談』の徂徠に関する記事のなかには、字がうまいので書生として徂徠の家に置いていたが、召使いの女とひそかに情を交わすようになり、事が発覚したと思った南昌は逐電したが、印肉の行商をしているのを徂徠が見つけて連れ戻したという話が紹介されている。この話によると、伊藤南昌は徂徠の弟子ということになるが、先に挙げた事件などから南郭の門人となったのかもしれない。

（4）原文の「泱泱乎美哉」の「美」は、版本では「羙」に作る。「美」字とは別字であるが、版本では「美」の異体字としても用いる。そこで原文・書き下し文ともに「美」に改めた。この語句は、『春秋左氏伝』襄公二十九年の「美哉、泱泱乎、大風也哉（美なるかな、泱泱乎たり、大風なるかな）」に基づく。なお、後文に出てくる「刻意」は、『荘子』刻意篇の「刻意（心を励ます）」などに基づくが、「心を尽くす」という意味の副詞であり、この語句を「〜に傾注する」という意味に用いる著述は多いので、どれが典拠であるかを特定するのは難しい。また「豈弟」は、『詩経』国風・載駆など多くの詩編で使用されていて、「やわらぎ楽しむ」という意味である。

（5）李攀龍（一五一四〜七〇）、字は于鱗、号は滄溟。明代の「後七子」と称された古文辞派の筆頭に挙げられる詩人で、歴城（現山東省済南市）の出身。科挙に合格するも、官僚の生活に馴染めず、歴城の郊外に隠棲し、母への孝養に努めた。母が死去すると、それを嘆いて健康を害し、翌年に没したという。南郭は、李攀龍が編纂した『唐詩選』を校訂して、享保九年（一七二四）正月に嵩山房から出版した。徂徠はそれに対して「跋唐詩選」（巻十八）を書いて祝意を示している。ただし、『先哲叢談』の南郭に関する記事には、南郭が書いた「唐詩選附言」を徂徠が五度も書き直させたという話が載せられている。また太宰春台は「書唐詩選後」（『紫芝園後稿』巻十）を著して、附言の問題点を十項目にわたり指摘している。いずれにしても『唐詩選』は、同時代において蘐園と古文辞学への関心を高める役割を果たしただけでなく、後世に南郭の名前も残すことになった。というのも、この『唐詩選』は、南郭存命中に三回（寛保、延享、宝暦）版を重ねただけでなく、その後も寛政・文化・天保・安政・慶応といく度も出版され、江戸時代を通じてよく読まれているからである。

(6) 現存最古の漢詩集『懐風藻』は、百二十首を収録し、天平勝宝三年(七五一)に成立している。編者については、淡海三船《おうみのみふね》・石上宅嗣・葛井広成《ふじいのひろなり》など諸説あるが、不詳。六朝詩・初唐詩の影響が強いとされている。『経国集』は、天長四年(八二七)の序を持つ勅撰の漢詩文集であり、良岑安世《よしみねやすよ》・滋野貞主《しげののさだぬし》らが編集にあたった。詩だけでなく、賦・序・対策などの文も収録され、全二十巻であったが、現存は六巻のみである。

なお、弘仁五年(八一四)から六年頃に成立した『凌雲集』と、弘仁八年(八一七)頃に成立した『文華秀麗集』の、二つの勅撰漢詩集がこの間に編纂されている。『凌雲集』は、盛唐詩・中唐詩の影響が強く、律詩・絶句が多く収録されている。『文華秀麗集』は、類題による選別がなされており、そのなかに楽府《がふ》もあるが、題名として挙げられているだけで、実際には楽府体ではなく律詩であった。

本文のなかで、奈良・平安初期の漢詩文を徂徠が厳しく批判している理由も、こうした『懐風藻』から『経国集』までの漢詩文が、少しずつ修辞的技巧も上達してはいるものの、模倣の域を出ていないという点にあると思われる。それは詩よりも文において甚だしいというのが、徂徠の理解であった。

なお、後文の「喟然歎曰」は『論語』先進篇の語句、「有是哉」は同・子路篇の語句を用いている。あるいは、二つをまとめて『孔子家語』在厄篇の「孔子欣然歎曰、有是哉」に典拠を求めたのかもしれない。この語句は『史記』孔子世家にも見えるが、そこでは「孔子欣然而笑曰」となっている。いずれにしても、本作品は孔子の発言を意識しながら書かれていることに注意したい。

（7）　阿倍仲麻呂（六九八～七七〇）は、七一七年に遣唐使の一員として唐に渡り、玄宗に仕え、李白や王維らと交流があった。帰国の途中に難破し、結局唐で没した。徂徠は、宝永三年（一七〇六）成立の「野生の洛に之くを送るの序」（第1巻2）のなかで、仲麻呂が帰国しなかったことが日本の漢詩文の発展を妨げたと述べていて、中国語に堪能だった仲麻呂のことを高く評価している。藤原麻呂《まろ》（六九五～七三七）は、不比等の子で京家の祖とされる。『懐風藻』に詩が収録されているが、そこでは「藤原万里」と表記されている。小野篁（八〇二～八五二）は、『令義解』の撰進で知られている学者・漢詩人。藤原常嗣《つねつぐ》と争い遣唐副使に任命されながら病と称して行かず、一時流罪に処せられる。徂徠は宝永五年（一七〇八）に書かれた「江若水の詩に叙す」（第1巻4）のなかで、篁と常嗣の詩に「治世の音」があると評価していた。石上宅嗣（七二九～七八一）は、藤原仲麻呂排斥を画したために一時失脚するが、のちに復官して大納言に就任した。本文中で徂徠が「吾家納言」と表現するのは、よく知られているように荻生氏を物部氏の後継と考えていることと、宅嗣が物部氏を継承した石上氏の一人であり、大納言であったことによろう。宅嗣の詩は前述の『経国集』に収録されている。

（8）　注（6）で述べたように、『文華秀麗集』には「楽府」という題名はあるが、実際には「楽府体」と呼ばれる体裁のものではなかった。徂徠は、題名があることを受けて、とりあえず「楽府」は存在していたと述べているのであろう。なお官署としての楽府は、漢の恵帝のとき、夏侯寛を楽府令に任命したことに始まるが、武帝のとき、官制の改革により、四方の風謡を採集し、新たに詩賦を作らせるようになって、そこから詩の一形式としての楽府が成立した。日本ではこうした楽曲としての楽府を行ったという記録はない。日本では律令制の導入に伴って朝廷に雅楽寮が置かれていたが、その後平安中期までに衰え、代わって近衛府の官人を中心とする楽所が置かれ、平安貴族の家学として世襲されてゆく。徂徠が「楽」に強く関心を抱いていたことはよく知られているが、わが国の雅楽についても調べていた。詳しくは、吉川良和「物部茂卿琴学初探」(『東洋文化研究所紀要』第九二冊、東京大学東洋文化研究所、一九八三)を参照のこと。

(9)「郊祀」は、郊祀歌のことで、漢の武帝が作らせた練時日・帝臨など十九章の歌曲のこと。「鐃歌」は、軍行のとき鐘を打ち鳴らして歌うもので、漢に十八曲があったという。「横吹」は、笛を用いた武楽で、初めは「鼓吹《こすい》」ともいっていたが、のちに鼓角《こかく》を用いるもののみを横吹曲と呼ぶようになった。張騫《ちょうけん》が西域から伝え、李延年の手を経て武楽に加えられたという。「三調」は、楽曲の一種で、平調・清調・側調のこと。「相和」は、相和歌のことで、さきの三調歌以外に相和曲・相和引など、絃管によって演奏されるものを広く指すが、あるいは徂徠は陌《はく》上桑《じょうそう》などの相和曲のみを念頭に置いて言っているのかもしれない。

(10) 原文の「倍蓰之、什佰之」は『孟子』滕文公上篇の「或相倍蓰、或相什百、或相千万」に基づいており、「精粗」は『礼記』楽記篇の「降興上下之神、而凝是精粗之体」、「庳高」は同じく楽記篇の「卑高已陳、貴賤位矣」に依拠していると思われる。もちろん「精粗」も「庳高」も多くの作品で使用されているから、断定するのは難しいし、徂徠は南郭の文章について述べているので、文章論に関する典拠を探した方がよいのかもしれないが、とりあえず指摘しておく。

(11)　徂徠が『春秋左氏伝』の著者とされる左丘明以下の人名や書名を挙げているのは、明代の古文辞派における評価を受けてのものと考えられる。明代の古文辞派では、文章について、先秦・漢代の文章における「法」と「辞」を理想としていた。たとえば、王世貞は『芸苑巵言《げいえんしげん》』(巻三)で、「檀弓・考工記・孟子・左氏・戦国策・司馬遷、聖於文者乎、……荘生・列子・楞厳・維摩詰、鬼神於文者乎、……韓・柳氏、振唐者也、其文実、欧・蘇氏、振宋者也、其文虚」と記し、『春秋左氏伝』や『史記』の文体をもっとも高く評価するだけでなく、『荘子』などの老荘や仏典も評価し、さらに唐代の韓愈や柳宗元を、宋代の欧陽脩や蘇軾などと比較して評価する文章を書いている。『楚辞』離騒篇については、「崑崙山人伝」(『弇州山人続稿』巻七十四)で「于文喜孟子・荘周・屈平・左丘明・両司馬」と述べている。これは崑崙山人こと、王承甫なる人物について語ったものであるが、古文辞派で、『楚辞』離騒篇が尊重されていたことを窺わせる。

なお、原文に用いられている「瞻忽」は、『論語』子罕篇の「瞻之在前、忽焉在後(これを瞻《み》るに前に在り、忽焉として後に在り)」に、「聴瑩」は、韓愈「送文暢師北遊」に「僧時不聴瑩」とあるのに基づくと思われる。「聴瑩」は「疑惑貌」という注があるので、「惑う」の意に解釈した。ただし、韓愈の用例については、これが『荘子』に「黄帝之所聴瑩也」とあるのに基づくという注釈が宋代から行われているが、現行の『荘子』には見あたらない。

(12) 徂徠は、享保五年(一七二〇)に書いた「与富春山人」第七書(巻二十二)のなかで、「不佞好古文辞、足下所知也、近来間居無事、輒取六経以読之、稍稍知古言不与今言同也、迺偏采秦漢以上古言以求之、而後悟宋儒之妄焉、……李攀龍王元美僅為文章之士、不佞乃以天之寵霊、而得明六経之道、豈非大幸邪、蓋中華聖人之邦、孔子歿而垂二千年、猶且莫有乎爾、迺以東夷之人、而得聖人之道於遺経者、亦李王二先生之賜也、足下吾党祭酒故以告知(私が古文辞を好んでいることはあなたもよく知っていることではあるが、このところ暇があったので、六経を読んで見たところ、古言と今言との相違に気がついた。そこから秦漢以前の古言によって六経を理解すると、宋儒の大きな誤りに気づくことができた。……李攀龍・王世貞は文章には優れたところのある人物である。私は天から与えられた恩恵によって、六経の道を明らかにすることができたのだ。なんという大いなる幸せであろう。中華は聖人の国であるが、孔子が亡くなってから二千年も経過して、すべてなくなってしまった。東夷の人物たる私が聖人の道をその残された経典から見いだすことができたのは、李攀龍・王世貞、お二人の賜物《たまもの》と言える。あなたはわが一党の学頭であるから、このことをお知らせしておく)」と述べ、李攀龍・王世貞の恩恵であるとしながらも、そこから経学において大いなる発展が自分によってなされたことを宣言している。本作品における徂徠の一文は、自分が成し遂げた経学上の業績とは別に、南郭によって文章においても李攀龍・王世貞を凌駕する境地まで達したという新しい文学上の——そして、それは安定し繁栄した統治の象徴と言える——事態が生じていることを宣言したものだと言えよう。

（13）原文の「嗚呼予老矣」は、『論語』微子篇の「吾老矣、不能用也（吾老いたり、用うる能わず）」に拠るが、この発言が誰のものかについては諸説あり、伊藤仁斎は孔子の発言とするが、徂徠はそれを否定して、従来の説に従って斉の景公の発言と解釈している。「寓為宰之意」は、注（6）でも触れた『孔子家語』在厄篇の「孔子欣然歎曰、有是哉、顔氏之子、吾亦使爾多財、吾為爾宰（孔子は大いに喜んで、そうか、顔回よ、もしも財産があれば、私はおまえの執事になろう）」に基づいている。『孔子家語』では、陳蔡の野で敵に囲まれたとき、その状況に絶望した孔子に対して、顔回が「何を悩まれることがありましょうか、先生の道が世に受け入れられないとしても、それだからこそ君子なのです」と答えたという情景が説明されていて、顔回の答えを大いに喜んだ孔子が「お前の執事になろう」と述べたとされている。「吾老矣」は孔子の発言ではないにしても、「吾為爾宰」は孔子の発言であるので、徂徠が孔子を意識して本作品を書いていることが分かる。そうであれば、南郭は顔回に比定されていることになろう。

原文

南郭初稿序

平安服子遷従予游。数歳而業成。成則非予不佞所敢当也。近者其門人。請梓其南郭初稿者。子遷則謀予。予曰。曷不可。俾誦其詩。則泱泱乎美哉盛也。体無所不具。材無所不博。蓋刻意滄溟。

而豈弟過之。乃渢渢乎中土之音也。務裁繊巧。抑軽俊。以就温厚和平之旨。是足以風也。它日使子遷木鐸一方。詩之教。庶幾被之一世哉。文亦然。然其慧而才敏也。故其巧与俊。終或不能全闕之時出之。子遷乃無所不有已。予嘗読経国懐風諸編。喟然歎曰。有是哉。何其寥寥也。千歳而上。唯晁衡藤万里野篁及吾家納言能唐。亦惟僅僅晨星。是曷称日出之邦哉。有楽府。曷有所謂郊祀鐃歌横吹三調相和者乎。古詩非其古詩。而歌行五七言近体。倍蓰之。什佰之。其精粗庳高。亦倍蓰之。什佰之。至於文。則彼特四六之雄耳。其出左入馬。吐荘哈騒。下及韓柳之長。皆振古之所無也。夫千歳而下。雖無文章可也。千歳之上。亦惟僅僅如彼。則此集之出。豈不争光日出之邦哉。彼局於世者。瞻忽古唐。局於地者。聴瑩李王。寧知有子遷之業乎。是豈待他日。既足以風一世也。門人之請。曷不可。嗚呼予老矣。将不及見其二稿三稿者出。故且序以寓為宰之意云。享保乙巳十月望。

書き下し

南郭初稿《なんかくしょこう》の序《じょ》

平安《へいあん》の服子遷《ふくしせん》、予《よ》に従《したが》いて游《あそ》ぶこと、数歳《すうさい》にして、業成《ぎょうな》る。成《な》るときは則《すなわ》ち、予《よ》、不佞《ふねい》が敢《あえ》て当《あた》る所《ところ》に非《あら》ざるなり。

近者《ちかごろ》、その門人《もんじん》、その南郭初稿《なんかくしょこう》という者《もの》を梓《し》せんと請《こ》う。子遷《しせん》は則《すなわ》ち予《よ》に謀《はか》る。

予曰《よい》わく、曷《なん》ぞ不可《ふか》ならん。その詩《し》を誦《しょう》せしめば、則《すなわ》ち泱泱乎《おうおうこ》として美《び》なるかな、盛《さか》んなり。体《たい》は具《そな》わらざる所無《ところな》く、材《ざい》は博《ひろ》からざる所無《ところな》し。蓋《けだ》し滄溟《そうめい》に刻意《こくい》して、豈弟《がいてい》これに過《す》ぐ。乃《すなわ》ち渢《はん》渢乎《はんこ》たる中土《ちゅうど》の音《いん》なり。務《つと》めて繊巧《せんこう》を裁《さい》し、軽俊《けいしゅん》を抑《おさ》えて、以《もっ》て温厚和平《おんこうわへい》の旨《し》に就《つ》く。これ以《もっ》て風《ふう》するに足《た》れり。

它日《たじつ》、子遷《しせん》をして一方《いっぽう》に木鐸《ぼくたく》たらしめば、詩《し》の教《おしえ》、これを一世《いっせい》に被《こうむ》らしむるに庶幾《ちか》からんか。文《ぶん》もまた然《しか》り。然《しか》れども、その慧《けい》にして才敏《さいびん》なるなり。故《ゆえ》にその巧《こう》と俊《しゅん》とは、終《つい》に或《ある》いは全《まった》くこれを閟《と》じること能《あた》わずして、時《とき》にこれを出《い》だす。子遷《しせん》は乃《すなわ》ち有《あ》らざる所無《ところな》きのみ。

予《よ》、嘗《かつ》て経国《けいこく》・懐風《かいふう》の諸編《しょへん》を読《よ》みて、喟然《きぜん》として歎《たん》じて曰《い》わく、これ有《あ》るかな。何《なん》ぞそれ寥《りょう》寥《りょう》たるや。千歳《せんざい》にして上《のぼ》りて、唯《た》だ晁衡《ちょうこう》・藤万里《とうばんり》・野篁《やこう》及《およ》び吾《わ》が家《いえ》の納言《なごん》のみ、唐《とう》を能《よ》くす。また惟《こ》れ僅僅《きんきん》たる晨星《しんせい》、これ曷《なん》ぞ日《ひ》出《い》づるの邦《くに》に称《かな》わんや。楽府《がふ》有《あ》るとも、曷《なん》ぞ所謂《いわゆ》る郊祀《こうし》・鐃歌《どうか》・横吹《おうすい》・三調《さんちょう》・相和《しょうわ》という者有《ものあ》らんや。古詩《こし》はその古詩《こし》に非《あら》ずして、歌行《かこう》・五七言《ごしちごん》の近体《きんたい》、これに倍蓰《ばいし》し、これに什佰《じゅうひゃく》す。その精粗庳高《せいそひこう》もまたこれに倍《ばい》蓰《し》し、これに什佰《じゅうひゃく》す。

文《ぶん》に至《いた》りては、則《すなわ》ち彼《かれ》は特《ただ》に四六《しろく》の雄《ゆう》のみ。その左《さ》を出《い》でて馬《ば》に入《はい》り、荘《そう》を吐《は》きて騒《そう》を哈《すす》り、下《しも》は韓《かん》・柳《りゅう》が長《ちょう》に及《およ》ぶ。皆《み》な振古《しんこ》の無《な》き所《ところ》なり。それ千歳《せんざい》にして下《くだ》れば、文章無《ぶんしょうな》しと雖《いえ》ども、可《か》なり。

千歳《せんざい》の上《うえ》、また惟《こ》れ僅僅《きんきん》として彼《かれ》が如《ごと》きなるときは、則《すなわ》ちこの集《しゅう》の出《い》づること、豈《あ》に光《ひかり》を日《ひ》出《い》づるの邦《くに》に争《あらそ》わざらんや。かの世《よ》に局《きょく》する者《もの》は古唐《ことう》に瞻忽《せんこつ》たり。地《ち》に局《きょく》する者《もの》は李《り》・王《おう》に聴瑩《ちょうえい》たり。寧《なん》ぞ子遷《しせん》が業有《ぎょうあ》ることを知《し》らんや。これ豈《あ》に他日《たじつ》を待《ま》たんや。既《すで》に以《もっ》て一世《いっせい》を風《ふう》するに足《た》れり。門人《もんじん》の請《せい》、曷《なん》ぞ不可《ふか》ならん。

嗚呼《ああ》、予《よ》は老《お》いたり。将《まさ》にその二稿《にこう》・三稿《さんこう》という者《もの》の出《い》づるを見《み》るに及《およ》ばざらんとす。故《ゆえ》に且《しばら》く序《じょ》して、以《もっ》て為宰《いさい》の意《い》を寓《ぐう》すと云《い》う。

享保乙巳《きょうほういつし》、十月望《じゅうがつぼう》。

37　七経《しちけい》孟子考文の叙(1)

（享保十一年・一七二六、徂徠集巻九—③）

先王《せんのう》の道は、孔子に集大成されたうえで万世に伝えられたものである。(2)先王の道を後世に伝えることが自分の天命であると悟った孔子の言葉は、そのとおりになった。(3)だから孔子は、「文王が没しても、天は文王の道が失われることを望んでいない以上、文王の道は私とともにある」と言ったのだ。(4)もし［孔子が］至徳でないならば、どうして先王の道に参与することができようか。しかしながら、孔子はこうも言う、「川の流れのように、時間はどんどんと過ぎ去ってゆき、ふたたび戻ることはない」と。(5)さらに「もし朝《あした》に先王の道について聞くことができたら、夕《ゆうべ》に死んでもかまわない」とも言っている。(6)［これは理想とする］古代にまた戻ることはなく、先王の道は失われやすいものだという意味である。

そうでなかったとしたら、孔子ほどの、聖人として聡明睿知《えいち》の徳を備えた人物が、(7)中国各地をあちこちめぐって、道をたずね求めて、やめることなく、二十年の久しきを経て、(8)衛から故国の魯に帰り、そうしてやっとのことで『詩経』の雅と頌《しょう》が整ったというほどの苦労をしなければならなかったことが、(9)いったいなぜなのか、説明がつかない。後世の君子は、聖人の心に従って実践するのではなく、かえってよく分からないでたらめな説に従っていて、孔子が「信じて古《いにしえ》を好む」という言葉に込めた意味は、消えてしまったも同然である。(10)これはまったく孔子に背くものではないか。

秦の始皇帝が焚書を行ったのち、漢は学校を建設したので、散逸してしまった文書や古い書籍がしばしば出てくるようになった。その頃は、経典ごとに専門が分かれ、人によって解釈が異なっており、とても混乱した状況にあり、何を頼りとしたらよいのか分からなかった。しかし、それらの源を遡れば、すべてが孔子の七十人余りの門人たちが伝えたものであった。[後漢の]馬融や鄭玄《じょうげん》らの頃になると、多くの説を集め、調査・考証し、文章をまとめようと努力した。その功績は大きく、[かれらは]知者に次ぐ者と言ってもよいだろう。(11)したがって、千年経っても、聖人の道を求めようとする者が、相変わらず漢儒を無視してそれ以外の説に依拠することができないのは、ここに理由がある。(12)

宋代より後になると、人々は新しい学説を喜ぶあまり、古注やその注釈(疏《そ》)は束ねられたまま、高い書棚に放置され、読める者もほとんどいなくなった。こうして人々の好みにおもねって、流れに沿って下っているうちに、源を忘れてしまったのである。(13)そのうえ一般の人は聖人とは違うのだから、必ずしも善を尽くしているとは限らない。それなのに一つの説だけを取りあげて、その他の多くの説を棄ててしまう。(14)あまりにも思慮が足りないではないか。

現在、世間に流布している古注やその注釈を見てみると、版木が削れて文字が摩滅してしまい、読むことができない。そもそも中国は聖人の国であるから、代々、聖人の教えを重んじつづけてきており、学問する者が多いことも限りがないはずである。それにもかかわらず、このように乱れてしまったのは、人々が孔子の心に従って実践せず、「信じて古えを好む」という考え方が消えてしまったからではないだろうか。

上野国《こうずけのくに》は、小野篁《おののたかむら》が創建した足利学校があり、数百年にわたって学校の地である。(15)紀州の人、神生《しんせい》（山井鼎《やまのいかなえ》(16)）は、ずっと以前から「古えを好む」癖があり、私と同じ武州出身の根遜《こんそん》志《し》（根《ね》本遜志《もとそんし》(17)）とともに足利学校を訪れて調査し、宋本の『五経正義』を得た。字句や文章が欠けることなく完備した善本であることは、王世貞の言うとおりであった。(18)これらを明朝の諸本と比較すると、明本では欠けている部分が揃っていて、その誤っているところもすべて分かる。

また「『易経』『書経』『詩経』『春秋左氏伝』『礼記』『論語』『孝経』の」「七経」と『孟子』の古注疏本、さらには『論語』の皇疏《こうそ》（皇侃《おうがん》の『論語義疏《ぎそ》』）を得て、これを校勘してみたところ、その経文と注文にはかなりの異同があるが、［そこに記載された］跋文と署名とが古本である証拠とするに足る。また唐代以前に、王仁《わに》・段楊爾《だんように》・吉備真備《きびのまきび》らが［わが国に］もたらした書籍は、(19)こちらには残っているが、あちらでは失われてしまったことが分かる。

神生はひとかかえほどもある宝玉を得たかのように喜び、そのまま足利学校に三年間滞在して、足利学校の書庫を調査し尽くして帰ったが、熱心に調査しすぎたために病気になってしまった。紀州侯が神生の仕事を聞きつけ、校勘したものを献上するように命じた。神生の病気はますます悪くなったが、熱心に仕事に励み、苦痛からうめき声を発したが、いったいなんの声なのか、判断することができないほどであった。［神生は］片時《かたとき》もこの仕事から離れず、(20)ちょうど一年で完成させた。病気もまもなく癒え、全部で三十三巻［の書物］になったので、『七経孟子考文』という題をつけた。

わたくし茂卿に叙文を求めてきた［ので、次のように言おう］。

《わたくし茂卿は、孔子の心［が今や忘れさられていること］をいたく悲しんでいたのだが、神生が、孔子の心を体現して、死んでもやめないと決意し、とうとう仕事を成し遂げたことを誉めたたえたいと思う。また中国では失われてしまったものが、わが国だけに山のように残されていて、天地の神々(21)によって［それらが］守られ、千年経ってもまるで新しいままでであること、それらが神生に授けられ、日本全体への賜り物となったことを幸いとしたいと思う。ああ、国家が文明であることの恩恵はかくも輝かしいものであることよ。(22)》

これを叙とする。

神生は、名は鼎、字は君彝《くんい》、かつて紀州から食糧を携え、草を踏み分け川を渡り、遠く千里の道のりを越えて、わたくしの塾にやってきた。「道」に通暁するようになり、学問によって紀州侯に仕えて禄を受けている。

訳注

(1)　本作品の執筆時期は、森銑三「山井鼎とその七経孟子考文」(『森銑三著作集』第八巻、中央公論社、一九七一)以来、享保十一年(一七二六)正月十五日とされていて、ここでもそれに従う。

『七経孟子考文』は、山井鼎(崑崙《こんろん》)と根本遜志が、足利文庫蔵の古鈔本や宋刊本などによって『易経』『書経』『詩経』『春秋左氏伝』『礼記』『論語』『孝経』『孟子』を校勘した書物であり、山井鼎撰、荻生観補遺として、享保十六年(一七三一)に刊行された。徂徠が本文中に校勘作業の苦労を紹介しているが、さらに小川環樹「論語徴 解題」(『荻生徂徠全集』第四巻、みすず書房、一九七八)のなかで詳しく説明されている。それによると、山井鼎と根本遜志の両名が享保五年(一七二〇)九月に足利学校を訪れたが、短期間で江戸に戻って校訂の準備をし、再び足利学校を訪れて、享保七年(一七二二)八月から享保八年十月に五経の校勘を行い、さらに『論語』『孝経』『孟子』の校勘を行って、享保九年(一七二四)の秋以降に江戸に帰ったと推定されている。最終的に『七経孟子考文』として全体が完成するのは、徂徠の序文が書かれた享保十一年のことであった。この書物は清朝の考証学者に評価され、『四庫全書』に収められた。

(2) 原文の「先王之道、凝仲尼」という表現は、『中庸』の「苟不至徳、至道不凝焉(苟くも至徳にあらざれば、至道凝らず)」に基づく。徂徠の『中庸解』では、「至徳」は「孔子」、「至道」は「古聖人之道」、「凝」は「聚」とし、「孔子不出、則文武之道散、……孔子出而後、古聖人之道、聚在六経、可伝諸後世(孔子が出現しなかったなら、文王・武王の道は散逸してしまったであろう。……孔子が現れたことから、古えの聖人の道が、六経として集められ、後世に伝えられることになった)」と述べている。もちろん、孔子によって先王の道が六経として残されたということ自体は、徂徠は『弁道』『弁名』など、多くの著作で繰り返し述べていることである。

(3) 原文に見える孔子の「知命之言」に関して徂徠は独自の解釈をしている。『論語徴』の学而篇の冒頭の、篇全体を説明する箇所で「孔子未免身為匹夫、五十而知天命、然後脩先王之道伝諸人(孔子は身分の卑しい一般人たることを免れなかった。五十歳のときに天命を知って、それ以後は先王の道を編纂して人々に伝えた)」と、本作品の文章と同じようなことを述べている。

この「天命を知る」とはなんであるかといえば、徂徠は述而篇「子曰甚矣吾衰也」章の『論語徴』で以下のように述べている。「孔子生于周之衰、志於制作、又人臣也、故夢周公、明王不作、孔子五十而知天命、故曰吾衰也、天命不至、天使孔子衰、益知天命之不復至也（孔子は周の末期に生まれ、王として道を制作することを志したが、臣下でしかなかったので、夢に周公を見ていたのである。王者がふたたび出現することはなく、五十歳にして天命を知ることになった。だから、孔子は「わたしは衰えた」と言ったのである。天は王朝交替の命を下すことなく、孔子を年取らせてゆくばかりである。天命が下されることがないことをはっきりと孔子は悟ったのである）」。すなわち、「革命」の意志を持って先王の道を学んでいた孔子が、五十歳を境に、それを断念して、六経の編纂と弟子の教育とを決意したということが、孔子における「天命を知る」ことだというのが徂徠の理解である。

（4）『論語』子罕篇の言葉で、孔子が匡《きょう》という土地で陽虎と間違われて危険な状況に陥ったときの発言である。当該箇所の『論語徴』で徂徠は、「天未欲喪文王之道、孔子被害、則文王之道喪、故知匡人不能害我也（自分が危害を受ければ文王の道が亡んでしまうのだから、天が文王の道を亡ぼすことを望まない以上、自分が匡人によって害せられることはありえない）」と解釈していた。『史記』の孔子世家などによると、孔子が魯の「司空」から「大司寇」となって国情が回復したものの、それを警戒した斉からの介入によって、孔子が魯を離れる途中のことだとされるので、五十代後半の出来事となる。すでに天命を知って道の制作を諦めた孔子であるが、先王の道を後世に伝えるという新たな天命を自覚したうえでの発言となる。おそらく徂徠もそうした年代設定のもとに注釈を書いていたと思われる。

（5）『論語』子罕篇に見える孔子の発言。『論語徴』で、徂徠は「蓋孔子嘆年歳之不可返、以勉人及時用力、或於学、或於事親、或於拮据国家皆爾（孔子は、歳月は取り戻すことができないと嘆いたが、それによって人々に、時機を逃さず、学問や親孝行、あるいは国家への勤めに励むことを勧めた）」と解している。徂徠によれば、古注は正しく理解していたが、宋儒から「道体」という概念で解釈するようになったために、本来の意味が見失われてしまったのだという。事実、朱熹の解釈では、滔々と流れる水のように、この世界の活動は一刻も休むことなく継続していると、孔子が真理に対する絶対的な信頼を表明したものとなっていた。

（6）『論語』里仁篇の言葉で、古注では、朝に道の実現を聞ければ、その夕刻には死んでもよいとまで思っているのに、自分は道の出現を聞くことなく死ぬであろうと孔子が嘆いた言葉と解釈するが、新注は孔子の道に対する希求の言葉、文字どおり、朝に聞くことができれば、夕べには死んでもよいとまで思っているという意味に解釈する。『論語徴』では、「道」を「先王之道」としたうえで、「孔子所至訪求、汲汲乎弗已、恐其墜於地也、夕死可矣、孔子自言其求道之心若是其甚也（孔子は、あらゆる場所を訪ね求めてやむことがなかったが、それは先王の道が地に墜ちることを恐れたからであり、夕方に死んでもよいと言ったのは、道を求める熱意がそれほどまでに強かったことを孔子が自ら述べたのである）」と解釈している。悲嘆ではなく、決意の表明という点では新注と同じであるが、その背後には苦しい歴訪の旅と道が失われることへの危機感があったという理解である。

（7）徂徠の「聖人」に、「聡明睿知の徳」によって「道」を「制作」した「先王」のことである。これらのことは『弁道』や『弁名』などで繰り返し説かれている。ただし、徂徠の「徳」の定義は、「徳者得也、謂人各有所得於道也、或得諸性、或得諸学、皆以性殊焉（徳とは身に得るという意味で、人それぞれが道の実践を学ぶことによって得ているものを指す。生まれつきの場合もあれば、学習によって得られる場合もあるが、人間が生まれつき多様であるように徳もまた多様である）」（『弁名』徳）と述べるように、朱子学が定義づけたような道徳性だけを指すものではない。徂徠の理解では、孔子は道を制作するにふさわしい「徳」を持っていたものの、天命が下らなかったために王になれなかったということになる。

（8）『史記』孔子世家を始めとして、孔子は魯を去ってから、およそ十四年で魯に帰ったとするのが一般的な理解である。十三年、十五年という計算もあるようだが、徂徠が言う二十年は長すぎよう。一般に徂徠が示す数字は概算のことが多く、それほど厳密ではないとされるので、ここも少し大袈裟に書いたのかもしれない。ただし、早稲田大学図書館・服部文庫蔵の『徂徠集考』――書中にいくつか「恵云」とあることから、南郭の著述ではなく、宇佐美灊水《しんすい》の考注を筆写したものかもしれない――には、五十六歳で魯を去って六十八歳で帰ったこと以外に、孔子は中年の頃、三十五歳から四十三歳初めまでの間は斉に行っており、それを加えると二十年になるという考えを示している。あるいは徂徠もそう考えて書いているのかもしれない。

（9）『論語』子罕篇に「子曰、吾自衛反魯、然後楽正、雅頌各得其所（子曰わく、吾衛より魯に反り、然る後楽正しく、雅頌各のその所を得たり）」とあるのに基づく。楽と詩をそれぞれ正しくしたというのが一般的な理解であるが、『論語徴』では、詩のうち、雅と頌は音楽を伴ったものだから、この章は「楽」を中心に述べたものとしたうえで、「蓋先是雅頌之声或混、孔子正之、而後各得其所也（雅頌の音楽が混乱していたが、それを孔子が正しくして、音曲と歌詞とが一致するようになった）」と説明している。しかし、本作品では「然後楽正」の部分がなく、「楽」を中心とした『論語徴』の注釈とは必ずしも一致しない。『論語徴』では、この後に、孔子以前では、「六経」のうち書物として存在していたのは『書経』だけで、『詩経』は「諷詠《ふうえい》」としてのみ存在し、礼と楽は人々に実践されていただけであったが、孔子が四方をへめぐって求めたことによって、初めて「六経」が書物として整ったとも述べているので、本作品の記述も、『詩経』が書物として整えられたという意味に解釈してもよいだろう。

（10）『論語』述而篇の「子曰、述而不作、信而好古、窃比於我老彭（子曰わく、述べて作らず、信じて古を好む、窃《ひそ》かに我を老彭《ろうほう》に比す）」を踏まえた表現である。『論語徴』は、「述而不作、信而好古」を「老彭」を賞賛した古代の格言のような言葉とし、孔子がそれを利用して自分の思いを述べたと説明する。それゆえに、これが孔子の「知命之言」なのだという。つまり、上注でしばしば触れたように、王者として「道」を制作することを断念し、「先王の道」を祖述するのが自分の天命だと悟ったことを述べたものだというのである。徂徠は、「不作」を謙遜の言葉とする朱熹や、自分の「智」を用いるのではなく「衆智」を集めると解釈した仁斎を批判して、以下のように述べている。「述而不作」は、制作する能力があるにもかかわらず、あえて制作しないことであり、「信而好古」の「古」は「古之道」、「堯舜禹湯文武之道」を指し、

「信而好」とは、先王の道を信じるがゆえにこれを「好」むことであり、これを好むがゆえに博く学んで詳細を明らかにしようとすることが「述」べるということである。そして、続けて「若孔子之聖、可以作而可以述也、命不至、故不敢作、故曰知命之言也（孔子のような聡明睿知の徳を持っていれば、道を制作することもできるし、道を祖述することもできる。しかし、道を制作せよという天命が下らなかったので、制作しなかっただけである。そこで「知命の言」というのだ）」と言う。

（11）『論語』述而篇に「子曰、蓋有不知而作之者、我無是也、多聞択其善者而従之、多見而識之、知之次也（子曰わく、蓋し知らずしてこれを作る者有らん。我はこれ無きなり。多く聞きその善き者を択びて、これに従い、多く見てこれを識《しる》すは、知の次なり）」とあるのに拠る。一般には知性を働かせずに何かをすることを孔子が非難したと解釈するが、『論語徴』では、「多聞」「多見」は、注（10）で触れた「述而不作」と関わる発言で、「作」に対する「述」のことを述べた孔子の発言と解釈している。すなわち「多聞」「多見」とは、孔子のように、「道之聞于人者（道を他人に尋ねて得る者）」とか、「己得諸簡策及它人所行者（書かれたものや他人の行いによって自分で得る者）」のことだとしている。聖人のように聡明睿知の徳によって「道」を制作するのが「知」だとすると、聡明睿知の徳を持ちながらも「道」を祖述するのが「知之次」だということである。もっとも本作品では、こうした『論語』の語句を断章取義的に襲い、馬融や鄭玄といった漢代に儒学者たちが行ったことは、多くの資料を探し求めてまとめた点で「知之次」と言えるという内容になっていて、孔子に匹敵すると言っているわけではない。

（12）　漢代の儒学については、『弁名』冒頭にも説明があり、そこでは馬融と鄭玄に対して、本作品とは異なる評価がなされていた。「迨乎漢代、人異経、経異家、其言雖人人殊、要皆七十子之徒所伝也、雖有舛焉者乎、此之所失、彼或存焉者亦有之、参彼此以求之、庶乎名与物不舛也邪、伝旧故也、馬融鄭玄旁通諸家、有所稽定、斯有所擯斥、於是乎顓門之学廃、而名与物舛焉者、不復可得而識矣、所不伝者多故也、豈不惜乎（漢代になると、人によって経書が専門に分かれ、その説明もばらばらだったが、すべてが七十子が伝えたものに基づいていたから、違いがあるといっても、それぞれに足らないところを補って考えあわせれば、聖人が定めた名と物が一致した状態に近づくことができた。伝承が旧来の典拠を保っていたからである。ところが馬融と鄭玄がこれらの諸説を収集して、一つに整理してしまったために、排斥された解釈ができてしまった。かくして経書に関する専門の学問が滅び、かえって名と物が乖離してしまい、両者の一致を復元することができなくなってしまった。伝承されないものが多いためであるが、なんとも残念なことだ）」とある。他方、『弁道』では、「前漢」と比べると、「古義」を失っていった「後漢」――馬融と鄭玄の頃を指す――の評価は低いものの、「古言」はなお残存しているものがあるとし、博く「秦漢至六朝之書」を読むべきだとしている。また、『論語徴』でも馬融と鄭玄の「古注」を「古来相伝の説」として評価することがしばしばある。徂徠は、孔子以降、次第に儒学が堕落していったと考えるが、逆に歴史を遡る視点に立つ場合は、堕落したはずの時期でも後世との関係で評価されることがある。本作品では、朱子学を厳しく批判することが目的となっているため、馬融・鄭玄が高く評価されているのであろう。

(13)　原文の「沿流忘源」について、『徂徠先生文集解』は、程頤《ていい》(伊川)の『易伝』序の、「予生千載之後、悼斯文之湮晦、将俾後人沿流而求源、此伝所以作也(わたしは千年もの後に生まれ、この『易経』の文章が分からなくなってしまうことに心を痛め、後世の人々に、流れに沿って本源を求めることができるようにと、この伝を作ったのである)」という表現を指摘する。これは『近思録』にも採用されていて、よく知られていた。徂徠はこれを逆手に取って「沿流忘源」と書いたことになろう。もっとも焦竑《しょうこう》「陳氏第伏羲図賛」に「乃昧者至沿流忘源」という表現が見られるが、徂徠がそれを目にしていたかどうかについてはよく分からない。

(14)　原文の「執一以廃百」は『孟子』尽心上篇の「所悪執一者、為其賊道也、挙一而廃百也(一を執るに悪《にく》む所は、その道を賊《そこな》うが為なり。一を挙げて百を廃すればなり)」に基づく。徂徠は、「道」を「大」なるものと考え、そこにさまざまな概念の「含蓄」があったという立場を取り、「道」を矮小化したり、物事の一側面だけを取りだしてその他を切り捨ててしまう態度を嫌い、そのような観点から朱子学を厳しく批判することがある。その際、しばしば『孟子』に基づくこのフレーズが使用されている。またこの直後に出てくる「弗思之甚也」も、『孟子』告子上篇の「弗思甚也(思わざるの甚だしきなり)」に基づく。徂徠が学習において「思慮」を重視したことについては、前出「于季子に贈るの序」の注(16)を参照のこと。

(15)　足利学校は現在の栃木県足利市にあり、正しくは上野国ではなく下野《しもつけ》国である。原文の「野参議」は小野篁(八〇二〜八五二)のことで、篁が足利学校を創建したという説があり、徂徠はそれに従っているようである。現在ではこの説は信憑性が低いとされているが、江戸時代には信じられていたのであろう。『徂徠先生文集解』は、篁がかつて関東を歴任し、学校を下野足利の地に興したとしているし、『徂徠集便覧』も、承和六年（八三九）に「野州刺史《やしゆうしし》」となって足利郡に学官を築いたと書いている。なお、服部文庫蔵『徂徠集考』は、人見卜幽軒《ひとみぼくゆうけん》（一五九九〜一六七〇）の『東見記《とうけんき》』を引いている。上述の小野篁建立説が水戸藩の『大日本史』によって広まったことを考えると、興味深い指摘である。また徂徠は、前出（第1巻4）の「江若水の詩に叙す」のなかで、小野篁の詩に「治世の音」があると褒めていた。

足利学校について、現在分かっている確かなことは、上杉憲実が関東管領となってから、鎌倉・円覚寺の僧快元《かいげん》を「能化《のうけ》（学長）」として「再興」し、蔵書や学業の規定などが調えられたということだけである。憲実は、この足利学校を、教師は僧侶であるものの、仏教ではなく、三註（『蒙求《もうぎゆう》』の李瀚《りかん》註、「胡曽詩《こそうし》」の胡元質《こげんしつ》註、『千字文《せんじもん》』の李暹《りせん》註）・四書・六経（五経と『孝経』）・列子・荘子・史記・文選のみを学ぶ場所と定めていた。

(16)　山井鼎（一六九〇〜一七二八）、字は君彝、号は崑崙。紀伊・海草郡浜中村出身で、本姓が大神氏であったことから徂徠は「神生」と呼んだのであろう。伊藤東涯に学んだ後、徂徠の門人となる。享保三年（一七一八）に紀州藩の分家である伊予《いよ》・西条《さいじよう》藩に仕えた。『七経孟子考文』を完成させたが、体調を崩し、徂徠の後を追うように享保十三年（一七二八）一月二十八日に死去した。

伊予・西条藩は、それ以前に領主であった一柳《ひとつやなぎ》氏が改易になった後、寛文十年（一六七〇）

に初代紀州藩主頼宣《よりのぶ》の三男松平頼純《よりずみ》が紀州藩の支藩として三万石で入封した。二代目藩主の頼《より》致《よし》（一六八二～一七五七）は、吉宗が将軍となったために紀州藩主を継ぎ、その跡は頼純の七男の頼渡《よりただ》が就いた。本作品で徂徠が「紀藩羽林将公」と呼んでいるのは、徳川宗直《むねなお》と改名した頼致のことであろう。自身の経歴から、支藩である西条藩に仕えていた山井鼎のことに関心を持ったのだと思われる。もっとも、本作品における徂徠の記述は、山井鼎が紀州藩主徳川宗直に直接仕えているかのようにも読め、修辞的な技巧だとは思われるが、不正確な印象を受ける。これに関して末木恭彦『徂徠と崑崙』（春風社、二〇一六）は、当時の西条藩主の松平頼渡は紀州藩主の子と生まれ、官は左少将であったから「紀藩羽林将公」と呼びうるのに対し、徳川宗直は権中納言から権大納言になっていて、これを「羽林将公」と呼ぶには無理があるとする。ただし徳川宗直もそれ以前に権少将・権中将を経ていたようであり、それゆえ徳川宗直を「羽林将公」と呼ぶことも可能だと思われる。詳しいことは今後の研究の発展を待ちたい。

　なお、山井鼎が徂徠に入門した時期は、従来は正徳五年（一七一五）以降とされてきたが、平石直昭氏に従えば、正徳三年（一七一三）のことであった。平石氏の推定は、『徂徠集拾遺』所収の、正徳四年（一七一四）成立の「与県次公」第二書に「去歳南紀山重《（ママ）》鼎千里負笈、来吾塾中（昨年、南紀の山重鼎（山井鼎）が、遠い道のりをものともせずに、わたしの学塾を訪ねてきた）」とあることに拠っている。

(17)　根本遜志（一六九九～一七六四）、字は伯修、号は武夷。生年については元禄十六年（一七〇三）説もある。武蔵国久良岐郡弘明寺村の名主の子として生まれる。父が後を姉の婿養子に譲ったため、遜志は江戸に出て剣術を習い、それを教えて生計をたてた。享保二年（一七一七）の夏頃に徂徠に入門し、太宰春台・安藤東野・山井崑崙らと親しく交流するようになった。崑崙とともに足利学校を訪れて校勘を行い、崑崙亡き後『七経孟子考文』を出版するほか、後文に見える『論語集解義疏』も、寛延三年（一七五〇）に、服部南郭の「皇侃論語義疏新刻序」を付けて刊行している。

原文の「州人」には、「身分のない人、庶人、衆人」という意味がある。徂徠の『読荀子』巻二に「州人、猶郷人、千二百五十家曰州」とあって、「郷人」は「平凡な民間人、俗人」という意味である。根本遜志が武蔵の弘明寺村名主の子であったから、そのように徂徠は呼んだのかもしれない。しかし、「紀人神生」に対しての表現としては落ち着きが悪い。一方、「郷人」を「同郷人」の意味に解することも可能である。山井崑崙と根本遜志は同郷ではないので、徂徠と根本遜志を同郷人とする解釈である。前述の『徂徠集考』では、「州人」は「本州人」の意味で、徂徠も根本遜志も「武州人」だと述べていて、「徂徠と郷里を同じくする人」という意味に解したと思われる。そこで、ここでは、「紀人神生」、すなわち紀州出身の崑崙との対比から、「同州人根遜志」、自分と同じ武州出身の遜志と解釈して訳すことにした。

（18）王世貞の発言について、西田太一郎氏と前野直彬氏は「左逸短長」を指すとしている。『弇州山人四部稿』（巻百四十二）に収められている「短長」では王世貞の序文として、斉の地で竹冊《ちくさく》に篆文《てんぶん》で書かれ、「短長」という標題を持つ文章が発見されたが、『戦国策』の逸文ないしは後世の仮託かもしれないと書かれている。当時から王世貞が古文辞を捏造したものと考えられていた。他方、『徂徠集考』では、同じ王世貞が書いた『芸苑卮言《げいえんしげん》』を指すとしている。「左逸短長」という捏造された古文辞作品を持ちだして、足利学校蔵の五経の文章が完備した古文であるというのは、論理的にしっくりこない。といって、『芸苑卮言』は文章の変遷について多くの著作を挙げて論じたものではあるが、経書の文章、とりわけ古注の文章について論じたわけではない。古注の正確さというのであれば、同じ王世貞の『宛委余編』の方がふさわしいかもしれない。こちらは文章ではなく、事物に関する考証で、徂徠は本多忠統との間で貸し借りをしていたことが、両者の往復書簡――「与猗蘭侯」第三書（巻二十）と「寄徠先生」第二書（『猗蘭台集初稿』）――から確認できるから、徂徠が読んでいたことは確実である。いずれにしても、管見の及ぶ限り、王世貞が『五経正義』についてとくに論じた作品はないようなので、徂徠が何を指したものか、不明としておきたい。ただし、徂徠が王世貞の「経学」を高く評価していたことは確かであり、「蘐園二筆」には、王世貞の『読書後』に見える『大学』や『中庸』に関する見解を、「此公知文章、其言当允」（五六）とか、「又（王世貞）謂、大学無経無伝、所言乃王公之学、可謂卓見」（五七）、「孰謂王元美経術非其所長邪」（五九）などという見解が書きとめられている。『読書後』では、『五経正義』に関わる記述は見えないが、「逸周書」や「三墳」に関する議論もあるので、そうしたものを踏まえた徂徠の発言かもしれない。

（19）　王仁は百済から日本に渡来し、『千字文』と『論語』を伝えたとされる人物で、王仁は『日本書紀』の表記で、『古事記』では「和邇吉師《わにきし》」と書かれている。段楊爾は、百済の五経博士で、『日本書紀』には、継体天皇の時代に来日したと書かれている。吉備真備（六九五〜七七五）は、留学生として中国に渡り、そこで修得した知識をもとに、最終的には右大臣にまで登りつめた。徂徠は「訓読」の弊害が吉備真備から始まったとし、いろいろなところで非難しているが、本作品では書籍をもたらした功績を指摘する。

(20)　原文の「黽勉従事」は、仕事を熱心に勤める意であるが、『詩経』小雅・十月之交に「黽勉従事、不敢告労（黽勉《びんべん》して事に従い、敢て労を告げず）」とあるのによる。また『漢書』劉向伝の注にも引用されているから、あるいはそれも含めて徂徠は使用しているのかもしれない。「呻吟交発」は、前出（第1巻4）「江若水の詩に叙す」でも使用されていたが、『詩経』大雅・板に「民之方殿屎（民の方に殿屎す）」、その鄭箋《ていせん》に「殿屎呻吟也」とあるのを襲い、苦しみの声をあげることを述べている。「顚沛《てんぱい》」は、『論語』里仁篇の「君子無終食之間違仁、造次必於是、顚沛必於是（君子は食を終うるの間も、仁に違《たが》う無く、造次も必ずここにおいてし、顚沛も必ずここにおいてす）」とあるのに基づく。『論語徴』では、「造次必於是、顚沛必於是」を「依於仁」と同じとする。「依於仁」は『論語』述而篇の言葉で、『論語徴』では、「依」は「違之反、不相異離也（「違」とは反対の意味で、お互いに離れないこと）」と説明している。君子がいつ、いかなるときにでも「仁」から離れないという意味であり、山井崑崙が病気で苦しみながらも、片時も『七経孟子考文』の仕事から離れなかったことを表現している。なお述而篇の「依於仁」に関しては、朱熹の『論語精義』に、游酢《ゆうさく》の発言として「依者、違之反也」が引用されている。徂徠が見たとは思えないが、念のために記しておく。

(21) 版本の「霊祇」の「祇」字は、文脈から判断して「祗」字の誤りだと考えられるので、原文および書き下し文を訂正したうえで翻訳した。

(22) 現在が神祖家康など、歴代の将軍のおかげで文化がもっとも興隆しているときだという主張は、初期の「江若水の詩に叙す」（第1巻4）以来、多くの作品のなかに見られる。また中国では衰えたものの、逆に日本では盛んとなっているという認識は、正徳四年（一七一四）に書かれた「二火弁妄編の序」（第1巻11）で、中国が夷狄によって支配され、「文」が衰退の極致にあり、十年もしないうちに「文」は東方日本に集まるに違いないと書かれていたことからも確認される。徂徠にとって、古代の中国は「理想」ではあったが、現実――あるいは宋代以降か――の中国は必ずしも憧れの対象ではなかった。

原文

七経孟子考文叙

先王之道。凝仲尼以伝万世。知命之言信哉。故其言曰。文王既歿。文不在斯乎。苟非至徳。其孰能与于斯乎。然又曰。逝者如斯夫。不舎昼夜。又曰。朝聞道。夕死可矣。言古之不可復反。而道之易失也。不爾。以仲尼之聖。而周流諸夏。訪求弗已。歴二十年之久。自衛反魯。而後雅頌各得其所。若是其艱者。独何也。後之君子。不体聖人之心。乃徇其眇忽荒昧之説。而信而好古之義。幾乎熄焉。豈不盭哉。秦燹之後。漢建学官。逸文古籍。往往乎出。当其時。経顓門。人殊義。亦頗紛然。莫知所適従。而原其所自。蓋皆七十子之徒所伝。迨乎馬鄭諸家。蒐而鳩之。考覈緝綴之勤。其功広哉。亦可謂知之次也已。故千載之後。欲求聖人之道者。終不能廃漢儒而它援。為是故也。宋而後。人喜新説。而古註疏束之高閣。鮮有能読焉者。是阿其所好。沿流忘源。況人非聖人。何必尽善。而乃執一以廃百。亦弗思之甚也。今閲世所行古註疏。板刓文滅。不可得而読之。夫以諸夏聖人之邦。世奉教之弗衰。学士之衆何限。而乃致斯泯泯者。豈非人不体仲尼之心。信而好古之義熄焉邪。上毛之野。有野参議遺址。乃数百年弦誦之地焉。紀人神生。夙有好古癖。偕州人根遜志者往探之。獲宋本五経正義。文具如弇州之言。而較之明諸本。其所欠失皆有之。紕繆悉得。又獲七経孟子古本。及論語皇疏校之。其経註頗有異同。而古時跋署可徴。亦唐以前王段吉備諸氏所齎来。存于此而亡于彼也。生喜如拱璧。遂留三年。罄其蔵以帰。因積勤得疾。紀藩羽林将公。聞而俾録上其所校。生疾更甚。黽勉従事。呻吟交発。不能弁其為何声。顚沛以之。期年而成。疾亦尋差。凡三十有三巻。題曰七経孟子考文。問序于茂卿。茂卿既悲仲尼之心。而嘉生之善体其心。誓死弗輟。卒能竣功斯文也。又幸諸夏之所逸。而独巋然乎□吾邦。霊祇所衛。千載若新。以授之生。而寵錫海内也。嗚呼□国家文明之化。与有光哉。為之叙。生名鼎。字君彝。先是自紀齎糧。跋渉千里。来吾塾中。道既通。以文学穀于将公幕云。

書き下し

七経孟子考文《しちけいもうしこうぶん》の叙《じょ》

先王《せんのう》の道《みち》、仲尼《ちゅうじ》に凝《こ》りて以《もっ》て万世《ばんせい》に伝《つた》う。知命《ちめい》の言《げん》、信《まこと》なるかな。故《ゆえ》にその言《げん》に曰《い》わく、文王《ぶんのう》既《すで》に歿《ぼっ》す、文《ぶん》、斯《ここ》に在《あ》らざらんや、と。苟《いやし》くも至徳《しとく》に非《あら》ずんば、それ孰《たれ》か能《よ》く斯《これ》に与《あずか》らんや。然《しか》れどもまた曰《い》わく、逝《ゆ》く者《もの》は斯《か》くの如《ごと》きか、昼夜《ちゅうや》を舎《お》かず、と。また曰《い》わく、朝《あした》に道《みち》を聞《き》かば、夕《ゆうべ》に死《し》すとも可《か》なり、と。古《いにしえ》のまた反《かえ》るべからずして、道《みち》の失《うしな》い易《やす》きを言《い》うなり。爾《しか》らずんば、仲尼《ちゅうじ》の聖《せい》を以《もっ》て、而《しか》も諸夏《しょか》を周流《しゅうりゅう》し、訪求《ほうきゅう》して已《や》まず、二十年《にじゅうねん》の久《ひさ》しきを歴《へ》て、衛《えい》より魯《ろ》に反《かえ》り、而《しか》る後《のち》、雅《が》・頌《しょう》、各《おのお》のその所《ところ》を得《う》。是《か》くの若《ごと》くその艱《かた》き者《もの》は、独《ひと》り何《なん》ぞや。後《のち》の君子《くんし》は、聖人《せいじん》の心《こころ》を体《たい》せず、乃《すなわ》ちその眇忽荒昧《びょうこつこうまい》の説《せつ》に徇《したが》い、而《しか》して信《しん》じて古《いにしえ》を好《この》むの義《ぎ》、熄《や》むに幾《ちか》し。豈《あ》に盭《もと》らざらんや。

秦燹《しんせん》の後《のち》、漢《かん》は学官《がっかん》を建《た》て、逸文《いつぶん》・古籍《こせき》、往往乎《おうおうこ》として出《い》づ。その時《とき》に当《あた》りて、経《けい》ごとに門《もん》を顓《もっぱ》らにし、人《ひと》ごとに義《ぎ》を殊《こと》にす。また頗《すこぶ》る紛然《ふんぜん》とし、適従《てきじゅう》する所《ところ》を知《し》る莫《な》し。而《しか》れどもその自《よ》る所《ところ》を原《たず》ぬれば、蓋《けだ》し皆《み》な七十子《しちじっし》の徒《と》の伝《つた》うる所《ところ》なり。

馬《ば》・鄭《てい》の諸家《しょか》に迨《およ》んで、蒐《あつ》めてこれを鳩《きゅう》し、考覈緝綴《こうかくしゅうてい》の勤《つと》め、その功《こう》広《ひろ》きかな。また知《ち》の次《つぎ》と謂《い》うべきのみ。故《ゆえ》に千載《せんざい》の後《のち》、聖人《せいじん》の道《みち》を求《もと》めんと欲《ほっ》する者《もの》は、終《つい》に漢儒《かんじゅ》を廃《はい》して它《た》を援《ひ》く能《あた》わざるは、これが為《ため》の故《ゆえ》なり。

宋《そう》よりして後《のち》、人《ひと》、新説《しんせつ》を喜《よろこ》びて、而《しか》して古註疏《こちゅうそ》はこれを高閣《こうかく》に束《つか》ね、焉《これ》を能《よ》く読《よ》む者有《ものあ》ること鮮《すくな》し。これその好《この》む所《ところ》に阿《おもね》り、流《なが》れに沿《そ》いて源《みなもと》を忘《わす》る。況《いわ》んや人《ひと》、聖人《せいじん》に非《あら》ず、何《なん》ぞ必《かなら》ずしも善《ぜん》を尽《つ》くさん。而《しか》るに乃《すなわ》ち一《いち》を執《と》りて以《もっ》て百《ひゃく》を廃《はい》すも、また思《おも》わざるの甚《はなはだ》しきなり。

今《いま》、世《よ》に行《おこな》わるる所《ところ》の古註疏《こちゅうそ》を閲《み》るに、板刓《いたけず》れ、文滅《ぶんめつ》し、得《え》てこれを読《よ》むべからず。それ諸夏《しょか》は聖人《せいじん》の邦《くに》なるを以《もっ》て、世奉教《よよほうきょう》の衰《おとろ》えず、学士《がくし》の衆《おお》きこと何《なん》ぞ限《かぎ》らん。而《しか》るに乃《すなわ》ちこの泯泯《びんびん》を致《いた》す者《もの》は、豈《あ》に人《ひと》、仲尼《ちゅうじ》の心《こころ》を体《たい》せず、信《しん》じて古《いにしえ》を好《この》むの義《ぎ》、熄《や》むに非《あら》ずや。

上毛《じょうもう》の野《や》に、野参議《やさんぎ》の遺址《いし》有《あ》り。乃《すなわ》ち数百年弦誦《すうひやくねんげんしょう》の地《ち》なり。紀《き》の人神生《ひとしんせい》、夙《つと》に古《いにしえ》を好《この》むの癖《へき》有《あ》り。州人《しゅうひと》、根遜志《こんそんし》なる者《もの》と偕《とも》に往《ゆ》きてこれを探《さが》し、宋本《そうほん》の五経正義《ごきょうせいぎ》を獲《え》たり。文具《ぶんそな》わること弇《えん》州《しゅう》の言《げん》の如《ごと》くにして、これを明《みん》の諸本《しょほん》と較《くら》ぶれば、その欠失《けつしつ》する所《ところ》、皆《み》なこれ有《あ》り、紕繆悉《ひびゅうことごと》く得《う》。

また七経孟子《しちけいもうし》古本《こほん》、及《およ》び論語《ろんご》皇疏《こうそ》を獲《え》て、これを校《こう》すれば、その経註《けいちゅう》、頗《すこぶ》る異同有《いどうあ》り。而《しか》して古時《こじ》の跋署徴《ばつしょちょう》すべし。また唐以前《とういぜん》の、王《おう》・段《だん》・吉備《きび》の諸氏《しょし》の齎《もたら》し来《きた》る所《ところ》、此《ここ》に存《そん》して彼《かしこ》に亡《ほろ》ぶ。生《せい》、喜《よろこ》ぶこと拱璧《きょうへき》の如《ごと》く、遂《つい》に留《とど》まること三年《さんねん》、その蔵《くら》を罄《つ》くして以《もっ》て帰《かえ》る。勩《えい》を積《つ》むに因《よ》りて疾《しつ》を得《う》。紀藩羽林将公《きはんうりんしょうこう》、聞《き》きて録《ろく》してその校《こう》する所《ところ》を上《たてまつ》らしむ。生《せい》、疾更《しつさら》に甚《はなは》だし。黽勉従事《びんべんじゅうじ》、呻吟交《しんぎんこもご》も発《はっ》し、その何《なん》の声為《こえた》るかを弁《べん》ずること能《あた》わず。顚沛《てんぱい》もこれを以《もっ》てし、期年《きねん》にして成《な》る。疾《しつ》また尋《つ》いで差《い》ゆ。凡《およ》そ三十有三巻《さんじゆうゆうさんかん》、題《だい》して七経孟子考文《しちけいもうしこうぶん》と曰《い》う。

序《じょ》を茂卿《もけい》に問《と》う。茂卿《もけい》、既《すで》に仲尼《ちゅうじ》の心《こころ》を悲《かな》しみ、而《しか》して生《せい》の善《よ》くその心《こころ》を体《たい》し、死《し》するも輟《や》めざるを誓《ちか》い、卒《つい》に能《よ》く功《こう》を斯文《しぶん》に鬷《そう》するを嘉《よみ》す。また諸夏《しょか》の逸《いつ》する所《ところ》にして、独《ひと》り□吾邦《わがくに》に巋然《きぜん》たりて、霊祇《れいき》の衛《まも》る所《ところ》、千載新《せんざいあら》たなるが若《ごと》く、以《もっ》てこれを生《せい》に授《さず》けて、海内《かいだい》に寵錫《ちょうしゃく》するを幸《さいわ》いとす。嗚呼《ああ》、□国家文明《こっかぶんめい》の化《か》、与《とも》に光有《こうあ》るかな。これが叙《じょ》と為《な》す。

生《せい》は、名《な》は鼎《かなえ》、字《あざな》は君彝《くんい》、これより先《さき》、紀《き》より糧《りょう》を齎《もたら》し、千里《せんり》を跋渉《ばつしょう》して、吾《わ》が塾中《じゅくちゅう》に来《きた》り。道既《みちすで》に通《つう》じ、文学《ぶんがく》を以《もっ》て将公《しょうこう》の幕《ばく》に穀《こく》すと云《い》えり。

38　僧正即如尊者《そくじょそんじゃ》に贈るの序(1)

（享保十一年・一七二六、徂徠集巻十一―⑥）

僧正澄公《そうじょうちょうこう》（兼澄《けんちょう》）(2)は、おそらく「君子の道」を四つともお持ちである。(3)そもそものはじまりは、わたくしが赤城に住んでいたころ、門を出れば護持院《ごじいん》の甍《いらか》が刺すように目に入った。(4)ときにそこを訪れることもあり、公にお会いすることができたのだが、お会いしてみると穏やかなお人柄であった。その著述した経典に関する文章をうれしそうに取りだし、わたくしに示した。仏教についてはまだ学んでいないと謝絶すると、「支那(5)（中国）の文章はあなたの本来の業ではないのか」とおっしゃる。わたくしはやむをえずしてそれを受け、指摘すべき箇所を指摘すると、公はますます喜んだのであった。

当今の世にあって、僧正は三品《さんぴん》の官(6)にあたり、高く士大夫の上にあるのだと言って傲《おご》り高ぶったり、度量に欠けるために、その心を虚しくすることができず、賢《かしこ》ぶる者がしばしば見られる。わたくしの六十年にわたる生涯において、多くの僧侶と知りあったが、学問を好み、みずからの貴さを忘れて他人に質問することを恥としない者は、ただ故人となられた知恩院《ちおんいん》の了公《りようこう》と公だけであった。[7] わたくしは、かくして公の「謙」なることを知ったのである。

「あるとき」護持院の西側で建物の工事があったので、尋ねたところ、護国寺《ごこくじ》を復興するということであった。[8] この護国寺というのは護持院のもとの名称である。護持院は、もとは神田橋の北にあったが、焼失した。「それを契機に」幕府は護持院を護国寺と合併して、もともとの地を接収してしまった。それ以来、護国寺は護持院と称することになり、護持院の寺領をも併せ持つようになったのだが、しかし、これ以来「護国寺」の名称は滅んでしまった。

そこで、さきの住職であった僧正慶公《けいこう》はこうした状況を残念に思い、「「今の護持院の」境内は広いから土地を割くことができる。寺領の富の一部を分け与えれば「護国寺を」造ることができる。こうすれば幕府の土地と金とをふたたび費やさずして、先朝（綱吉）の寄進の跡が二つとも残ることが可能だ」と、護国寺と護持院とを分けることを強く幕府に要請し、幕府はそれを承諾した。慶公は遷化《せんげ》されたが、公がその志を受け継ぎ、工事を続けて、五年にして竣工《しゅんこう》した。公は「護持院は護持院で、護国寺は護国寺でやっていく、それがもっともよいことなのだ」と言って、工事費の余りを計算して護国寺に帰属させた。わたくしは、かくして公の「廉」なることを知ったのである。

わたくしが西の郊外に移るに及んで、(9)公が病と称して護持院［の住職］を辞したと聞き、驚いて事情を問うたところ、長谷寺《はせでら》の住職の席が空いた際、公を飛び越えて護国寺の住職がその席にのぼったからだということであった。(10)さらに、もろもろの従者に公に心残りがなかったのかと問うと、「否《いな》」ということであった。公は幼少のころ長谷寺で学んだので、習ったことを長谷寺に伝えたいとみずから誓っていた。公が名利の住職を歴任しながらも引退しなかったのは、こうした理由があったからであるが、公は、今すでに引退した。なおも逡《しゅん》巡《じゅん》して、のちのちの栄光を求めるのは公の志ではなかったのである。そのとき公は知命の歳、(11)あっさりと重い荷物をすてるがごとくであったという。わたくしは、かくして公の「勇」なることを知ったのである。

さらに［公は］「長谷寺と智積院《ちしやくいん》との両派の分立は久しい。(12)国内のもろもろの真言密教の寺院はそれぞれ両派に繫属しており、混同してはならない。護持院は、本来長谷寺に繫属していたのだが、元禄中に僧録職《そうろくしょく》の置かれる寺院にのぼせられ、正徳中には智積院の系列に連ねられることになった。(13)僧録職に智積院派の僧侶が就任したためである。今、僧録職が停止されたにもかかわらず、なお［そのままで］長谷寺に繫属されていないのはおかしなことである」と請願し、幕府は［護国寺と護持院との分離、護持院を本来の長谷寺系列に戻すという］公の願いを二つながら承諾した。そもそも自分自身のことに関われないのに、自分の後のことにまで気遣うようなゆとりなどないのが、人の自然のあり方であろう。ところが、公はまさに去ろうとしているにもかかわらず、なおもこのように護持院のことを心配されている。わたくしは、かくして公の「忠」なることを知ったのである。

そこで、物子は［次のように］言おう。

《謙なる者、必ずしも忠とはかぎらない。廉なる者、必ずしも勇とはかぎらない。［それにもかかわらず］公がこの四つを兼ねあわせているのは、よく君子の行いを修めた者と言えよう。要するに、寺を官衙のように、学統を家系のように大切にしてきたということなのである。なんと釈氏（仏教徒）にとっての模範であることか。また［仏教徒にとってばかりでなく、ひろく］世の模範とするに充分である。今、国家による治世が［人々を］化育する効果は、なんと釈氏までもが君子の行いを修めるまでに至らしめたのだ。これはとくに記録しておくべきことである。》

わたくしは、以前から公と交遊する機会を与えられてきた。［公が］護持院の住職の座を去るというのだから、つたない文章で済まされるわけがない［ことはよく承知している］。だが、［わたくしは］いまだに仏教を学んだことはないのである。それゆえ、以上のことを記して贈り物としよう。

訳注

（1）本作品の成立については、本文のなかで徂徠が「予六十之年、閲僧衆矣」と書いているところから、徂徠六十一歳にあたる享保十一年（一七二六）に成立したという平石直昭氏の推定にとりあえず従っておく。同じ年に書かれた「復水神童」第二書（巻二十四）にも同じく「不佞六十之年」という表現が見られるというのが平石氏の判断の根拠である。

　ただし、徂徠が本文中で触れている赤城から市谷仲之町《なかの》への移転は享保九年（一七二四）六月から七月にかけてのことであり、また澄公が護持院の住職を辞めたのが同じく享保九年のことだとすると、享保十年中に書かれた可能性も排除できない。享保十年は文字どおり徂徠還暦の年であり、この年に書かれた詩文や書簡にはしばしば六十歳になったことが語られている。注（2）で詳しく述べるが、本作品の成立は享保十年秋から同十一年の間ではないかと推測できる。そうだとすれば、前出の「県先生八十の序」「皇和通歴の序」「南郭初稿の序」の成立時期と重なることになり、その成立の順序に若干の変動があるかもしれない。

（2）僧正澄公は、護国寺七世住職兼澄《けんちょう》（一六七七?～一七四八）のことである。兼澄は、新義《しんぎ》真言宗《しんごんしゅう》の僧侶で、長谷寺慈心院、京都の上品蓮台寺《じょうぼんれんだいじ》住職を経て、享保四年（一七一九）に、本文中に慶公として書かれている隆慶《りゅうけい》の後を継いで護持院および護国寺の住職となった。享保七年（一七二二）十二月、両寺の分離に伴って護国寺住職を退任し、さらに享保九年（一七二四）には護持院住職も退任した。そのときが「知命」、すなわち五十歳だったと徂徠が書いていることから、延宝五年（一六七七）に生まれたことになる。また兼澄の前任であった隆慶

（一六四九〜一七一九）は、大和出身で、長谷寺の英岳《えいがく》、仁和寺《にんなじ》の亮汰《りょうたい》に師事し、醍醐寺《だいごじ》の有雅に灌頂《かんじょう》を受けたのち、宝永五年（一七〇八）に長谷寺十七世住職となった。その後江戸の護国寺六世住職となり、護持院住職を兼ねた。護国寺と護持院の住職兼務およびその分離の経緯については、坂本正仁「護持院の護国寺兼帯――享保〜宝暦期真言宗新義派の一側面」（『豊山教学大会紀要』第四号、一九七六）を参照されたい。

なお、『徂徠集』には「即如僧正和予普門之作見寄併恵豊山茶因用原韻奉謝」（巻七）および「奉和即如尊者退院口号」（同前）と題する七言絶句が二首収録されている。前者では兼澄のもとでお茶をご馳走になった感激を詠い、後者では兼澄の退職を知った驚きを詠っている。また二首の間に十首ほどの詩が挟まれているが、そのなかに前出の「菅童子に贈るの序」で触れた、菅童子《かんどうじ》こと山田麟嶼《りんしょ》の京都遊学を祝う「送菅童子遊西京」二首が収められている。山田麟嶼の上洛は享保十年（一七二五）秋のことであり、詩の配列だけで判断するのは問題も残るだろうが、それ以降に徂徠が兼澄の退職を知ったことを窺わせる。このことを勘案すると、本作品は、享保十年の秋以降から享保十一年末までの間に書かれたものと推測される。

（3）『論語』公冶長篇に「子謂子産、有君子之道四焉。其行己也恭、其事上也敬、其養民也恵、其使民也義」と、孔子が鄭の子産には「恭」「敬」「恵」「義」という四つの徳目があったと述べたことが踏まえられている。本作品は、徳目がすべて合致しているわけではないが、それになぞらえて「謙」「廉」「勇」「忠」という徳目を挙げて、澄公の人徳を賞賛するという構成になっている。

なお、「謙」「廉」「勇」「忠」は『弁名』に徂徠の理解が示されている。「謙」については「謙与恭相似、但恭不敢高也、有卑意、謙不敢当也、有退意（謙は恭とよく似ているが、恭の方は高圧的にならないようにするので、卑《ひく》いという意味がある。謙の方は対立的にならないようにするので、退《しりぞ》くという意味がある）」と説明し、「廉」については「廉者廉隅之義、故謂取舎分弁截然也、後世遂以不汚財利為廉、後世之廉、即古之不欲也（廉は、「廉隅」、すなわち筋目を正しくするという意味があるので、取捨の選択においてはっきりと分けることを言うのである。そこから後世では財利に汚れないことを廉とするようになった。後世の廉は古代の「不欲」と同じ意味になってしまった）」と説明している。また「勇」については「勇、亦聖人之大徳也、謂於天下之事無所懼也、蓋聖人之徳、挙其大者、仁智尽之矣、而又挙勇以参之者、以君子不可無武備也（勇もまた聖人の大いなる徳である。天下のあらゆることに対して懼《おそ》れを抱かないということである。聖人の徳について、その大いなるものを挙げれば、仁と智に尽きるであろうが、それに勇を加えるのは、君子は武を備えていなければならないからである）」と言い、「忠」については「忠者、為人謀、或代人之事、能尽其中心、視若己事、懇到詳悉、莫不至也、或以事君言之、或専以聴訟言之（忠は、他人のために何かを考えたり、他人の仕事を代わりにするとき、自分の心を砕き、あたかも自分のことのごとく見なして、こと細かく思いめぐらし、最大限を尽くすということである。そこで主君に仕えるとき、あるいは裁判を担当するときに適用するのである）」と述べている。

（4）　護持院は、元禄元年（一六八八）に徳川綱吉の命によって湯島にあった筑波《つくば》山《さん》知《ち》足院《そくいん》を神田橋外に移転したことに始まる。護持院の開山は新義真言宗の僧隆光《りゅうこう》（一六四九～一七二四）であり、綱吉ばかりでなく、その母桂昌院の帰依を受けていた。筑波山知足院は、平安初期に開かれた筑波神社と習合された真言宗の寺院であるが、将軍家の祈禱寺として江戸に別院が作られていた。隆光は、長谷寺などで修学した後、奈良の醍醐で密教を修め、儒学や老荘をも学んだという学識の持ち主であったが、知足院の住職になるとともに、綱吉母子の帰依を受けて、知足院を改称した護持院を創建し、新義真言宗の僧では初めて大僧正となるなど、権勢を誇ったものの、綱吉の死去とともに失脚した。「生類憐れみの令」を綱吉に勧めたことで悪評が高いが、現在では、それよりも江戸や京都・奈良などに大寺院を建設・修築することを進言して、幕府の財政を悪化させたことが問題視されている。護持院は、享保二年（一七一七）に焼失するが、それについては注（8）を参照されたい。

なお平石直昭氏によると、元禄十年（一六九七）に桂昌院が柳沢邸に「お成《なり》」になった際、徂徠と隆光との間で「三密具闕《さんみつぐけつ》」に関する問答が行われたことが、「楽只堂年録《らくしどうねんろく》」に見えるということである。徂徠が密教の教義についてどれほどの知識を持っていたかは分からないが、徂徠と新義真言宗の僧侶たちとの交流が本作品で述べられているような「偶然」ではなかったことに注意したい。本作品の対象である兼澄が護国寺住職として江戸に来たのは享保四年（一七一九）のことであるから、両者の交流はそれ以降であるのは確かであるが、新義真言宗との関わりはそれ以前から始まっていたと考えられる。

（5）「支那」という呼称に関しては、明末に中国に来たイエズス会宣教師・衛匡国（Martino

Martini）によって唱えられた説、つまり「秦」という呼称が周辺に広がり、なかでもインドで「シナ」として定着したという説が一般的である。中国では、隋の時代に、仏典に見える梵語「チーナ・スターナ（China staana）」を訳経僧が「支那」と漢字で音写したことから、逆輸入されて広まったと考えられている。このときの翻訳語としては、このほかに「震旦」「至那」などがあった。したがって「支那」という言葉は、おもに仏教徒が中国を指す外来語として使用した言葉である。

　日本の近世の使用例については、宣教師によってもたらされた、西洋を経由した言葉という理解が一般的で、新井白石『采覧異言』における用例が注目されているが、「支那」という言葉自体はそれ以前から使用されており、むしろ仏教経由の言葉として考えた方がよいように思われる。たとえば、松永尺五「的伝分類序」（『尺五堂集』）は、外科として知られる鷹取《たかとり》流の医師の著作に対する序文であるが、そこで「歴観支那之外書」とある。このほかにも深草元政《ふかくさもとまさ》や林鵞峰にも使用例がある。また徂徠も、本作品以外に、「餞撝謙野君祇役三河護送朝鮮聘使」の第二首（巻三）で「日本三河侯伯国、朝鮮八道支那鄰」という用例がある。これは、内容から見て、正徳元年（一七一一）の朝鮮通信使来訪の際に書かれた作品であろう。中野撝謙が仕えた下総・関宿《せきやど》藩は、牧野成貞《なりさだ》の後を養子成春《なりはる》が継いだが、宝永二年（一七〇五）に牧野家は三河・吉田藩に転封される。だが、成春は病弱で宝永四年（一七〇七）に亡くなり、子の成央《なりなか》が継いだものの、幼少であるという理由から正徳二年（一七一二）に日向・延岡に転封されている。このことから延岡に転封される前年、正徳の通信使が来訪し、江戸から帰る際のことだと分かる。

（6）　原文の「三品」は「三品官」のことで、後漢の政治機構では、九つの行政機関の長官が「三品官」だとされていた。その後、魏の時代に中央の行政機関の官僚を九段階に分ける「九品官人法」が成立し、一品は非常置であるが、二品は三公・大将軍、三品は九卿とする制度となる。これ以降、「三品官」とは行政の長を指す言葉として定着する。一方、日本の官位令によれば、「四品」まで置かれていたが、もともとは親王に関する四つの階級であり、諸王・諸臣の「正四位下」までがそれに相当した。『職原抄』に「僧正準参議」とあることから、中世以来僧侶の階級である「僧正」が官僚の上位職に相当するという理解が定着していたようである。「参議」は、四等官のなかの次官に相当する令外官《りょうげのかん》で、納言に次ぐものとされており、四位以上の位階を持つ官僚から、才能のある者を選び、大臣とともに朝政に参加させたことからの命名だとされている。令外官であることから、正式な官位表にはない役職であるが、それゆえに重宝された。江戸時代の武家官位表では、「参議」は前田家と御家門（館林・甲府）に与えられ、御三家に次ぐ高位として配当されている。

こうしたことを踏まえて徂徠は、「僧正」が中国の「三品官」に相当すると述べたのであろう。あるいは行政機関の長官としての「三品官」と、多くの僧侶を管理・統括する「僧正」とを同一視したのかもしれない。ただし、新義真言宗では、先に述べたように隆光が初めて大僧正に就いたが、僧綱（僧官）では、僧正に大僧正から権少僧正までの六階級があり、兼澄がそのどれに就いていたかはよく分からない。

（7）「知恩院の了公」は、平石直昭氏が知恩院第四十四世通誉岩了《つうよがんりょう》（一六四七～一七一六）のことではないかと推測されていて、おそらくそれは当を得ていよう。ただし、通誉岩了と徂徠との接点はよく分からない。

通誉岩了は、岸了とも書かれ、いくつかの逸話で知られている。その一つは、宝永三年（一七〇六）に『弁無得道論』二巻を著したというもので、日蓮宗の日遠《にちおん》（一五七二～一六四二）が著した浄土宗批判書『無得道論』に対する弁駁書であり、その学識を知ることができる。もう一つは、備前・久米にある法然ゆかりの誕生寺に明暦三年（一六五七）に起きた大火の原因とされる「お七」の振り袖が収められているが、これは住職であった通誉岩了が江戸から持ち帰ったものだと伝えられている。通誉岩了が元禄十二年（一六九九）に法然上人像を出開帳《でかいちょう》するために回向院《えこういん》に滞在していたとき、お七の恋人であった吉三郎とその遺族が位牌と振り袖を持参して供養を依頼したので、持ち帰って観音菩薩の前で菩提を弔ったことに由来するという。人々はこの観音像を「お七観音」と呼んで篤く信仰したという話である。また松戸にある東漸寺の観音堂は、元禄十四年（一七〇一）に通誉岸了が建立したという伝承も残されている。さらに通誉岩了は、松坂にある樹敬寺《じゅきょうじ》二十三世超誉祖山《ちょうよそざん》の弟子で、樹敬寺にもいたことがあるらしく、本居家過去帳の「南無阿弥陀仏」という字は通誉岩了の筆であり、知恩院を訪れた若き日の宣長が通誉岩了の墓に参詣したという話も残されている。

最後の話はともかく、それ以外の話は通誉岩了が、元禄時代のこととはいえ、江戸に来たことがあるという証拠になるから、どこかで徂徠と知りあう機会があったのかもしれない。あるいは、徂徠の古くからの知人であった堅卓《けんたく》上人（慧巌）――「消間集の序」（第1巻10）の注（2）を参照のこと――がいた向丘《むこうがおか》の蓮光寺《れんこうじ》は、知恩院の末寺とされているが、大垣藩主であった戸田家と関わりが深く、初代藩主戸田《とだ》一西《かずあき》の子の専誉孤雲《せんよこうん》（?～一六九一）が開基となって創建されたものであり、専誉孤雲はその後第四十代知恩院住職となっている。通誉岩了は四十四代目であるので、専誉孤雲とは直接面識はなかったかもしれないが、蓮光寺の堅卓を通じて徂徠とも何らかの交流があったのかもしれない。

（8）護国寺《ごこくじ》は、天和元年（一六八一）に徳川綱吉が母桂昌院の願いを聞き入れて、高崎の大聖《だいしょう》護国寺住持であった亮賢《りょうけん》に高田薬園（現文京区大塚）の地を与えて建立した新義真言宗の寺院である。浅草寺《せんそうじ》、回向院に次いで出開帳の宿寺として人気があった。宝永三年（一七〇六）に三代目の住職であった快意《かいい》が大僧正となり、これによって護国寺は護持院に次ぐ寺格とされ、長谷寺小池坊《こいけぼう》、智積院《ちしやくいん》を凌ぐようになった。

その後、注（4）で述べたように、護持院が享保二年（一七一七）に焼失すると、幕府は護持院の再建を許可せずに、護国寺境内への移転を命じた。一般には、護国寺の本坊方を護持院に、本堂方を護国寺と称し、護国寺が護持院を兼務することとなったとされているが、徂徠の文章では、いったんは護持院に護国寺が吸収されて、その名称も使用されなくなったとある。そこで前任の慶公と兼澄とが幕府に働きかけて、もとの護国寺の境内に護持院と護国寺とを併存させる形で護国寺の復活を図ったということである。また「護国寺が護持院をも兼務した」とする説明についても、徂徠の文章では、護持院住職の慶公と兼澄とが護国寺をも統括していたように読める。護国寺が復活した後に兼澄が兼務していた護国寺の住職を他に譲り、一時は護持院の住職だけを務めたが、それもまた辞任したというのが徂徠の説明である。事実、「護持院の住職が護国寺も兼務した」とする説もあり、それが正しいように思われる。将軍家の祈願寺として創建された護持院と、のちには将軍家祈願寺となったにしても、当初は桂昌院の祈願寺であった護国寺との相違が、こうした処理の背景にあったかもしれない。兼澄の言い分だけを一方的に記した徂徠の記述がどこまで信頼するに足るものであるか、疑問も残るだろうが、護持院と護国寺との関係を考えるうえで参考にはなるだろう。護持院の住職に関しては、それ以前、将軍綱吉の死後に、その地位をめぐって、同じ新義真言宗内の「智山《ちざん》派」と「豊山《ぶざん》派」との対立が激しくなり、智豊両山交代で護持院住職に就任することになっていた。そこにさらに護国寺と護持院の住職兼務をめぐる問題が生じて、いっそう事態が紛糾していたことを窺わせる。

なお、護国寺の開基となった亮賢（一六一一〜八七）は、上野《こうずけ》出身で、長谷寺で密教を学んだのち、館林藩主となった綱吉の母桂昌院の願いで高崎・大聖護国寺の住職となった。「卜筮《ぼくぜい》」にたけているという評判が高く、家光の側室であった母桂昌院が男子を産むことを当てたことから帰依を受けることになったという話がよく知られている。

（9）　注（1）でも触れたように、徂徠は享保九年（一七二四）六月から七月の頃に、赤城から市谷仲之町へと移転している。また前出（本巻31）の「菅童子に贈るの序」の注（5）も参照のこと。

（10）　八世護国寺住職の尚彦《しょうげん》を指していると思われる。長谷寺の住職は、兼澄の前任であった隆慶が十七世住職となっていたが、その後十八世に秀慶《しゅうけい》が、十九世に信有《しんゆう》が就任し、二十世として護国寺の尚彦が就任している。秀慶と信有の詳しい経歴は不明であるが、護国寺の住職は六世隆慶・七世兼澄・八世尚彦と引き継がれているので、徂徠の書いている内容に合致するのは尚彦ということになる。このあたりの記述は、徂徠は兼澄側に立って書いており、しかも兼澄を高潔な人物として描いているが、注（2）に挙げた坂本論文を参照すると、宗派内の権力闘争とも言えるような出来事が介在しており、実際には複雑な事情があったと見た方がよいようである。

（11）　『論語』為政篇に「五十而知天命」とあり、古来から人生の区切りをつけるべき時期だとされてきた。徂徠の解釈では、孔子は五十歳を区切りに、王者として天下を治めるための活動をやめ、六経の編纂と門人の教育に専念することを決意した。引退するのにきりのよい年齢である。

（12）　長谷寺は、現在の奈良県桜井市にある寺院で、新義真言宗豊山派の総本山。智積院は、現在の京都市東山区にある寺院で、新義真言宗智山派の総本山である。新義真言宗は、鎌倉時代に真言宗中興の祖とされる興教大師覚鑁《こうきょうだいしかくばん》の教学をもとに、覚鑁派の僧正頼瑜《らいゆ》などが根来寺《ねごろじ》を拠点に新たな教義を打ち立てたことから「新義真言宗」という名称が成立する。根来寺を本山とする新義真言宗、智積院を本山とする真言宗智山派、長谷寺を本山とする真言宗豊山派、室生寺《むろうじ》を本山とする真言宗室生寺派などがあるが、このうち根来寺を本山とする宗派だけを指す場合もある。戦国時代に入ると、根来寺は僧兵の「根来衆」による武装化が著しく、そのため豊臣秀吉によって攻撃されて、壊滅状態になった。そこで一部の僧侶は奈良の長谷寺や高野山に避難したが、江戸時代になると高野山にいた一派が京都東山に智積院を再興する。これが「智山派」である。これに対して、長谷寺にいた一派は、長谷寺の山号をとって「豊山派」を名乗り、これ以降両者は対立するようになった。注（4）と（8）で述べたように亮賢も隆光も長谷寺で修行をしていた関係から、護国寺も護持院も豊山派に連なる寺院であった。

(13)　元禄八年（一六九五）に、徳川綱吉が護持院の隆光を、新義真言宗の寺院と僧侶に対する監督権を持つ「僧録」に任じたことを指す。これが新義真言宗における「僧録」の始まりである。ところで「智山派」の智積院では、寛文元年（一六六一）に智山七世学頭に就任した運《うん》敞《しょう》（一六一四～九三）あたりから教学が盛んとなり、宝永二年（一七〇五）に智積院十一世となった覚眼《かくげん》（一六四三～一七二五）は、その後江戸の護持院に移って「新義僧録」に就任したという。正徳年間中に僧録職が智積院系になったという徂徠の記述はこのことを指していると思われる。ただし、それが現在停止されていると徂徠が述べている点については、よく分からない。覚眼は享保十年十一月に死去しており、あるいはこのことによって僧録職が継承されていない状態が生じていたのかもしれない。これらについては、坂本正仁「真言宗新義派護持院僧録について――特に隆光代を中心として」（『仏教史研究』第八号、日本仏教史学会、一九七四）および注（2）に挙げた同氏の論文を参照のこと。

なお「僧録」とは、寺院の管理とその人事を司った僧職のことで、中国では五胡十六国時代の後秦時代に設けられ、唐・宋時代は「左右両街僧録」、明代には「僧録司」の制度があった。日本では、室町時代に足利義満が相国寺の春屋妙葩《しゅんおくみょうは》に寺院と僧侶を管理・統轄する権限を与えたことに始まる。その後幕府の正式機関「僧録司」となり、鹿苑院《ろくおんいん》の院主が任じられる慣習が確立した。「僧録司」は、江戸時代初期に以心崇伝《いしんすうでん》が就任して以来、南禅寺金地院《こんちいん》の院主が担当することになったが、実質的な権限はなくなり形骸化した。また臨済宗だけでなく、曹洞宗でも似たような制度が確立されていた。

原文

贈僧正即如尊者序

僧正澄公。蓋有君子之道四焉。初予在赤城。出門護持之甍刺目。時或游之。迺得謁公。眎之温恭人也。欣然出其所著述修多羅業眎之。予謝未学。則曰。支那之文。非其素業邪。予不得已受之。有所指擿。公愈益欣甚。当今之世。僧之得与王公抗。僧正眎三品。高踞士大夫之上。傲以為常。其腹枵如。乃不虚其心。以飾其智者。往往乎在。予六十之年。閲僧衆矣。其好学而不恥下問。能忩其賢者。唯故知恩了公与公耳。予於是乎知其謙焉。院西有土木事。訊之復護国寺。寺者院故号也。故院迺在神橋北而燬。□官併諸護国而収其地。自後護国得称護持而兼其封也。然護国之名。繇是遂泯。先僧正慶公。憫其如此。力請于□官以両之。曰境広而可割。封之租富而可造。是不復費官家之地与金。而□先朝布金之迹。両得以存也。□官允其請。而慶公化。公継而奉行之如其志。五年而竣。公尽籍其土木之美以帰之。曰院食院。寺食寺。其所也。予於是乎知其廉焉。及予之移西郊。而聞公称病辞院。驚問之。先是長谷虚席。乃有由護国躐公而陞之。又問諸従者。公憾邪。曰否也。公幼学于長谷。而自誓必以其所習伝諸長谷。公之所歴名利而不即隠者。為是故也。公今已矣。猶尚逡巡不敢去。以儌後栄。非公志也。公蓋知命。脱然如釈負云。予於是乎知其勇焉。又請曰。長谷智積其派尚矣。海内諸密寺。各有所繫。而不可得以淆矣。護持本籍長谷。元禄中陞僧録。正徳乃俾通籍智積。為録故也。今停其録。而猶不専繫長谷者非也。□官両允其請。夫我躬弗閲。遑恤我後。是凡人之情為爾。公乃将去。而猶爾蹇蹇。予於是乎知其忠焉。物子曰。謙者未必忠。廉者未必勇。公兼四。可謂能修君子之行者而已。要之視寺如官。視学如家。豈不釈氏之範乎。亦足以範世焉。方今□国家治化之効。乃至俾釈氏亦修君子之行。是可紀也。予既得与公交。迨其去。不容但已。祇其道之未学。故紀此以為贈。

書き下し

僧正即如尊者《そうじょうそくじょそんじゃ》に贈《おく》るの序《じょ》

僧正澄公《そうじょうちょうこう》、蓋《けだ》し君子《くんし》の道《みち》、四《し》有《あ》り。

初《はじ》め、予《よ》、赤城《あかぎ》に在《あ》りて、門《もん》を出《い》づれば、護持《ごじ》の甍《いらか》、目《め》を刺《さ》す。時《とき》に或《あ》いはこれに游《あそ》び、迺《すなわ》ち公《こう》に謁《えつ》するを得《う》。これを眎《み》れば温恭《おんきょう》の人《ひと》なり。欣然《きんぜん》としてその著述《ちょじゅつ》する所《ところ》の修多羅《しゅたら》の業《ぎょう》を出《い》だしてこれを眎《しめ》す。予《よ》、未《いま》だ学《まな》ばざるを謝《しゃ》せば、則《すなわ》ち曰《い》わく、支那《しな》の文《ぶん》、その素業《そぎょう》に非《あら》ざるや、と。

予《よ》、已《や》むを得《え》ずしてこれを受《う》け、指摘《してき》する所有《ところあ》れば、公《こう》、悆益《いよいよ》欣《よろこ》ぶこと甚《はなは》だし。

当今《とうこん》の世《よ》、僧《そう》の王公《おうこう》と抗《こう》するを得《う》るや、僧正《そうじょう》もて三品《さんぴん》に眎《なぞら》え、高《たか》く士大夫《したいふ》の上《うえ》に踞《きょ》し、傲《おご》りて以《もっ》て常《つね》と為《な》す。その腹《はら》は枵如《きょうじょ》として、乃《すなわ》ちその心《こころ》を虚《むな》しくせず、以《もっ》てその智《ち》を飾《かざ》る者《もの》、往往《おうおう》として在《あ》り。予《よ》、六十《ろくじゅう》の年《とし》、僧《そう》に閲《えっ》すること衆《おお》し。その好学《こうがく》にして下問《かもん》を恥《は》じず、能《よ》くその貴《き》を忘《わす》る者《もの》は、唯《た》だ故知恩《こちおん》の了公《りょうこう》と公《こう》のみ。予《よ》、ここにおいてか、その謙《けん》なるを知《し》る。院《いん》の西《にし》に土木《どぼく》の事有《ことあ》り。これを訊《たず》ぬれば、護国寺《ごこくじ》を復《ふく》す、と。寺《じ》とは院《いん》の故号《こごう》なり。故院《こいん》は迺《すなわ》ち神橋《しんきょう》の北《きた》に在《あ》りて燬《や》けり。□官《かん》、これを護国《ごこく》に併《あわ》せて、その地《ち》を収《おさ》む。自後《じご》、護国《ごこく》は護持《ごじ》を称《しょう》するを得《え》て、その封《ほう》を兼《か》ぬるなり。然《しか》れども護国《ごこく》の名《な》、これにより遂《つい》に泯《ほろ》ぶ。

先《さき》の僧正慶公《そうじょうけいこう》、その此《か》くの如《ごと》きを憫《あわれ》み、力《つと》めて□官《かん》に請《こ》いて以《もっ》てこれを両《ふた》つとす。曰《い》わく、境《けい》、広《ひろ》ければ割《さ》くべし。封《ほう》の租《そ》、富《と》めれば造《いた》すべし、これ復《ま》た官家《かんか》の地《ち》と金《かね》とを費《つい》やさず。而《しか》も□先《せん》朝布金《ちょうふきん》の迹《あと》、両《ふた》つながら以《もっ》て存《そん》するを得《う》、と。□官《かん》、その請《せい》を允《ゆる》すも、慶公化《けいこうか》す。公《こう》の継《つ》ぎてこれを奉《ほう》じ行《おこな》うこと、その志《し》の如《ごと》くして、五年《ごねん》にして竣《おわ》る。公《こう》、尽《ことごと》くその土木《どぼく》の羨《せん》を籍《せき》して以《もっ》てこれに帰《かえ》す。曰《い》わく、院《いん》は院《いん》に食《しょく》し、寺《じ》は寺《じ》に食《しょく》す。その所《ところ》なればなり、と。予《よ》、ここにおいてか、その廉《れん》なるを知《し》る。

予《よ》の西郊《せいこう》に移《うつ》るに及《およ》び、公《こう》の病《やまい》と称《しょう》して院《いん》を辞《じ》するを聞《き》く。驚《おどろ》きて、これを問《と》えば、これより先《さき》に長谷《はせ》の席《せき》を虚《むな》しくするも、乃《すなわ》ち護国《ごこく》より公《こう》を躐《こ》えてこれに陞《のぼ》ること有《あ》り。またこれを従者《じゅうしゃ》に問《と》う。公《こう》、憾《うら》むや、と。曰《い》わく、否《いな》なり。公《こう》、幼《おさな》きより長谷《はせ》に学《まな》びて、自《みずか》ら必《かなら》ずその習《なら》う所《ところ》を以《もっ》てこれを長谷《はせ》に伝《つた》えんと誓《ちか》う。公《こう》の歴《れき》する所《ところ》、名刹《めいさつ》にして、而《しか》も即《ただ》ちに隠《いん》せざる者《もの》はこれの故《ゆえ》が為《ため》なり。公《こう》、今已《いまや》む。猶尚《な》お逡巡《しゅんじゅん》して敢《あえ》て去《さ》らず、以《もっ》て後栄《こうえい》を徼《もと》むるは、公《こう》の志《し》に非《あら》ざるなり、と。公《こう》、蓋《けだ》し知命《ちめい》にして、脱然《だつぜん》として負《ふ》を釈《す》つるが如《ごと》しと云《い》う。予《よ》、ここにおいてか、その勇《ゆう》なるを知《し》る。

また請《こ》うて曰《い》わく、長谷《はせ》・智積《ちしゃく》、その派《は》、尚《ひさ》し。海内《かいだい》の諸密寺《しょみつじ》、各《おのお》の繫《つな》ぐ所有《ところあ》りて、以《もっ》て得《え》て淆《まじ》うべからず。護持《ごじ》は、もと長谷《はせ》を籍《せき》とす。元禄中《げんろくちゅう》、僧録《そうろく》に陞《のぼ》る。正徳《しょうとく》に乃《すなわ》ち智積《ちしゃく》に通籍《つうせき》せらるるは、録《ろく》の故《ゆえ》が為《ため》なり。今《いま》、その録《ろく》を停《とど》むるも、猶《な》お専《もっぱ》ら長谷《はせ》に繫《つな》がらざるは非《ひ》なり、と。□官《かん》、その請《せい》を両《ふた》つながら允《ゆる》す。それ我躬《われみずか》ら閲《けみ》せず、我《わ》が後《のち》を恤《うれ》うるに遑《いとま》あらんや。これ凡《およ》そ人《ひと》の情《じょう》、爾《しか》りと為《な》す。公《こう》は乃《すなわ》ち将《まさ》に去《さ》らんとして、猶《な》お爾《しか》く蹇蹇《けんけん》たり。予《よ》、ここにおいてか、その忠《ちゅう》なるを知《し》る。

物子《ぶっし》曰《い》わく、謙《けん》なる者《もの》は未《いま》だ必《かなら》ずしも忠《ちゅう》ならず。廉《れん》なる者《もの》は未《いま》だ必《かなら》ずしも勇《ゆう》ならず。公《こう》は四《し》を兼《か》ぬ。能《よ》く君子《くんし》の行《こう》を修《おさ》むる者《もの》と謂《い》うのみ。これを要《よう》するに、寺《てら》を視《み》ること、官《かん》の如《ごと》く、学《がく》を視《み》ること、家《いえ》の如《ごと》し。豈《あ》に釈氏《しゃくし》の範《はん》ならざらんや。また以《もっ》て世《よ》に範《はん》とするに足《た》る。方今《ほうこん》、□国家《こっか》治《ち》化《か》の効《こう》、乃《すなわ》ち釈氏《しゃくし》をしてまた君子《くんし》の行《こう》を修《おさ》めしむるに至《いた》る。これ紀《しる》すべきなり。

予《よ》、既《すで》に公《こう》と交《まじ》わりを得《え》たり。その去《さ》るに迨《およ》びて、但《つたな》きを容《い》れざるのみ。祇《た》だその道《みち》の未《いま》だ学《まな》ばず。故《ゆえ》にこれを紀《しる》して以《もっ》て贈《ぞう》と為《な》す。

39　慧寂《えじやく》に贈るの序(1)

（享保十二年・一七二七、徂徠集巻十一―③）

先王の道が廃れ、民が生活の仕方を見失ってから、長い時を経てきた。今日の仏者が先王の道を行っているのかといえば、そうではない。民の生活を保つために、葬式や祭事を行い、祈禱するだけであって、民もそれを借りて生活を営んでいるにすぎない。『易経』(2)繫辞伝下にあるように」天地の大いなる徳が「生々としてやまざる働き（生）」である以上、この世界から仏者を廃することはできないのだ。

この世に生きている人間は、本来は上に立つ者が統制するものである。上に立つ者が統制できないとなると、民はそれぞれに利益を求めるようになるが、誰もそれを止めることはできない。ただ、これはまだ教え喩すことによって止めさせられるかもしれない。祖先から伝えられたことを代々その子孫が守りながら生活を営むようになると、誰も止めることなどできないのである。だから、現在政治を行っている者たちは、民の生活の営みに従ったままに、それを容認するしかないのである。これは、先王の旧法に則《のつと》っているわけではないが、先王の心を失わないことだと言えるだろう。(3)

韓愈以降、世の中の知識人たちは多く仏者を嫌悪している。(4)だが、それは、先王の道をすっかり忘れさって、仏者が自分たちと同類であることを嫌悪(5)しているからにすぎない。知識人たちは「性」について語り、「心」について語っているが、それらはすべて仏者の道に基づいているのであり、かえって同類であるがゆえに嫌悪しているのだ。なんという過ちであろうか。「性」や「心」を説くことは先王の道にはない。そのうえ先王の道は天下を治めるための道であり、仏者にはそれがないのだから、どうして同類と考えられようか。

仏者の同類は、「耕さずして食し、蚕《さん》せずして衣す」という者たちである。この種の者たちは、「巫祝《ふしゆく》の徒」がそれにあたるが、先王はけっしてかれらを廃絶しようとはしなかった。(6)先王が廃絶しなかったのにもかかわらず、自分はそれを嫌悪するのだから、(7)世の知識人たちが仏者を嫌悪するのは、多くの職人どうしが生きるために収入を競っているのと同じたぐいである。なんとも卑しいことではないか。

さらに、世の為政者は書を読むことを知らない。仏者は「貝多《ばいた》」に書かれた文章（梵文）を用いているが、時どきはよく書籍（漢籍）を読む者も現れる。世の中に仏者がいなかったとすれば、わが東方［日本］の人々は、つまるところなんとも空しいことになったであろう。

そうなれば、世の中の知識人たちが手本とするものもないことになる。

だから、わたくしもまたかれらと同類なのだということから、かれらにとても親しみを感じているのである。そのため、仏者の仲間でわたくしの門下に来る者も多く、越後の慧巌《えがん》や肥前の玄海《げんかい》はその最たるものである。(8)

さらに慧寂という者がいる。読書を好み文章について学び、その志はとてつもなく大きい。かれは、親鸞［の教え］を継承していて、仏教の別の一派に属するが、最初に述べた祖先から伝えられたことを子孫が代々守って生活を営む者である。家族を持つことや肉食の楽しみを得ている者であるからには、［先王の道を学ぶ］わたくしに類することも、また少なくないのである。

この年の春に、京師（京都）に上ろうとし、わたくしに文章を求めた。そこで、以上のことを記して与えることにした。(8)

訳注

（1）本作品は、平石直昭氏の年代考証では取りあげられておらず、序類四十の作品のなかでただ一つ、その成立年代が確定できていない作品であった。ただし、本作品は『徂徠集』巻十一に収録されており、この巻には享保九年（一七二四）から同十二年（一七二七）という徂徠の最晩年に当たる時期の作品が集められていることから、この間に書かれたものであることは確かである。さらに後で述べるような理由から、享保十二年の春三月に書かれたのではないかと推定できる。それゆえ本作品を「岡仲錫の常に徙るを送るの序」の前に置くことにした。もちろん『徂徠集』における作品の配列から見れば、享保十一年もしくはそれ以前の可能性も残っているが、その可能性は低いと判断した。

この「送序」を与えられた慧寂は、太宰春台ともっとも親しかったらしく、『春台先生紫芝園稿』に「送天門慧寂二師之西京三首」（後稿・巻三）、「与慧寂師書」（後稿・巻十四）が収録されている。「送天門慧寂二師之西京三首」を参考にすると、このとき江戸を離れて京都に向かったのは慧寂一人ではなく、天門《てんもん》上人なる僧侶も一緒だったことが分かる。徂徠には「贈天門上人」（巻二）と題する七言古詩があり、そこには「春三月」とのみ書かれていて、残念ながら年代は不明であるが、時期が晩春の三月であったことは確認できる。それはまた、本作品の最後に「是歳春」と書いてあることに合致している。

一方、春台には「摂和覧勝叙」（後稿・巻五）という天門上人が自分の作品をまとめた詩集の叙文があり、そこには「上人嘗適平安、遂如寧楽過浪華、所経多勝地、当時未有所作蔵数百里山川雲物於方寸之内、而不形諸言十年於茲矣、丁巳冬寝疾、逾年而起、猶尚閒居、数旬於足憶念昔遊衍、為七言律詩十二篇以示同好、覧者莫不称善（後略）」と、天門上人が奈良から大坂を経て京都にでかけたとき、各地の景勝を見たが、それを心にとどめるだけにしていたこと、それが丁巳《ていし》、すなわち元文二年（一七三七）の冬に病に倒れ、その後翌年の初めにかけて療養していた時期に詩文が書かれたことが述べられている。そのなかで京都に行ってから「十年」が過ぎたと述べている。元文二年から十年遡ると、ちょうど享保十二年（一七二七）となる。この年に天門が京都に行ったとすると、慧寂も同行していたことが分かっているので、本作品の成立年代を確定するための有力な資料となろう。もっともこの「十年」は概数かもしれないから、どこまで正確であるかは問題が残るにしても、以上のことから、本作品が享保十二年の春三月に書かれたと推定した。

なお、慧寂は、本文中にも見えるように浄土真宗の僧侶で、字を大然、号を曇華といい、当時浅草の広沢新田にあった聞成寺《もんじようじ》に住して、宝暦七年（一七五七）には寺格が「内陣列座」――浄土真宗で「内陣上座」「内陣本座」に次ぐ第三の順位――に昇格するのに尽力し（「浄土真宗東派明細簿」による）、同十二年（一七六二）に没したと伝えられる。天門上人については、名を円乗、字を了玄といったこと以外はよく分かっていない。『蘐園雑話』では、慧寂とともにその名前が大潮元皓《だいちょうげんこう》の項目の上に書かれているということであるが、大潮元皓は長崎の黄檗僧であるので、宗派よりも詩文上の交流があったのかもしれない。徂徠門下では、春台との親交は認められるが、そのほかの門人との関係は、かれらの文集に慧寂や天門に関わるものは見当たらないので、よく分からない。『春台先生紫芝園稿』には、先に挙げた作品以外に「与慧寂師書」（後稿・巻十四）が収録されている。この書簡には、十年ほど交遊が途絶えていたが、鷹見《たかみ》爽鳩《そうきゅう》の墓を訪れた際に思いがけず慧寂と面会できたことが述べられている。鷹見爽鳩は享保二十年（一七三五）に没しているが、春台がいつ頃鷹見爽鳩の墓を訪れたかは不明である。また『先哲叢談』後編には、爽鳩について「浅草新堀松原寺《しょうげんじ》に葬る」とあり、これが現在「松源寺」と表記する寺院のことだとすると、松源寺は曹洞宗の寺院であるので、両寺の所在地が同じ浅草であるにしても、どのようにして浄土真宗の慧寂と出会ったか、不審な点も残る。ただ、本作品の成立を享保十二年とした上で、慧寂の京都遊学によって両者の交遊が絶え、春台が爽鳩没後一、二年したところで墓参をしたと仮定すれば、年代としてはつじつまがあう。

（2）　原文の「天地之大徳曰生」は『易経』繫辞伝下にある言葉であるが、徂徠は『弁名』仁において「仁者、謂長人安民之徳也、是聖人之大徳也、天地大徳曰生、聖人則之、故又謂之好生之徳（「仁」とは民人を安んずる徳のことであり、これは聖人の大いなる徳を指している。天地の大いなる徳は生々としてやまざる働き（生）であり、聖人はこれを手本としている。だから「仁」のことを「生」を好む徳と言うのである）」と述べているように、天地が万物を化育する働きを手本としてまねるように、聖人すなわち為政者も「仁政」を目指していたと解釈している。本作品は、こうした世界観を前提に、仏教もまた民が安心して安定した生活をおくるために一定の役割を果たしていることを述べるという構成になっている。なお、後出の原文に出てくる「疇能遏焉」の「疇」は、「疇輩」の意味、すなわち同類とか、徒党を組むという意味もあるが、ここでは文脈から疑問の副詞「たれか」として解釈した。

（3）　原文の「先王之心」という表現については、『弁名』学に「故孔門之教、必依於仁、苟其心常依先王安民之徳、造次於是、巓沛於是、終食之間、不敬与之離、則徳之成也速、而可以達先王之心也（孔子一門の教育は「仁」を中心にしている。先王が民を安んずるという徳を持っていたことを学習者がつねに心にとどめて、あわただしいときも、取り乱したときも、食事をとるわずかな間も「仁」に基づこうとすれば、徳の完成は素早いものになり、「先王の心」に到達することができる)」と述べていることが参考になろう。もっとも、本作品では、祖先からの「しきたり」を遵守することが、「安民」という先王の「道」に合致しているわけではないが、先王が心がけていたことに近いという文脈であるので、『弁名』の議論とは趣旨が相違している。徂徠の経世論には、「制度の立て替え」という改革論もあるが、その一方で、急激な改革はかえって混乱をもたらすという、おそらくは新井白石の議論や施策を念頭に置いた保守的な側面も見られる。本作品は、そうした保守的と言える徂徠の議論が、為政者が為政者としての自覚を持って政治を行わないときには、それぞれが勝手に自己の利益を追求するために社会的な混乱が生じるのだから、むしろ守旧的な態度の方がよいという論理に基づいていることを示していて、注目に値しよう。

(4) 韓愈(七六八〜八二四)は「論仏骨表」で、仏教が「夷狄の法」であり、上に立つ者がそれを信じると、無知蒙昧な大衆もそれに従い、自分たちのなりわいを軽んじて、社会的混乱が生じると、ときの憲宗を諫める文章を著した。これは、その後の宋・明の儒学者における廃仏論のモデルとされた。もちろん、宋・明では、三世輪廻説や応報説、天堂地獄説などといった仏教の議論に対する批判もなされるのだが、韓愈の議論は、そうした思想内容よりも、仏教が夷狄の地で生まれたもので、中華の風俗を害するということに力点が置かれていた。それに対して徂徠は、本作品のなかで、仏教が果たしてきた社会的役割やその効果とも言うべき点を評価する議論を展開している。

なお、原文の「薦紳先生」という語句を徂徠はいたく気に入っていたようで、初期の作品の「江若水の詩に叙す」のほか、「下館侯の五十の初度を寿ぐの序」、「次公の字に叙して行に贈る」、さらに「天狗説」（巻十六）、「私擬対策鬼神一道」（巻十七）、「与江若水」第三書（巻二十六）でも使用している。しかし、徂徠門下を始めとして、近世の儒学者でこの語句を使用した者は室鳩巣・梁田《やなだ》蛻巌《ぜいがん》などごく少数である。

（5）もともとの原文に「而悪彼之類已者也」とある「已」字は「己」字の誤りと考え、原文と書き下し文を直したうえで翻訳している。後出の「而反悪其類已」と「豈為類已乎」の「已」字も「己」字の誤りと判断した。「己」「已」「巳」の混同は近世の版本によく見られる現象である。

（6）『荘子』盗跖《とうせき》篇は、大盗賊の盗跖が孔子を痛罵する言葉が冒頭に出てくるが、そこでは「爾作言造語、妄称文武、……不耕而食、不織而衣、揺脣鼓舌、擅生是非、以迷天下之主、使天下学士不反其本、妄作孝弟、而儌倖於封侯富貴者也（おまえは、勝手に言葉をつくりだし、文王・武王を意味もなく賞賛して、……耕すこともなく物を食べ、衣服を織らずに着るだけで、唇や舌を動かしては、好き勝手に物事を断定し、世の中の君主を惑わし、世の中の学者に大事なおおもとから外れさせ、孝や弟などという道徳を言いふらすことで、あわよくば王侯や富者になろうと企んでいる者だ）」とある。もっとも、『荘子』では「不耕而食、不織而衣」という表現であり、『塩鉄論』相刺篇に「不耕而食、不蚕而衣、巧偽良民以奪農妨政、此亦当世之所患也（耕作をせずに物を食べ、養蚕をせずに衣服を着て、民人を欺しては農業や政治を妨げている。これこそ現在もっとも問題となっていることだ）」とあり、やはり儒学者を批判する内容であるが、むしろ徂徠の「不耕而食、不蚕而衣」という表現はこちらに基づくと考えた方がよいかもしれない。

なお、「巫祝」と僧侶とが同類という理解は、享保十一年（一七二六）七月に、酒匂川《さかわがわ》に建てられる「禹碑」に関する幕閣からの諮問に答えた「対問」（巻十七）のなかに、「儒者疾視仏氏以為仇者、乃以聖人之道為仏氏類也、豈不亦小聖人之道乎、謬哉、今観仏氏所為道乃鬼神之道也、僧亦巫祝類耳、何也、巫祝奉神、僧奉仏、其名雖殊乎、彼所命殊耳（儒学者のなかには仏教をまるで仇敵のように見ている者がいるが、これでは聖人の道を仏教と同じように見ることになる。なんと小さな聖人の道であろうか。誤りである。私の考えでは、仏教の道は鬼神の道と同じで、僧侶は巫祝と同類である。なぜなら、巫祝は神を、僧侶は仏をそれぞれ祀っていて、名称が違っているものの、それはそれぞれがてんでに命名しただけだからである）」と見えるのと、表現の仕方などがよく似ていて、時期も含めて本作品と関連性があることを窺わせる。

ただし、徂徠が言う「巫祝」は、『礼記』などに見える「鬼神に仕える者」という意味で、同じく享保十一年末に書かれたとされている「復安澹泊」第五書（巻二十八）でも、古代の廟制について語るなかで、「有巫祝以奉之必割牲、佾舞以祭之、皆所以尊厳之道也（巫祝が犠牲を割いて献げたり、佾舞《いつまい》を舞って祭るのは、祖先を丁重に尊崇するためである）」と述べていることが参考になろう。『荻生徂徠』（『日本の名著』16、中央公論社、一九八三）に所収された「対問」の現代語訳で、「祈禱者」と訳されているのは、少し誤解を生じかねない表現である。むしろ神社における「神主」や「巫女」を念頭に置いて徂徠は述べていたと思われる。『朱子家礼』のように子孫が直接祖先を祀るのではなく、ある種の専門職がいたというのが徂徠の祖先祭祀に関する理解であった。もっとも「不耕而食、不蚕而衣」という表現は、世の中の生業から外れた「遊民」という理解を生じさせかねない。しかし、『荘子』における孔子こそが「遊民」の最たる者だという議論を徂徠がどう理解していたかはともかく、仏教と「隠逸の徒」が同類だという理解は、すでに宝永六年（一七〇九）に成立した「香洲師を送るの序」（第1巻5）に見られている。そこでは、現実社会の煩わしさからの逃避は、どこか人里離れたところに行くのではなく、「詩」の世界に行くことによって達成できるということが主張されていた。

（7）　版本の原文は「而已則悪之」となっているが、文脈から「已」字は「己」字の誤りとして解釈した。また後文の「故予不佞則為其類已而亦頗愛焉乎爾」と「是其類已者亦為不尠矣」の「已」字もまた文脈から「己」字の誤りと思われるので、文字を直して解釈した。なお原文もそれに従って訂正した。

（8）　慧巌は、駒込（現文京区向丘）にある蓮光寺《れんこうじ》の住職、堅卓《けんたく》のことを指す。『徂徠先生文集解』によれば、越後出身とのことなので、そこで「越」と徂徠は書いたのであろうが、それを裏づける資料は残っていない。なお、堅卓については前出（第1巻10）の「消問集の序」の注

（2）を参照されたい。そのなかで、徂徠は堅卓の詩の才能を高く評価していた。玄海は、肥前・長崎の黄檗僧であり、徂徠は「釈玄海の崎陽に帰るを送るの序」を著しているので、経歴などについては、同篇の注（2）を参照のこと。

（9）原文の「畀之」は『詩経』国風・干旄の「彼姝者子、何以畀之（かの姝《しゅ》たる者は子《し》、何を以てかこれに畀《あた》えん」に基づく。

原文

贈慧寂序

先王之道廃。而民失其生者久矣。今之釈氏。豈皆為其道乎。為其生也。葬于斯。祭于斯。又従而祈禳禱祝于斯。亦民之藉以為生也。天地之大徳曰生。故釈氏之終不可廃乎世也。夫生者上之所制也。上不制生。而民各趣其攸利。疇能遏焉。是尚可言也。其先人所伝。世世子孫守之以為生。疇能易焉。故今之為治者。迺因民之攸為生而生焉。雖非先王之旧。亦可謂之不失先王之心也已。韓愈而下。世薦紳先生。率多悪釈氏矣。迺忩先王之道。而悪彼之類己者也。夫世薦紳先生。語性語心。皆資之釈氏之道。而反悪其類己。不亦謬乎。夫語性語心。吾所伝先王之道所無也。且先王之道。治天下之道也。釈氏則無之。豈為類己乎。所類者。不耕而食。不蚕而衣。是已。夫不耕而食。不蚕而衣。巫祝有之。先王之所不廃也。先王之所不廃。而已則悪之。故世薦紳先生之悪釈氏者。亦百工為生争其糈者類已。豈不鄙乎。且世之為政者。不知読書。釈氏迺由其貝多之文而旁及之者。往往有之。世微釈氏。吾東方之人。終且寥寥邪。則世薦紳先生。亦莫有所肆其業也。故予不佞則為其類己而亦頗愛焉乎爾。是以釈氏之徒。游予門者衆矣。越慧巌。肥玄海。其尤也。有慧寂者。亦好読書。修文章之業。其志蓋嘐嘐如也。其人承親鸞。釈氏之別部也。郷所謂其先人所伝。世世子孫守之以為生者也。有家人之楽。撃鮮之娯。是其類己者亦為不尠矣。是歳春。将游京師。乞予文。故書此以畀之。

書き下し

慧寂《えじやく》に贈《おく》るの序《じよ》

先王《せんおう》の道《みち》廃《すた》れて、民《たみ》、その生《せい》を失《うしな》う者《もの》、久《ひさ》し。今《いま》の釈氏《しやくし》は、豈《あ》に皆《み》なその道《みち》為《た》らんや。その生《せい》を為《な》すや、斯《ここ》に葬《ほうむ》り、斯《ここ》に祭《まつ》り、また従《したが》いて斯《ここ》に祈禳禱祝《きじようとうしゆく》す。また民《たみ》の藉《よ》りて以《もつ》て生《せい》を為《な》すなり。天地《てんち》の大徳《たいとく》、生《せい》と曰《い》う。故《ゆえ》に釈氏《しやくし》、終《つい》に世《よ》に廃《はい》すべからざるなり。

それ生者《せいじや》は上《うえ》の制《せい》する所《ところ》なり。上《うえ》、生《せい》を制《せい》せざれば、民《たみ》、各《おのおの》その利《り》する攸《ところ》に趣《おもむ》き、疇《たれ》か能《よ》く遏《とど》めん。これ尚《な》お言《い》うべきなり。それ先人《せんじん》の伝《つた》うる所《ところ》は、世世子孫《よよしそん》これを守《まも》り、以《もつ》て生《せい》を為《な》すは、疇《たれ》か能《よ》く易《か》えん。故《ゆえ》に今《いま》の治《ち》を為《な》す者《もの》は、迺《すなわ》ち民《たみ》の生《せい》と為《な》す攸《ところ》に因《よ》りて生《い》かしむ。先王《せんのう》の旧《きゆう》に非《あら》ざると雖《いえ》ども、またこれを先王《せんのう》の心《こころ》を失《うしな》わずと謂《い》うべきなり。

韓愈《かんゆ》よりして下《くだ》り、世《よ》の薦紳先生《しんしんせんせい》は、率《おおむ》ね多《おお》く釈氏《しやくし》を悪《にく》む。迺《すなわ》ち先王《せんのう》の道《みち》を忘《わす》れて、かの己《おのれ》に類《るい》する者《もの》を悪《にく》むなり。それ世《よ》の薦紳先生《しんしんせんせい》、性《せい》を語《かた》り、心《こころ》を語《かた》るに、皆《み》なこれを釈氏《しやくし》の道《みち》に資《と》りて、反《かえり》てその己《おのれ》に類《るい》するを悪《にく》む。また謬《びゆう》ならずや。それ性《せい》を語《かた》り、心《こころ》を語《かた》るは、吾《わ》が伝《つた》うる所《ところ》の先王《せんのう》の道《みち》に無《な》き所《ところ》なり。且《か》つ先王《せんのう》の道《みち》は、天下《てんか》を治《おさ》むるの道《みち》なり。釈氏《しやくし》は則《すなわ》ちこれ無《な》し。豈《あ》に己《おのれ》に類《るい》すと為《な》さんや。

類《るい》する所《ところ》の者《もの》は、耕《たがや》さずして食《しょく》し、蚕《さん》せずして衣《い》す、これのみ。それ耕《たがや》さずして食《しょく》し、蚕《さん》せずして衣《い》するは、巫祝《ふしゅく》これ有《あ》りて、先王《せんのう》の廃《はい》せざる所《ところ》なり。先王《せんのう》の廃《はい》せざる所《ところ》にして、己《おのれ》は則《すなわ》ちこれを悪《にく》む。故《ゆえ》に世《よ》の薦紳先生《しんしんせんせい》の釈氏《しゃくし》を悪《にく》む者《もの》は、また百工《ひゃくこう》の、生《せい》の為《ため》に、その糈《しょ》を争《あらそ》う者《もの》の類《るい》のみ。豈《あ》に鄙《ひ》ならざらんや。

且《か》つ世《よ》の政《せい》を為《な》す者《もの》、書《しょ》を読《よ》むことを知《し》らず。釈氏《しゃくし》は迺《すなわ》ちその貝多《ばいた》の文《ぶん》に由《よ》りて、旁《かたわ》らこれに及《およ》ぶ者《もの》、往往《おうおう》これ有《あ》り。世《よ》に釈氏《しゃくし》の微《なかり》せば、吾《わ》が東方《とうほう》の人《ひと》、終且《つい》に寥寥《りょうりょう》ならんか。則《すなわ》ち世《よ》の薦紳《しんしん》先生《せんせい》もまたその業《ぎょう》を肄《ためら》う所有《ところあ》ること莫《な》きなり。

故《ゆえ》に予《よ》、不佞《ふねい》、則《すなわ》ちその己《おのれ》に類《るい》すと為《な》して、また頗《すこぶ》る焉《これ》を愛《あい》するのみ。ここを以《もっ》て釈氏《しゃくし》の徒《と》、予《よ》が門《もん》に游《あそ》ぶ者衆《ものおお》し。越《こし》の慧巌《えがん》、肥《ひ》の玄海《げんかい》はその尤《ゆう》なり。

慧寂《えじゃく》なる者有《ものあ》りて、また書《しょ》を読《よ》むを好《この》み、文章《ぶんしょう》の業《ぎょう》を修《おさ》め、その志《こころざし》は蓋《けだ》し嘐嘐如《こうこうじょ》たり。その人《ひと》、親鸞《しんらん》を承《う》くれば、釈氏《しゃくし》の別部《べつぶ》なり。郷《さき》に謂《い》う所《ところ》の、その先人伝《せんじんつた》うる所《ところ》、世世子孫《よよしそん》これを守《まも》りて以《もっ》て生《せい》を為《な》す者《もの》なり。家人《かじん》の楽《たの》しみ、撃鮮《げきせん》の娯《たの》しみ有《あ》れば、これその己《おのれ》に類《るい》する者《もの》もまた尠《すくな》からずと為《な》す。

この歳《とし》の春《はる》、将《まさ》に京師《けいし》に游《あそ》ばんとして、予《よ》の文《ぶん》を乞《こ》う。故《ゆえ》にこれを書《しょ》して以《もっ》てこれに畀《あた》えん。

40　岡仲錫《こうちゅうせき》の常《じょう》に徙《うつ》るを送るの序(1)

（享保十二年・一七二七、徂徠集巻十一―⑦）

岡仲錫（岡井孝先《こうせん》）(2)が水戸藩に仕官してから四年が経過した今になって、水戸藩は史局を水戸に移し、仲錫もそれに伴い水戸へと赴くことになった。(3)同僚のなかには、前例を持ちだして江戸にとどまることを願いでる者もいたが、仲錫だけはそうではなかった。［つね日頃の］心持ちが姿形《すがたかたち》となって表れたのだ。わが［蘐園の］同人で、仲錫を慕う者のなかには、仲間から離れて暮らし、お互いに切磋琢磨する機会が少なくなることを惜しむ者もいた。

しかし、わたくし徂徠は、以下のように言おう。

《なんとも幸いなることよ。仲錫は［軽薄な］都会人たることを免れた。東都（江戸）は天下の大都会である。唐虞や夏といった古い素朴な時代のことはさておき、周の諸侯は八千にも及んでいたが、それぞれ領国に居住し、十二年に一度［国情報告のために］都に出向いて、任務が終われば国元に帰還した。(4)［朝廷や諸侯などとの］表敬訪問などは多忙を極めるが、周の都にとどまっていたということは聞いたことがない。今から見れば、宗周・成周［と呼ばれる周の都］は、王城・畿内のなかの一都市にすぎなかった(5)。

秦になって郡県制が敷かれ、役人の俸禄は一万石が最上位とされた。唐や宋ではさらに俸禄が削られ、明では月ごとに俸禄が与えられるほどになってしまっている(6)。これでは、いかに高級官僚だといっても、それほど豊かだとは言えまい。また、［都に］あらゆる物資が集まり、あらゆる民がつどっているといっても、陸運では限りがあり、この点から考えれば、書籍に書かれていることは大袈裟であって(7)、長安・洛陽や南京・北京もたかが知れていよう。わが東都にある物資の豊かさや、諸侯がそこに居住していることには及びもつかない。

現在の［日本の］諸侯は、大きい者は百万石を超え、小さな者でも一万石以上で、その数も百名を超えているし、五等に分けた制度も完備している(8)。その家臣たちが春と秋につき従って来ていて、毎年交替する人数も数十万に及ぶ。また［大名たちは］それぞれの領国で租税を徴収し、東都（江戸）の市場で金《かね》をまき散らしており、［それによって東都は］日に日に豊かで豪勢になっている。［日本全土の］六十余州のうち、海に面していないところはわずかに十州ほどであり、［多くの地から］船が風を受けて、飛ぶがごとく瞬時に万里を越えてやってくるから、全国の物資で東都にない物など何一つない。今ほど人々の暮らしやすい時代はないのである。

それゆえ日本は小国だといっても、また東都の場所が片寄っているといっても、天下の大都会であることは間違いないし、それもわが日本の範囲にとどまる話ではないのだ。関中（関東平野）は、千里にも及ぶ平原で、土地に限りもなく、人々の居住にも制約がないため、毎年田畑から住宅に変える者が千をかぞえ、鶏の鳴き声や犬の吠える声が今や数十里の外までも達している。仕事もなくぶらぶらしている者が多く集まり、悪さをする連中もそこに隠れ住んでいるから、欺しあったり、侮ってたたきのめしたりといったことも至るところで起きている。(9)

そうであるにもかかわらず、家禄を世襲している君子たちは、屋敷の奥まったところで暮らし、女性たちに世話を焼かれて成長してきた。(10)それゆえ、世俗の礼儀にかかずらわって外見ばかりを気にしているから、遠くから見るかぎりは厳かで、まるで天人《てんにん》のようである。その愚かさをさらに増して、学問や技芸などは学ばず、何一つ理解していない。［周りにいる者は］みな馬鹿にしているが、［当人は］得意げに自己満足していて、［自分の生活に］慣れきって物事を深く考えるということもしない。こうした風潮が蔓延し、下の者が上を見習ったがために、文官も武官も太平を楽しみ、五穀の区別もつかず、身体を動かすことも知らず、心は驕り、身体はなまくらとなり、遊んで暮らすことが常態となってしまった。君子は虚飾にまみれて傲《おご》りくさり、民は怠け者と化しているのが、都会に暮らす人々の習俗なのである。

現在の東都は、天下の大都会であり、周・漢・唐・明［といった中国の王朝］ですら及びもつかないし、さきに述べた習俗もこれまでなかったものである。ただし、秦・漢・唐・明の士大夫は［日本と比べて］貧しいといっても、その持っている知識は広く、千里、いや万里を遠しとせずに仕官のための学問を学びに出かけ、北は燕・晋から、南は楚・越まで、あまねく天下をめぐり、その道中の困難やつらさを身をもって体験し、各地の風土を知り尽くし、異郷の秀でた自然のあり様を実際に見聞して、それを文章に表現したのだから、優れていないわけがない。

［それにひきかえ］現在の東都の君子たちは、この地の風土にどっぷりとひたったままで、それをもとに書物を読み、古今のことがらを理解しようとするから、自分の見聞きした以外のことは、まったく理解できないのだ。小さな丘を山だと思い込んでいるから、山のなんたるかを知らず、［水たまりの］汚れた水を水だと思い込んでいるから、水のなんたるかを知らないのである。「夏の虫は氷［の存在］を疑う」という諺があるが[11]、自分の思い込みだけを信じているからである。

わたくしも、父に従って、南房総の片田舎に落ちのびたことがある。江戸から二百里ほどの近いところであったが、大名の領地ではなかったために、「君子」と呼べるような人もおらず、農民や漁民といった者たちと一緒に暮らすはめになった。書物を読むことは生まれながらに好きであったが、借りるような書物もなく、朋友や親戚との交遊の喜びもないまま、十二年が過ぎた。その当時は、なんという不幸だと思い、大いに悲しんだ。しかし、都の諸君子の風俗に染まらず、田舎の民衆のことを見聞きすることができたので、これによって書物を読むと、あらゆることが理解でき、自分の身が古典のなかにあるかのごとくであった。

その後、父が赦免されたので、わたくしも江戸に帰ることができ、都の諸君子や学者たちとも互いに論難しあうこともあったが、［わたくしの］田舎者の学問が、注目されるべき議論となって重んじられ、［わたくしの］名が日本中に鳴り響くという虚栄を得たのも、南房総［という片田舎］の力なのである。かりにわたくしが生まれたままに江戸で過ごすという天の恵みを受けたならば、いったい何ができただろうか。ただ都の君子となることができただけであろう。かつてわたくしは、南房総［に暮らしたこと］は、憲廟（綱吉）からの恩恵を身に受けたものでは、［柳沢吉保の］藩邸で［綱吉に］親しく接したこと以上のものだと述べたが、それはこのことを指している。(12)

仲錫は、わたくしの亡くなった妻の従兄弟の子で、居宅が近いことから、幼い頃からわたくしを訪ねてきていた。書物を読ませてみると、聡明なうえに理解力も高く、詩文も巧みであり、都の諸君子とは比較にならないほどであった。しかし、世俗が人を染めてしまうのは、塵や埃が［知らず知らずに］着物を黒くするようなもので、もとの白いままでいることは難しいものだ。だから、これからは「都の諸君子であることを」免れるだろうと述べたのである。

まして常陸《ひたち》は、親藩が領国とするところで、西山先侯（徳川光圀《みつくに》）のよい影響が残っている。仲錫は史局に属しているが、水戸藩は書籍の所蔵では日本有数だと言われているから、わたくしの南房総時代とは比べものにならない。水戸の地は北に片寄っていて寒いが、奥州と境を接しているから、その風気は強靭である。民は実直で、君子は意気盛んで義を重んじているから、その風俗は都よりも遥かに勝っている。そこの山なみは高くそびえ、そこの海は広々とうねっているから、山のなんたるか、水のなんたるかも理解することができる。都以外の土地のことがらや下々の苦しみに関しても、きっと熟知できるに違いない。

これをもとに書物を読めば、あらゆる書物が理解できるだろう。将来、その才能が開花すれば、必ずや「天下の士」と褒めそやされ、わたくしなどが及ぶところではなくなるだろう。それゆえ、わたくしは、仲錫が「水戸へ」旅立つことは大いなる幸せだと言うのである。》

仲錫は、それを聞いて喜び、次のように述べた。

《わたくし孝先は、最初に勇んで「水戸に」赴こうとしたときは、臣下としての義から、どこであろうと、命令に従うだけだと考えておりましたが、いま先生のお話を聞いて、心が洗われるような気持ちになりました。》

そこで［この経緯を］書いて、贈り物とする。

訳注

（1）本作品については、徂徠と安積澹泊《あさかたんぱく》との書簡のやり取りや平野金華の「送岡仲錫適水藩序」（『金華稿刪』巻四）などの分析から、享保十二年（一七二七）夏に成立したという平石直昭氏の考証に従う。

　水戸藩の江戸史局の移転は、藤田幽谷『修史始末』によると、享保十二年四月九日のことであったとされているので、それにあわせて仲錫（岡井孝先）は水戸に向かったであろうから、本作品が夏の初めに成立したと考えてほぼ間違いはない。ただし、平石氏の考証にある徂徠の安積澹泊宛の書簡が五月に書かれたものだとすると、岡井孝先がやや遅れて水戸に赴いた可能性もあるが、すでに水戸に暮らしはじめていた岡井のことを改めて澹泊に依頼したものと考えてもよいので、本作品が書かれた時期は四月から五月の間だと思われる。

（2）岡井孝先（一七〇二～六五）、字は仲錫、号は嵰州《けんしゅう》または滄浪で、享保九年（一七二四）に水戸藩の史館に就職した。著書に『嵰州遺稿』がある。

　徂徠の「岡生字説」（巻十六）によると、祖父碧庵《へきあん》は、林鳳岡の門人で、讃岐・高松藩の儒者であったが、硬骨漢であったその人柄を徂徠は尊敬していたと述べている。その後岡井家は、父の恬軒《てんけん》、兄の孝祖《こうそ》（字は伯錫、号は黄陵《こうりょう》）と続いて高松藩儒となっていたが、享保十三年

（一七二八）に孝祖が亡くなったこともあり、孝先は享保十八年（一七三三）に水戸藩を辞し、高松藩儒となった。

ただし、岡井家と水戸藩との関係はまったく途切れたわけではなく、孝先の次男璵《よ》（字は子璠、号は蓮亭《れんてい》）が寛政年間に水戸藩の史局に入り、侍読を務めるなどしている。この岡井蓮亭（一七五一〜一八二六）は、『制産論』という経世済民論を著し、藤田幽谷などのいわゆる後期水戸学の先駆的存在と目された人物である。ところで、本文中にあるように、岡井孝先は、徂徠の先妻三宅《みやけ》休の従兄弟の子に当たる。岡井家と三宅家との関係は定かではないが、先妻の休は大奥に勤めていたことがあり（「嬪三宅氏墓誌」）、またその兄弟の与従・与貞がともに綱吉近習の家臣であり、柳沢吉保の儒臣であった徂徠らが柳沢邸で指導にあたっていたことが平石氏の考証で明らかとなっている。徂徠と三宅休との結婚については、媒酌人を務めた細井広沢を含めて、柳沢邸におけるかれらの濃密な交遊関係が背後にあったことを窺わせる。

なお、原文の「委質」は、『春秋左氏伝』僖公二十三年の「策名委質」に基づき、初めて仕官するとき、自分の命を君に献げる意味で礼物（死んだ雉《きじ》）を献上したことを指す。また後文の「義形乎色」は、『塩鉄論』世務篇の「信誠内感、義形乎色」に基づくと思われるが、ひょっとすると徂徠が訓点を施したことのある『南斉書』高帝本紀に見える「義形乎色」によったのかもしれない。

（3）　岡井孝先が水戸藩の史局に勤めだしたのは、享保九年（一七二四）のことである（『水戸市史』中巻二所収「第1表　彰考館学者一覧」参照）。当時の史書編纂の事業は、正徳五年（一七一五）に「紀伝」の部分がほぼ完成して『大日本史』という名称が決定され、また享保元年（一七一六）には「紀伝」以外の「志表」と『大日本史』続編の編纂も藩主からの命令という形で決定されるという状況にあった。しかし、その一方で栗山潜峰《せんぽう》・三宅観瀾《かんらん》らが相次いで亡くなり、実力のある儒学者は「論賛」を書いた安積澹泊ぐらいという状態となっていた。

岡井孝先の採用は、こうした状況を打開するために行われたと考えられるが、藩財政の困窮化などの事情から、修史事業は、幕府から許可を得た『大日本史』の紀伝（正徳本『大日本史』）の出版に向けた校訂作業へと中心が移された。江戸にある史局の閉鎖という措置もこれと関わっており、最終的に岡井孝先が水戸藩を離れるのも、岡井家の事情もあったとはいえ、修史事業の停滞が背景にあったと考えてよいだろう。

（4）　諸侯が定期的に参勤することを「述職」と呼んだことは、『春秋左氏伝』昭公五年の「小有述職、大有巡功」や『孟子』梁恵王下篇の「諸侯朝於天子曰述職、述職者述所職也」などから確認できるが、その期間など詳しいことは経書の本文に明記されていない。古注以来、「述職」が六年に一度実施されたというのが一般的な理解である。徂徠の十二年に一度という理解が何に基づくかは定かではなく、あるいは天子が諸国を視察する「巡狩」が十二年に一度とされているのと混同したのかもしれない。また前文で徂徠は「周諸侯八千」と書いているが、これが何に基づいているか、やはりよく分からない。「八百」という数字であれば、『史記』殷本紀に「諸侯叛殷、会周者八百」とあり、これは周の武王に協力して殷を倒すことに参加した諸侯の数であるが、いちおうの典拠はある。『徂徠先生文集解』は「八百」の誤りと断定するが、とりあえず指摘するだけにとどめておく。

（5）周の武王は、王朝を確立すると、父文王の都であった「豐」から同じ灃水の東岸に遷都し、「鎬」と命名した。その後、東方を統治する必要から現在の洛陽近くに「成周」を築き、「鎬」は「宗周」と改名された。徂徠が「宗周」「成周」と記したのは、周に二つの王都があったからであろう。

（6）正確には秦・漢は「秩禄」制で、石高によって官職の高下を示していた（ただし武官は月極めの俸禄制であった）。その後、魏・晋時代に官品制ができ、文官も俸禄制となった。唐では、正一位の米七百石・銭七千八百貫、従一位の米六百石から従九位の米五十二石までの等級が定められていた。また明では、親王を除く官僚は正一品の月八十七石（年千四十四石）から従九品の月五石（年六十石）までの等級に分けられていた。これらの情報は、正史の志類などに記録されているが、唐の『通典』、元の『文献通考』などといった通史的な書籍、また歴代王朝の『会要』『会典』といった、正史の志類に漏れた諸記録をまとめた書籍などが編纂されていて、徂徠もこれらの情報に基づいて書いていると思われる。こうした中国や日本の制度の変遷については、徂徠の『政談』にも簡単に触れられていたが、伊藤東涯の『制度通』や太宰春台の『経済録』などに、日本の制度の変遷も含めてまとめられており、この時期に関心が高まっていたことを示している。

（7）原文は「其言雖泰乎」であるが、『蘐文談広疏』に「泰、大也」と注記しているのに従って、表現が誇張されているという意味に解釈した。

（8）　徂徠がここで述べている五等に分けた制度（「五等之制」）が何を指しているか、よく分からない。一般に「五等之制」といえば、侯・公・伯・子・男の爵位を指すと思われるが、日本では、近代華族制以前には爵位は存在していなかったとされている。徂徠は『政談』のなかで、「古より官・位・爵・禄といふ事有。官といふは今の役儀なり。位といふは今の座席也、爵といふは官位の外に別に規模成事を拵置て、是を人に賜はる事ゆへ、今の官位也。……当時は武家の役と席との外に、別に官位をする事なれば、今の官位は古の爵にあたる也」（巻三　人の扱、官・位・爵・禄並びに勲階の事）と、いわゆる「武家官位」と呼ばれるものを爵位と認定していたようである。しかし、「武家官位」の位階は、羽林家にならって従五位下から従四位下まで、官職は、侍従・権少将・権中将・参議・権中納言・権大納言に限定されていただけでなく、ほぼ家格と言えるほどに各大名家に固定的に与えられていた。実質的な「役儀」とは直接結びつかない序列という点では、「武家官位」は爵位に近いと言えるかもしれないが、それが五等級に分けられていたという事実はない。

（9）　原文の「比屋」は、『論衡』無形篇に「伝曰、堯舜之民、可比屋而封」とあるのに、また「欺詒」は、『列子』黄帝篇に「狎侮欺詒」とあるのによるが、「欺詒」に関しては、その張湛注では「南方の方言」で、お互いに欺きあうことだと説明があり、それをもとに訳した。

（10）　大名などの子息に関するこの箇所の記述は、『荀子』哀公篇の「魯哀公問於孔子曰、寡人生於深宮之中、長於婦人之手、寡人未嘗知哀也（魯哀公、孔子に問うて曰わく、寡人、深宮の中に生まれ、婦人の手に長ず。寡人は未だ嘗て哀しみを知らざるなり）」に基づく。大名などの大身の者が深宮に育って世間を知らないという議論は、『政談』巻三（人の扱）などでも展開されていて、徂徠得意の議論であった。それゆえに儒学者などを通じて世間を知る必要があると、儒学者の「活躍」する場面が強調される。また後文の「不学無術」も、『漢書』霍光伝の論賛に「光不学亡術、闇於大理」を典拠とするが、これまた同様に『政談』では大名たちの悪弊として挙げられている。

(11) 徂徠は「諺」と言っているが、『荘子』秋水篇の「夏虫不可以語於冰者、篤於時也（夏の虫は氷のことを語ることはできない、夏しか知らないからである）」に基づいている。もっとも、同じ秋水篇の、この直前の語句「井蛙不可以語於海者、拘於虚也」をもとにした「井の中の蛙、大海を知らず」の方はれっきとした「諺」として通用しているので、夏虫云々を「諺」とする徂徠が間違っているわけではない。なお、原文の「夏虫疑氷」という語句は、『文選』の孫興公「遊天台山賦」に見える「哂夏虫之疑冰」を典拠としていると考えた方がよいだろう。

(12) 徂徠の父方庵は寛文十一年（一六七一）に館林藩主であった綱吉の側医に任用されたが、延宝七年（一六七九）四月に側医者を解任され、いったんは江戸に戻ったものの、「所払い」によって、十一月に上総の長良郡二宮荘本納村に向かうことになった（関西大学図書館泊園文庫蔵「徂徠先生年譜」参照）。また徂徠は、元禄九年（一六九六）八月に柳沢家に就職し、その年の九月に柳沢邸で綱吉に拝謁して以来、綱吉が亡くなる前年の宝永五年（一七〇八）まで頻繁に行われた柳沢邸への「お成《なり》」に際して儒者の一員として拝謁している。またそのほか、綱吉が江戸城で行った「講義」にも出席していた。ここでは、そうした綱吉との面会による恩恵よりも、父方庵が綱吉から「所払い」を受けたことの方が自分にとって役に立ったと徂徠は述べているが、これは修辞的な表現ではなく、案外徂徠の本音だったかもしれない。

原文

送岡仲錫徙常序

仲錫業已委質於常藩。越四年。藩徙史局其国中。仲錫従之徙焉。其同僚頗有引例願留者。仲錫独否。義形乎色。吾党士私淑仲錫者。或惜其離群索居鮮有切磋之益也。物子曰。吁幸甚哉。而後仲錫其免乎為都人士邪。夫東都者。天下大都会也。古者虞夏之陋。亡論已。周諸侯八千雖夥乎。各家其国。十二年一述職。竣事則還。其間聘問之如織。未聞淹乎周焉者。故宗周成周。自今観之。亦曰王畿之都已。秦郡県天下。而百官之禄。以万石為上。唐宋益朘。比古稍食。明則月石。輦轂之下。是何以為富乎。亦惟万貨輻湊。五民之坌集。乃陸運難哉。以此言之。書籍所紀載。其言雖泰乎。長安洛陽南北京。可以知已。是何若吾東都之富。諸侯所家焉。今諸侯之禄。大踰百万。而都小万石。以百数。五等之制亦備哉。其士以春秋従之来代者。歳数十万。各収租其国邑。而揮金東之市。昇平成奢。靡麗日上。六十之州。不瀕海者僅十。舟颿如蜚。万里須臾。海内之貨。何物弗東。此民之易為生。未有甚於是者也。故□日本雖小。東都雖偏。其斯天下大都会非邪。豈惟吾海内云乎哉。関中平原千里。地無限隔。民居之靡制。歳除田作廛者。以千数。雞鳴狗吠之声。今既達於数十里外。游惰比屋。姦偽蔵中。欺詒攩抋。無所不至。乃世禄君子。生於深宮。長於婦人之手。礼俗所拘。徒事外観。望之儼如天人。以養其痴。不学無術。事鮮所解。皆為其所謾。揚揚自得。習以弗察。靡然成風。下視上倣。文恬武熙。五穀弗分。四体弗勤。心夸肉熱。嬉戯是常。其君子虚憍。其民呰窳。此都人士之俗也。今夫吾東都。為天下大都会。周漢唐明所不能及。則此俗亦古今所無也。秦漢唐明士大夫。雖窶乎。其知亦広哉。宦学千里。宦游万里。燕越晋楚。轍迹周天下。艱阻備嘗。風土悉諳。異方山川。秀特之気。得諸遇而発于文章者。不其然乎。今都人士。匏繫此土。而沈淫此俗。以此読書。求識古今之事。其耳目所未嘗。其何以能識之哉。習培塿以為山。問山不知。習汚洼以為水。問水不知。諺曰。夏虫疑氷。以胸臆所無也。余幼従先大夫。遜於南総之野。距都二百里而近。然諸侯所不国。君子是以弗居。乃田農樵牧海蜑民之与処。性好読書。書無可借。無朋友親戚之驩者。十有二年矣。当其時。心甚悲以為不幸也。然不染都人士之俗。而嫺外州民間之事。以此読書。所読皆解。如身親践。及後遇□赦得還。乃与都人士学者相難切。寡陋之学。或能発一識。時出其右。由是遂窃虚誉于海内者。南総之力也。仮使予有天幸。而生不離都下。何以能爾。亦唯得為都人士而已矣。故予嘗謂南総沐□憲廟恩者。為多於藩邸接見時。為是故也。仲錫為余亡室従子。居亦甚邇。自幼時常往来。見読書。聡明善解事。工詩文。誠非都人士比。然俗之染人。猶如風塵緇其衣也。豈能皭然白乎。故曰。而今而後其免乎。況常者。親藩所国。西山先侯之化在焉。仲錫職史局。藩蔵書。称富海内。是豈我南総時比乎。其地益北多寒。与奥接壌。風気勁哉。其民愨、其君子慷慨以好義。其俗勝都下遠甚。其山常山峩峩。其水大海洋洋。問山亦知。問水亦知。問諸外州事。民間疾苦。行将悉知。以此読書。何書弗解。異日徳器之成。其必称天下士。亦豈我比。故吾謂仲錫此行幸甚。仲錫聞之喜曰。始孝先之勇行。以臣之義。東西南北唯命是従也已。今聞先生之言。乃於心有洒然焉者。遂書以為贈。

書き下し

岡仲錫《こうちゅうせき》の常《じょう》に徙《うつ》るを送《おく》るの序《じょ》

仲錫《ちゅうせき》、業已《すで》に質《しっ》を常藩《じょうはん》に委《い》すること、越《ここ》に四年《よねん》。藩《はん》、史局《しきょく》をその国中《こくちゅう》に徙《うつ》す。仲錫《ちゅうせき》、これに従《したが》いて徙《うつ》る。その同僚《どうりょう》、頗《すこぶ》る例《れい》を引《ひ》きて留《とど》めんと願《ねが》う者有《ものあ》るも、仲錫《ちゅうせき》、独《ひと》り否《しか》せず。義《ぎ》、色《いろ》に形《あら》わる。吾党《ごとう》の士《し》の仲錫《ちゅうせき》に私淑《ししゅく》する者《もの》、或《ある》いはその群《むれ》を離《はな》れて索居《さくきょ》し、切磋《せっさ》の益鮮《えきすくな》きこと有《あ》るを惜《おし》むなり。

物子《ぶっし》曰《い》わく、吁《ああ》、幸甚《こうじん》なるかな。而《しか》る後《のち》、仲錫《ちゅうせき》、それ都人士《とじんし》為《た》ることを免《まぬか》れんかな。それ東都《とうと》なる者《もの》は、天下《てんか》の大都会《だいとかい》なり。古者《いにしえ》、虞《ぐ》・夏《か》の陋《ろう》は論《ろん》ずる亡《な》きのみ。周《しゅう》の諸侯八千《しょこうはっせん》、夥《おびただ》しきと雖《いえ》ども、各《おのお》のその国《くに》を家《いえ》とし、十二年《じゅうにねん》に一《ひと》たび述職《じゅっしょく》す。事竣《ことおわ》れば則《すなわ》ち還《かえ》る。その間《かん》、聘問《へいもん》の織《お》るが如《ごと》かれども、未《いま》だ周《しゅう》に淹《とど》まる者《もの》を聞《き》かず。故《ゆえ》に宗周《そうしゅう》・成周《せいしゅう》、今《いま》よりこれを観《み》れば、また王畿《おうき》の都《みやこ》と曰《い》うのみ。

秦《しん》、天下《てんか》を郡県《ぐんけん》にして、百官《ひゃつかん》の禄《ろく》、万石《まんごく》を以《もっ》て上《じょう》と為《な》す。唐《とう》・宋《そう》は益《ますま》す朘《ちぢま》り、古《いにしえ》に比《ひ》すれば稍《しょう》食《しょく》にす。明《みん》は則《すなわ》ち月石《げっこく》なり。輦轂《れんこく》の下《もと》、これ何《なに》を以《もっ》てか富《と》めりと為《な》さんや。また惟《た》だ万貨《ばんか》輻湊《ふくそう》し、五民《ごみん》の坌集《ふんしゅう》すれば、乃《すなわ》ち陸運《りくうん》の難《かた》きかな。此《ここ》を以《もっ》てこれを言《い》えば、書籍《しょせき》の紀載《きさい》する所《ところ》は、その言《げん》、泰《たい》なりと雖《いえ》ども、長安《ちょうあん》・洛陽《らくよう》、南北《なんぼく》の京《きょう》も、以《もっ》て知《し》る可《べ》きのみ。これ何《なん》ぞ吾《わ》が東都《とうと》の富《とみ》、諸侯《しょこう》の家《いえ》とする所《ところ》に若《し》からんや。

今《いま》、諸侯《しょこう》の禄《ろく》、大《だい》は百万《ひゃくまん》を踰《こ》え、而《しか》して小《しょう》は万石《まんごく》なるもの、百《ひゃく》を以《もっ》て数《かぞ》う。五等《ごとう》の制《せい》もまた備《そな》われり。その士《し》の、春秋《しゅんじゅう》を以《もっ》てこれに従《したが》いて来代《らいたい》する者《もの》、歳《とし》に数十万《すうじゅうまん》なり。各《おのお》の租《そ》をその国邑《こくゆう》に収《おさ》めて、金《きん》を東都《とうと》の市《し》に揮《ふる》い、昇平奢《しょうへいしゃ》を成《な》し、靡麗日《びれいひび》に上《のぼ》る。六十《ろくじゅう》の州《しゅう》、海《うみ》に瀕《ひん》せざる者《もの》、僅《わず》かに十《じゅう》。舟《ふね》は飄蜚《はんひ》するが如《ごと》く、万里《ばんり》も須臾《しゅゆ》にして、海内《かいだい》の貨《か》、何《いず》れの物《もの》か東《ひがし》せざらん。これ民《たみ》の生《せい》を為《な》し易《やす》きこと、未《いま》だこれより甚《はなはだ》しき者有《ものあ》らざるなり。

故《ゆえ》に□日本《にほん》は小《しょう》なりと雖《いえ》ども、東都《とうと》は偏《へん》なりと雖《いえ》ども、それ斯《こ》れ天下《てんか》の大都会《だいとかい》なること非《ひ》ならんや。豈《あ》に惟《た》だに吾《わ》が海内《かいだい》のみならんや。関中《かんちゅう》は平原千里《へいげんせんり》、地限隔無《ちげんかくな》く、民《たみ》これに居《お》ること制靡《せいな》く、歳《としどし》に田《た》を除《のぞ》きて廛《みせ》を作《つく》る者《もの》、千《せん》を以《もっ》て数《かぞ》う。雞鳴狗吠《けいめいくはい》の声《こえ》、今既《いますで》に数十里《すうじゅうり》の外《そと》に達《たっ》し、游《ゆう》惰《だ》、屋《おく》を比《なら》べ、姦偽《かんぎ》、中《なか》に蔵《かく》る。欺詒攩抋《ぎたいこうひつ》、至《いた》らざる所無《ところな》し。

乃《すなわ》ち世禄《せろく》の君子《くんし》は、深宮《しんきゅう》に生《うま》れ、婦人《ふじん》の手《て》に長《ちょう》じ、礼俗《れいぞく》の拘《かかわ》る所《ところ》、徒《いたず》らに外観《がいかん》を事《こと》とし、これを望《のぞ》むに儼《いか》めしきこと天人《てんじん》の如《ごと》し。以《もっ》てその痴《ち》を養《やしな》い、不学無術《ふがくぶじゅつ》、事《こと》として解《かい》する所鮮《ところすくな》し。皆《み》なその謾《あなど》る所《ところ》と為《な》れども、揚揚自得《ようようじとく》して、習《なら》いて以《もっ》て察《さっ》せず。靡然《びぜん》として風《ふう》と成《な》れば、下《しも》は上《かみ》を視《み》て倣《なら》い、文恬武熙《ぶんてんぶき》、五穀《ごこく》分《わか》たず、四体《したい》勤《つと》めず、心《こころ》は奓《おご》り肉《にく》は熱《ねっ》し、嬉戯《きぎ》をこれ常《つね》とす。その君子《くんし》は虚憍《きょきょう》、その民《たみ》は呰窳《しゆ》、これ都《みやこ》の人士《じんし》の俗《ぞく》なり。

今《いま》、それ吾《わ》が東都《とうと》、天下《てんか》の大都《だいと》会為《かいた》れば、周《しゅう》・漢《かん》・唐《とう》・明《みん》の能《よ》く及《およ》ばざる所《ところ》なり。則《すなわ》ちこの俗《ぞく》も、また古今無《ここんな》き所《ところ》なり。秦《しん》・漢《かん》・唐《とう》・明《みん》の士大夫《したいふ》は、寠《ろう》なりと雖《いえ》ども、その知《ち》はまた広《ひろ》し。千里《せんり》に宦学《かんがく》し、万里《ばんり》に宦游《かんゆう》す。燕《えん》・越《えつ》・晋《しん》・楚《そ》、轍迹《てっせき》すること天下《てんか》に周《あまね》く、艱阻《かんそ》備《つぶ》さに嘗《な》め、風土《ふうど》悉《ことごと》く諳《そらん》じ、異方《いほう》の山川《さんせん》、秀特《しゅうとく》の気《き》、これを遇《あ》うに得《え》て文章《ぶんしょう》に発《はっ》する者《もの》、それ然《しか》らざらんや。

今《いま》の都《みやこ》の人士《じんし》は、この土《ど》に匏繫《ほうけい》して、この俗《ぞく》に沈淫《ちんいん》す。此《これ》を以《もっ》て書《しょ》を読《よ》み、古今《ここん》の事《こと》を識《し》らんことを求《もと》むれども、その耳目《じもく》の未《いま》だ嘗《こころ》みざる所《ところ》、それ何《なに》を以《もっ》て能《よ》くこれを識《し》らんや。培塿《ほうろう》に習《なら》いて以《もっ》て山《やま》と為《な》し、山《やま》を問《と》えども知《し》らず、汚洼《おわ》に習《なら》いて以《もっ》て水《みず》と為《な》し、水《みず》を問《と》えども知《し》らず。諺《ことわざ》に曰《い》わく、夏虫《かちゆう》は氷《こおり》を疑《うたが》う、と。胸臆《きようおく》に無《な》き所《ところ》を以《もっ》てなり。

余《よ》、幼《おさな》きとき先大夫《せんたいふ》に従《したが》い、南総《なんそう》の野《や》に遯《のが》る。都《みやこ》を距《さ》ること二百里《にひやくり》にして近《ちか》し。然《しか》れども諸侯《しよこう》の国《くに》せざる所《ところ》なれば、君子《くんし》是《ここ》を以《もっ》て居《お》らず。乃《すなわ》ち田農《でんのう》・樵牧《しようぼく》・海蜑《かいたん》の民《たみ》と与《とも》に処《お》れば、性《せい》、読書《どくしよ》を好《この》めども、書《しよ》の借《か》るべき無《な》く、朋友《ほうゆう》・親戚《しんせき》の驩《かん》無《な》きこと、十有二年《じゆうゆうにねん》。その時《とき》に当《あた》りて、心《こころ》甚《はなは》だ悲《かな》しみて以《もっ》て不幸《ふこう》と為《な》すなり。然《しか》れども都《みやこ》の人士《じんし》の俗《ぞく》に染《そ》まらず、而《しか》して外州《がいしゆう》・民間《みんかん》の事《こと》に嫻《なら》いて、此《ここ》を以《もっ》て書《しよ》を読《よ》めば、読《よ》む所《ところ》皆《み》な解《かい》し、身《み》親《した》しく践《ふ》むが如《ごと》し。

後《のち》に□赦《しや》に遇《あ》いて、還《かえ》るを得《う》るに及《およ》び、乃《すなわ》ち都《みやこ》の人士《じんし》の学《まな》ぶ者《もの》と相難切《あいなんせつ》し、寡陋《かろう》の学《がく》、或《ある》いは能《よ》く一識《いつしき》を発《はつ》し、時《とき》にその右《みぎ》に出《い》づ。これに由《よ》りて遂《つい》に虚誉《きよよ》を海内《かいだい》に窃《ぬす》むは、南総《なんそう》の力《ちから》なり。仮使《も》し予《よ》をして天幸有《てんこうあ》らしめて、生《う》まれて都下《とか》を離《はな》れざらしめば、何《なに》を以《もっ》てか能《よ》く爾《しか》らん。また唯《た》だ都《みやこ》の人士《じんし》為《た》るを得《う》るのみ。故《ゆえ》に予《よ》嘗《かつ》て、南総《なんそう》の、□憲廟《けんびよう》の恩《おん》に沐《よく》するは、藩邸接見《はんていせつけん》の時《とき》よりも多《おお》しと為《な》すと謂《い》うは、これが為《ため》の故《ゆえ》なり。

仲錫《ちゆうせき》は余《よ》の亡室《ぼうしつ》の従子《じゆうし》為《た》り。居《きよ》もまた甚《はなは》だ邇《ちか》く、幼時《ようじ》より常《つね》に往来《おうらい》す。読書《どくしよ》を見《み》れば、聡明《そうめい》にして善《よ》く事《こと》を解《かい》し、詩文《しぶん》に工《たく》みなり。誠《まこと》に都《みやこ》の人士《じんし》の比《ひ》に非《あら》ず。然《しか》れども俗《ぞく》の人《ひと》を染《そ》むること、猶《な》お風塵《ふうじん》のその衣《ころも》を緇《くろ》くするが如《ごと》くなれば、豈《あ》に能《よ》く皭然《しやくぜん》として白《しろ》からんや。故《ゆえ》に曰《い》わく、而今《じこん》而後《じご》、それ免《まぬ》かれんや、と。

況《いわ》んや常《じよう》なる者《もの》は、親藩《しんぱん》の国《くに》する所《ところ》にして、西山先侯《せいざんせんこう》の化《か》在《あ》り。仲錫《ちゆうせき》の史局《しきよく》に職《しよく》せば、藩《はん》の書《しよ》を蔵《ぞう》すること、海内《かいだい》に富《と》むと称《しよう》せらるれば、これ豈《あ》に我《わ》が南総《なんそう》の時《とき》に比《ひ》せんや。その地《ち》、益《ますま》す北《きた》にして寒多《かんおお》く、奥《おう》と壌《つち》を接《せつ》すれば、風気《ふうき》勁《つよ》し。その民《たみ》は慤《まこと》にして、その君子《くんし》は慷慨以《こうがいもっ》て義《ぎ》を好《この》む。その俗《ぞく》の都下《とか》に勝《まさ》ること遠《とお》く甚《はなはだ》し。その山《やま》は常山峩峩《じょうざんがが》、その水《みず》は大海洋洋《たいかいようよう》。山《やま》を問《と》えばまた知《し》り、水《みず》を問《と》えばまた知《し》る。諸《もろもろ》の外州《がいしゅう》の事《こと》、民間《みんかん》の疾苦《しっく》を問《と》い、行《ゆくゆ》く将《まさ》に悉《ことごと》く知《し》らんとせん。

此《これ》を以《もっ》て書《しょ》を読《よ》みて、何《いず》れの書《しょ》か解《かい》せざらん。異日《いじつ》、徳器《とくき》の成《な》れば、それ必《かなら》ず天下《てんか》の士《し》と称《しょう》せらるること、また豈《あ》に我《わ》が比《ひ》ならんや。故《ゆえ》に吾《われ》、仲錫《ちゅうせき》のこの行《こう》は幸甚《こうじん》なりと謂《い》う。

仲錫《ちゅうせき》、これを聞《き》きて喜《よろこ》びて曰《い》わく、始《はじ》め孝先《こうせん》の行《こう》に勇《ゆう》なるは、臣《しん》の義《ぎ》を以《もっ》てし、東西南北《とうざいなんぼく》、唯《た》だ命《めい》なればこれ従《したが》うのみ。今《いま》、先生《せんせい》の言《げん》を聞《き》きて、乃《すなわ》ち心《こころ》において洒然《しゃぜん》たる有《あ》り、と。

遂《つい》に書《しょ》して以《もっ》て贈《ぞう》と為《な》す。

解説――〈方法〉としての古文辞学再考

澤井啓一

一　これまでの研究動向と本書の位置づけ

『徂徠集』に収録されている作品は、そのほとんどが「古文辞」という表現方法に基づいて書かれている。それは、本書に収録された「序」類に関しても同様である。ただし、「古文辞」という方法を徂徠がいつ頃、どのようにして確立していったのかについては、研究者の間でだいたいの時期は一致しているものの、その成立過程については必ずしも明確になっているわけではない。さらにその意義については、徂徠の文学論として重要だという理解は共有されているだろうが、徂徠の思想においてどれほどの意味を持っているかについては研究者によってまちまちであり、せいぜいのところ学問的方法論としての重要性を認めるといったところにとどまっているように思われる。それは、徂徠が手本にした明代の古文辞運動がおもに「文学」、すなわち詩文制作の方法として認識されていたのに対して、徂徠は「古文辞」を「文学」ばかりではなく、「思想」ないし「哲学」の方法論にまで適用範囲を広げており、そこにこそ徂徠の独自性があったにもかかわらず、そのことが徂徠研究のなかで十分に論議されてこなかったという経緯によっている。

このことは、「文学」と「思想」ないし「哲学」という学問の専門領域が、近代になって西洋から持ち込まれた概念によって作られていたことに大きく関わっているのだが、それらの専門領域によって囲い込まれた対象、すなわち対象とされたある人物の活動のほんの一部分だけを取りあげることが当然視され、近代以前の東アジアにおいては、「文学」と「思想」の活動、さらにはそうした活動を支える方法意識になんら区別がなかったという事実に目を向けてこなかったことに最大の理由がある。近代以前の時代に生きた儒学者と呼ばれる知識人の活動のうち、儒教テキストの解釈的行為のみを「思想」ないし「哲学」研究の対象として分離し、西洋で生産された方法論を用いて評価するという作業が、これまでなんの反省もなく行われてきたのである。これは、「文学」と呼ばれる領域においても同様であった。それぞれの専門性という言葉のもとに、両者を統合的に捉えようとすることはほとんど行われてこなかった。近代以前においても、たしかに「経学」と呼ばれる、古代に成立した儒教テキストを解釈することによってみずからの見解を表明する「思想」という活動と、自分が遭遇したさまざまな状況に対して、多くの約束事にしたがって詩や文章を作成する「文学」との間に違いがあることは認められていたが、それらはともに自分が社会的上位者たる知識人ないしは儒学者であるという自覚のもとに実践されていた一連の行為であった。

たとえば、「文学」と「思想」とが結合された領域としては、みずからの修養における境地を詩という形式を用いて表明する「思想詩」と呼ばれるジャンルがあり、これは朱熹《しゅき》の「斎居感興《さいきょかんきょう》」が名高いが、宋代・明代の儒学者、とりわけ朱子学者によって実践されたものであった。明代の古文辞運動やその影響下にあった徂徠などは、むしろこうした直接的な、あるいは修養という自己の身体を通じた「文学」と「思想」の連関性を批判して、「文学」の自立を目指したと言ってよいだろう。そのために明代の古文辞運動では、「文学」の領域におけるカノン（経典）を確立するために、詩では唐代のものと、文章では漢魏以前のものを「標準（スタンダード）」として権威化しようとしたのである。「思想」の領域において、古代儒教が生産してきた諸テキストがカノン（経典）とされ、そしてなによりも朱熹を始めとする宋代の儒学者が生産した諸注釈が『大全』という形をとって絶対的な権威が付与されていたように、である。

徂徠の場合は、「文学」の自立を目指すための方法論を、さらに「思想」の方法、すなわち経学と呼ばれる儒教の経典解釈の方法へと、再利用することによって、朱子学では「修養」のなかに組み込まれていた「文学」と「思想」の連関性を脱構築させ、自己修養とは異なる目標を達成するような新しい儒教の確立を目指したものと結論づけることができるだろう。それゆえに徂徠の活動を全体的に捉えるためには、従来は「文学」の領域に区分されていた『徂徠集』などの分析・考察が不可欠なのである。なかでも本書に収録した「序」類は、その成立年代がすべて確定できるだけでなく、「序」という文章の形式から、徂徠が関わった人物や書物などの情報を入手することができる。つまり、徂徠がいつ頃、どのような人物と交流し、そこからどんな知識や情報を得ていたかを知ることができるのである。そして、なによりも「序」類は、「古文辞」という表現方法によって書かれているのだから、それを分析することによって、徂徠における「古文辞」の方法的深化を探ることが可能となる。本書は、そのための材料を提供したいという動機に基づいている。

もちろん、これまでの徂徠研究においても、「古文辞」への着目がなかったわけではない。西洋の功利主義思想との類似を説くような戦前の日本儒教史研究における評価はともかく、戦後になると、丸山眞男を始めとして、近世日本を代表する思想家、それも政治思想あるいは社会思想におけるきわめて重要な思想家として徂徠を位置づけるような研究が盛んに発表された。こうした動向のなかで、「古文辞」が占める重要性について最初に指摘したのは吉川幸次郎「徂徠学案」（『日本思想大系36 荻生徂徠』所収、岩波書店、一九七三）であった。語学・文学・哲学という領域に分類し、時代を追って徂徠の思想が進化したように論じていた点はともかく、「古文辞」という問題を抜きにして徂徠の思想を語ることができないということを指摘した意義は大きい。とくに徂徠が理解した「古文辞」がどのような内容であったかについて、きわめて丁寧に紹介していた点は特筆に値しよう。ついで、やや遅れて前野直彬「徂徠と中国語および中国文学」(『日本の名著16　荻生徂徠』所収、中央公論社、一九八三)が、李攀龍《りはんりよう》・王世貞などによる明代古文辞運動の紹介を含めて、徂徠の「訳学」および「古文辞学」についていくつかの興味深い問題を提起した。

しかし、これらの研究に対しては、二人がともに中国文学の研究者であったということによるのであろうが、徂徠における「文学」に限られた問題を扱ったものであって、政治思想として理解される徂徠の「思想」とは直結しないという理解がまだまだ多かった。「文学」を超えたにしても、せいぜい従来の「経学」、すなわちテキスト解釈上の方法論を扱っているにすぎないという理解が一般的であった。そのため、これ以降、しばらくの間は、政治思想や倫理思想、あるいは歴史学といった領域で徂徠に関する多くの議論が提出されたのにもかかわらず、「古文辞」に関する議論は「思想」の問題としてほとんど論じられることがなかった。これには、思想の問題を言語や文学の問題と結びつける方法論がまだ明確には確立されていなかったという、思想研究における方法論的な問題が大きく関わっていたかもしれない。一九七〇年代後半になって、フランスの「現代思想」に代表される、人間の言語活動や意識活動から思想を分析するという方法意識が日本思想の研究にも導入されるようになって、徂徠の「古文辞学」を思想研究の領域において扱おうという動向も生じてきた。

こうした動向のなかから、平石直昭「徂徠学の再構成」や拙稿「〈方法〉としての古文辞学」（ともに『思想』七六六号に所収、岩波書店、一九八八）などが発表され、徂徠の思想、とりわけ方法意識の問題として「古文辞学」を扱うことが提起された。ただし、それはまだ思想領域にとどまっていた。徂徠の「古文辞学」を新しい認識論的方法として扱うことができるという指摘はともかく、そこから導きだされる問題が、近世から近代へという「日本思想史」のなかの出来事として扱われるだけであった。すなわち、徂徠に関する本格的な思想研究が始まった頃に丸山眞男が提起した「近代化」をめぐる問題の枠内で依然として徂徠研究が扱われただけで、中国や韓国の儒教、とりわけ思想上の方法とその展開との関わりなど、より広い東アジアの文化圏の問題として徂徠の「古文辞学」の研究を広げるような方向にはただちには進まなかったということである。

このような状況を打開するために、徂徠における「古文辞」の問題を東アジアという、より広い地域の問題として扱うことを提起したものに、片岡龍「十七世紀の学術思潮と荻生徂徠」（『中国――社会と文化』第一六号、中国社会文化学会、二〇〇一）と、藍《らん》弘岳「徳川前期における明代古文辞派の受容と荻生徂徠の古文辞学――李・王関係著作の将来と荻生徂徠の詩文論の展開」（『日本漢文学研究』第三号、二松学舎大学21世紀ＣＯＥプログラム、二〇〇八）を挙げることができる。片岡論文は、中国の明代の思想や文学の動向と近世日本の伊藤仁斎や徂徠の議論とに並行的な関係があることを主張し、中国の学術思潮を含めた、広い東アジアという文脈のなかで徂徠の「古文辞学」を考えなければならないことを示唆している。一方、藍論文は、徂徠以前の日本における「古文辞学」を丁寧に検証し、中国・明代の動向を十分に理解したうえで、徂徠が「古文辞」を受容した理由を考えようとしたものである。これらの論文で試みられた作業は、徂徠の「古文辞学」が明代の古文辞運動から大きな啓示を受けて誕生したと徂徠自身が書簡などで語っていた以上、当然のことのように思われるかもしれないが、近代日本において固定化され、専門化された「文学」と「思想」という学問領域を超えることがいかに困難であったかという事実をよく物語っている。

以上のような研究史の簡単な概括を前提に、本書の現代語訳と注釈が目指したところを述べると、明代の古文辞運動との関連、とりわけ李攀龍・王世貞の作品との関わりを検証するという作業がある。これについては、「訳注者まえがき」（第1巻）で述べたように、徂徠が個別の作品について「種明かし」的なことを述べているわけではないので、すべて推測にすぎないが、いくつかの作品の注釈のなかで指摘しておいた。さらには、唐代以降、とくに宋代・明代における漢詩文の展開と、それとは対照的な日本の漢詩文に関する徂徠の理解が作品の随所から確認できることを挙げておきたい。「経学」的な著述で開陳された徂徠の、中国の「文化」を取り入れることが日本の「文明化」を達成することになるという理解や、平和な徳川の時代を迎えて日本の「文明化」が最高潮に達しつつあるという理解など、もちろん「経学」的な著述とは異なるところもあるにしても、そうした理解を支える徂徠の「実感」とも言える感情・感覚が確認できる。

それ以上に重要なのは、詩文だけではなく、それと密接に関わる書・絵画・篆刻《てんこく》といった諸芸術に対する徂徠の強い志向性が確認できることである。「文学」という狭い領域では捉えきれない「芸術」全般の領域で、宋代から明代にかけて生じた動向への関心がそこに認められるからである。これらの文化は、これよりすこし前に日本に来た黄檗《おうばく》宗の僧侶や、もともとは中国出身者であった唐通事《とうつうじ》、さらにはそれらに関わりの深い人々を通じて、長崎から江戸にもたらされたものであり、京や大坂を飛び越えて、新たに興隆しつつあった江戸で流行したものである。つまり、徂徠やその門人たちが関心を抱いたのは、最新流行の、いわば「現代思想」としての「中国」文化であったということである。

そして、本書に収録された多くの作品から、こうした文化への志向性が、江戸という新興の場所だけでなく、じつは日本各地において芽生えていたものであり、それが江戸の徂徠のもとに吸い寄せられるように集まりだしたこと、またそれが「芸術」の領域にとどまらず、暦学や軍事技術といった科学の領域にも広く及んでいたことがわかるだろう。「鎖国」のもとにあったとされつつも、新たに中国からもたらされた知識が近世中期の日本社会に浸透していたことは従来からもよく知られていたし、徂徠の活動がそれと関わり深いことも知られてはいたのだが、本書に収録された諸作品からはそれを具体的に確認することができるに違いない。本書で得られた知見をもとに、さきに述べた研究動向をさらに推し進めて、徂徠およびかれを取り巻く人々の「知的な関心」が東アジアのなかでどのように位置づけられるか、という新しい課題に応えるような研究が今後生まれることを期待したい。

二　徂徠の略歴

『徂徠集』の著者である荻生徂徠についてはあらためて紹介する必要もないだろうが、それぞれの作品を理解するために必要な略歴を紹介しておきたい。とりわけ本書に収録された作品が書かれはじめる頃までの経歴は、それぞれの作品ではあまり紹介できなかったので、少し丁寧に説明しておくことにする。もちろん徂徠の全生涯については、平石直昭氏の『荻生徂徠年譜考』（平凡社、一九八四）が詳しく紹介しているので、それに譲ることにしたい。

徂徠は、寛文六年（一六六六）二月、江戸の二番町（現千代田区二番町）で医師荻生方庵の次男として生まれる。方庵の父で、徂徠の祖父にあたる元甫は、曲直瀬《まなせ》（今大路）道三玄鑑《げんかん》に学んだ町医者であるが、そこからさらに遡った祖先の経歴などについてはよく分かっていない。父の方庵も曲直瀬（今大路）道三元淵《げんえん》に学んでいる。方庵は徂徠が六歳のとき、館林藩主徳川綱吉の側医となるが、延宝七年（一六七九）、徂徠十四歳のときに館林藩の藩医を辞めさせられ、上総の本納《ほんのう》村に移る。徂徠は、それ以前の延宝五年（一六七七）、十二歳のときに林鵞峰《がほう》に入門して、鳳岡《ほうこう》の講義などを聴いていたが、本納に移ってからは『四書大全』などを借りて「独学」の状態にあったという。そうした「独学」の結果、十七、八歳頃に自分なりに理解するところがあったというのが、後年の徂徠の回想である。またこの頃に『大学諺解』などを熟読することによって、語法・文法に着目して文章の内容を理解することを独自に工夫していたことはよく知られている。

徂徠が、江戸への帰還を赦されるのは、元禄三年（一六九〇）、二十五歳の頃だとされ、芝の増上寺前での「舌耕《ぜつこう》」はよく知られていて、のちに『訳文筌蹄《せんてい》』として出版される書籍の初稿を門人に口述したのもこの頃とされる。さらに三十一歳になった元禄九年（一六九六）八月には柳沢保明（吉保）に「十五人扶持御馬廻」として召しだされ、九月には柳沢邸で将軍綱吉に謁見し、林鳳岡による講義の「難問者」となっている。この「難問者」には、のちにともに柳沢版五史の校訂にあたった志村楨幹や、本書第1巻所収の「紫薇字様の叙」

のなかで古い知人として語られている細井広沢なども指名されており、徂徠だけが特別に任命されたわけではなかったが、柳沢家に仕える儒学者の一員として徂徠が認められたことを示す出来事であった。

これ以降、徂徠は、柳沢家の「儒臣」として、江戸城で綱吉の講義を聴いたり、柳沢邸への綱吉の「お成《なり》」に際して講義をするほか、藩の記録の整理や行政に関する意見の申述など、着実に儒学者としての地位を確立し、元禄十年（一六九七）には「十人扶持」が加増されたうえ、身分も「儒者」へと移され、さらに同十三年（一七〇〇）には新知として二百石を受けるに至っている（その後も、たびたび加増された）。その間、父方庵も江戸に戻ることができ、元禄十年には綱吉の御側《おそば》医師として法眼の位を叙せられるに至っていた。徂徠より五歳年下の弟観（北渓）が、将軍に「お目見え」したのが元禄十二年のことで、宝永元年（一七〇四）末に父方庵が致仕すると、この観が後を継いだが、医師ではなく儒者としてであった。いずれにしても、元禄期の後半が荻生家の全盛期だったと言えるだろう。

徂徠がいつ頃から「唐話」の学習を始めたかは定かではないが、少なくとも元禄十六年（一七〇三）の綱吉の「お成」では、鞍岡元昌（蘇山）が「唐音」で『大学』の講義を行い、徂徠が「通事」を務めたという記録が柳沢家に残されていて、この頃には「唐話」学習も相当に進んでいたというのが、平石氏の推定である。宝永二年（一七〇五）の「お成」では柳沢家の儒臣たちが「唐話」で議論をやり取りしたという記録もある。そのときに徂徠はやはり鞍岡と議論をしているので、柳沢家の儒臣の多くが「唐話」を学習していたなかでも、鞍岡が一番親しい「唐話」学習の仲間であったと思われる。本書に収録した宝永三年（一七〇六）成立の「野生の洛に之《ゆ》くを送るの序」（第1巻2）では、鞍岡元昌のほかに、柳沢保明と同じく綱吉の寵愛を受けた牧野成貞《なりさだ》に仕えていた中野撝謙《ぎけん》およびその門人であった安藤東野を「唐話」学習の同志として挙げ、「崎陽《きよう》之学」の重要性を主張している。

「唐話」学習と並行して経学に関する理解も進んでいたようで、伊藤仁斎に書簡を出していくつかのことを「質問」したのが、宝永元年（一七〇四）のことだとされている。仁斎は返事を書くことなく翌年に亡くなり、その後宝永四年（一七〇七）になって『古学先生碣銘行状』が出版され、そこに徂徠の書簡が無断で掲載されていたことから、徂徠が仁斎や東涯に「反感」を抱いたという話はよく知られている。本書に収録されたいくつかの作品からも、徂徠の仁斎父子に対する「屈折」した感情を読み取ることができるが、その感情は晩年になるにつれて強くなったように見える。こうした仁斎父子に対する批判が、徂徠自身の思いとは別に、京都に近い大坂や、朱子学の影響が強かった山口や熊本の人々を徂徠のもとに引き寄せる要因となっていたことにも注意を払う必要があろう。徂徠に対する高い関心は、徂徠の言説それ自体の内容よりも、朱子学否定者としての仁斎の出現と、その対抗者（ライヴァル）としての徂徠という近世前半における思想的「大事件」のなかで生じた現象であったからである。そして、その後の徂徠は、仁斎への批判者というみずからに与えられた「誤解」を打ち消すことなく、実際には仁斎と同じく朱子学を否定する方向に進みながら、みずからの新たな方法論を模索することになる。

話をもとに戻すと、おそらくこの頃、徂徠もまた朱子学に疑問を抱き、自分なりの「古学」を構想しだしていたと思われる。このことは、宝永二年（一七〇五）に長州の山県周南が入門したとき、徂徠が「復古学」を倡《とな》えていたと周南の伝記（「先考周南先生行状」）に見え、また本書収録の「県先生八十の序」のなかで、朱子学を信奉する県先生が立場を超えてわが子を入門させたと徂徠自身が回想していることからも確認できる。この時期の徂徠がどれほどの門人を抱えていたのかは定かではないが、宝永四年頃の成立と推測される、門人に課した「私擬策問一道」や「私擬策問鬼神一道」（ともに巻十七所収）があり、その内容から周南や安藤東野、田中省吾（桐江）といった門人たちに、朱子学、さらには仁斎の古義学を念頭に置きながら、それらを批判する議論を教えはじめていたと思われる。

徂徠が李攀龍・王世貞の詩文と出会うのは、『蘐園《けんえん》雑話』に見える宇佐美灊水《しんすい》の発言から、宝永二年（一七〇五）頃とされている。蔵ごと一括して購入した書籍群のなかにあったという「偶然」が強調された話であるが、「唐話」や「復古学」という徂徠の問題関心からすれば、やがては出会うべき「必然」であったと言うこともできるだろう。「唐話」という世俗的で日常的な言語表現から「古文辞」という雅びな言語表現への移行は、大きな飛躍のように見えるかもしれないが、じつは両者ともに明代で起きた「大衆化」という現象の産物であった。あとで「古文辞」の手法を解説するところでも述べるが、「大衆化」された明代の学芸が長崎を通じて日本各地に広まりはじめたことが背後にあり、「唐話」という俗語表現への関心から、徂徠がいずれは「古文辞」に関心を抱くことになるという可能性はかなり高かったのではないだろうか。「古文辞」は明代全般に起きた「大衆化」という大きな文化事象の一つにすぎず、「文学」の領域の中心を占める詩文ばかりでなく、それと深く関わる書・絵画、さらには篆刻という新しいジャンルに対して、徂徠がいかに強い関心を抱いていたかは、本書に収録された諸作品から窺うことができる。

徂徠が「古文辞」という言葉を使うのは、『徂徠集』に収録された作品では宝永四年（一七〇七）頃に成立した「滕煥図字説」、本書の「序」類では同五年（一七〇八）成立の「次公の字に叙《あざな》して行に贈る」（第1巻3）においてである。もちろん、李攀龍・王世貞の詩文を読み、それが「古文辞」という方法意識によって書かれたものだと分かったとしても、ただちにそれが実践できるわけではない。「古文辞」という詩文の表現方法について徂徠が自信を深めたのは、宝永六年（一七〇九）に書かれた「香洲師を送るの序」あたりからである。

同じときに安藤東野が書いた「送香洲律師遊嶼序」について、徂徠は「李于鱗体」と高く評価しているが、それは徂徠一門が「古文辞」の表現方法を十分に修得できたことを物語るものと言えよう。そして正徳二年（一七一二）に刊行された『問槎二種』に組み込まれた『問槎畸賞』では、山県周南を始め、入江若水・秋元澹園《たんえん》・安藤東野といった門人たちも「古文辞」という新しい方法に基づいて詩文を作る人々として注目を浴びるようになる。その意味からしても、宝永の末から正徳の初めにかけてが、徂徠および「蘐園」と呼ばれる一門の人々にとってエポック・メイキングな時期であったと見なせよう。

この時期はまた、将軍綱吉の逝去と、それに伴う柳沢吉保の引退、徂徠ら「儒臣」たちの柳沢邸からの退去と、環境の変化も大きかった。徂徠自身は柳沢家と縁が切れたわけではなかったが、藩邸を離れ、茅場町（蘐園）、牛込、赤城といくつかの住所を転々としたばかりでなく、「民間」の儒学者として門下生を指導したり、『訳文筌蹄』『蘐園随筆』の出版や、摂津の入江若水、長州の山県周南などの紹介もあって、各地から受講希望者が訪れるなど、その名声が高まってきた時期でもあった。本書第1巻に収録されたこの時期の諸作品からも、徂徠の「意気軒昂」ぶりを窺うことができる。ただし、詩文制作としての「古文辞」は確立されても、その方法意識がさらに発展して、いわゆる広義の「古文辞学」、あるいは「徂徠学」と称される経学、政治思想の方法論として確立されるのはもう少し後、『弁道』が成稿となった享保二年（一七一七）頃のことである。よく知られていることではあるが、田中省吾宛の書簡（「与富春山人」第七書）で、「古文辞」の方法によって六経《りくけい》を読み、宋儒の誤りがわかったと宣言したのは享保五年（一七二〇）のことであるから、この間に「訳学」あるいは「崎陽之学」を大きく発展させた「古文辞学」が成立したと考えてよいだろう。『弁名』や『論語徴』といった経学のそのほかの主著が書かれるのもこの時期であった。

ただし、個人的には享保三年（一七一八）の冬に死を意識するほどの大病を患い、さらにもっとも期待していた門人、というよりも同志に近かった安藤東野が同四年（一七一九）四月に三十六歳の若さで亡くなるなどといった事態を受けて、自分を取り巻く状況に「陰り」が生じてきたという感慨を抱くようになったらしく、自身の肉体的「衰え」を嘆くような叙述も見えている。この悲嘆に近いような表現は、晩年になるにつれてさらに深まり、自分のことを隠棲に近い状態にあるとか、年老いたなどと述べる記述が本巻に収録された後年の諸作品の随所に確認できる。この徂徠の述懐はけっして遁辞《とんじ》などではないと思うのだが、読者はどのように読まれるだろうか。

これに加えて「古文辞学」という思想的な方法論を確立し、朱子学や仁斎学の誤りを是正する新しい学問——徂徠の意識では、先王・孔子の意図を「正しく」理解した学問——を唱道したという自負を強く抱いているものの、それが周りに十分に理解されない「もどかしさ」も、諸作品のところどころで表明されている。晩年の徂徠は、こうした自信と失望とが交錯した複雑な心情を抱いており、思想家あるいは哲学者徂徠というイメージとは異なる、きわめて人間らしい徂徠の姿が本書に収録された諸作品からは窺うことができるので、それがどこまで現代語訳として反映されているかは別として、ぜひとも味わってほしいところである。

「序」というジャンルの性格上、対象とされた書物や人物に「寄り添った」内容、すなわちそうした書物や人物を「持ちあげる」ような表現となるのは仕方がないのだが、それでも、そこには徂徠なりの「距離」の取り方が反映されている。徂徠をめぐるさまざまな現実の出来事と照らしあわせれば、さらに興味深く読むことができるに違いない。それぞれの作品につけた注釈は、そうした事情が分かるように努めたつもりであるが、まだまだ足りないことも多く残されており、今後徂徠に関心をもった研究者によって新しい情報が加えられることを期待したい。

よく知られた雨森《あめのもり》父子への文章――「対の書記雨伯陽に贈るの叙」（第1巻13）と「雨顕允を送るの序」（第1巻14）は、それぞれを別個の作品として読むこともできるが、二つを併せて読むと、また違った印象を受けることだろう。小藩である対馬・宗《そう》家が朝鮮との外交を担うという現状への批判や外交における詩文の重要性といった指摘以外に、雨森父子それそれへの微妙な距離の取り方が修辞的な表現の背後に示されていると考えるのはうがち過ぎであろうか。そうかと思うと、「郡司火技の叙」（本巻28）のように、無名に近い人物の書物でありながらも、「兵学好き」という噂のあった徂徠の関心を掻きたてたのか、軍事に関する自分自身の知識を語りつつ、驚くほどの高揚感を漂わせている作品もある。さらに交際している人物のなかでも少なからぬ数を占める僧侶たちに関する文章では、仏教に関する徂徠の認識――これもかなり微妙な表現が多く、屈折に富んだ内容であるが――を知ることができるが、それがどこまで徂徠の本音と受け取るかは読者の解釈次第ということになろう。また医学や暦学、書画・篆刻に関する徂徠の深い造詣も、第1・第2巻に収録されたさまざまな作品から知ることができる。そこで述べられている内容は、「序」を書くための「にわか勉強」では得られない知識だと思われるが、これも読者の解釈に委ねられるだろう。

「序」類の後半を占めている享保年間における徂徠の事績に関しては、各作品の理解に必要なことがらは訳注のなかで適宜触れておいたので、詳しいことはそれらを参照してほしい。本書の最後の作品は、享保十二年（一七二七）夏に書かれた「岡仲錫の常に徙るを送るの序」（第2巻40）である。中国の歴代王朝の首都を超えるほどに繁栄した江戸と、そこに生まれ育ったがために世のなかの道理を知らない知識人たち（人士）への批判が展開されているが、そのような「境遇」の中でいくら経典を読んでも正しい理解は得られないという議論、さらには「繁栄」という点では劣るかもしれないが、中国の「人士」は地方の実情や景色などを実際に目にしたうえで詩文を著しているという議論が展開されていて、なかなか複雑で興味深い構成となっている。日本の「人士」に対する批判は、享保十年（一七二五）に書かれた「于季子に贈るの序」（第2巻33）「南郭初稿の序」（第2巻36）などを参照すると、徂徠の心境の理由を窺うことができるかもしれない。中国に関する徂徠の複雑な意識も、「南郭初稿の序」と、その翌享保十一年（一七二六）の「七経孟子考文の叙」（第2巻37）あたりから読み解くことができるだろう。

最後の作品である「岡仲錫の常に徙るを送るの序」が書かれた同じ年の夏に、山県周南主催の隅田川の船遊びが蘐園の同人を多く集めて開かれた。それに参加した徂徠は、これ以降病気を悪化させ、享保十三年（一七二八）正月十九日に亡くなる。六十三歳であった。

三　古文辞という表現方法

ここでは徂徠の表現方法としての「古文辞」について解説していくが、徂徠が「古文辞」というものをどのように理解していたかについては、さきに紹介した吉川幸次郎氏の論文に詳しく説明されているし、また経学の方法論として徂徠がそれをいかに応用していたかについては、やはり前掲の平石直昭氏および拙論に詳しく論じているところである。そこで、ここでは、本書に収録された個別の作品を例に取りながら、「古文辞」に基づく文章表現がどのようなものであったかについて具体的に説明したいと思う。徂徠の「古文辞」論の大きな特徴が明代の詩文制作の方法をもとにテキスト解釈の方法論を、さらには思想そのものを構想するための基本的な方法論を編みだしたことにあるとはいえ、徂徠にとって「古文辞」は第一義的に詩文を作成するための方法論であったからである。

明代で一世を風靡した「古文辞」という詩文制作の方法については、さきにそれが詩文の「文学」的営為の自立を目指したものであったと述べたが、また「古文辞」とは文芸の「大衆化」の現れであるとも指摘しておいた。誤解がないようにあらためて述べておくが、この両者はひと続きの連続した現象において発生したものであり、別個の現象でも、相矛盾する現象でもない。それは、全人格的修養が求められた宋代の学問・思想のもとに統合されていた文化的活動が、明代になって詩や書などといったように、一つの部分が特異化されて、それぞれに独立した個別の領域へと分化する事態が生じ、そこにおいて専門家と目される人々が登場するとともに、これまで文化を独占していた社会の上層の人々から、その下に位置づけられていた人々へと下降的に拡大するという現象であった。

ところで、「大衆化」という用語を明代の思想動向に最初に用いたのは、溝口雄三氏で、陽明学、とりわけ「王学左派」とか「現成派」などと呼ばれるグループの登場について、それらが「道学の大衆化」という思想動向から生まれてきたことの説明として使用された（溝口ほか『中国思想史』、東京大学出版会、二〇〇七）。溝口氏の議論は、宋代の儒教（道学）の担い手が、主として官僚の出身母胎であった中小の地主階層、すなわち「士大夫」層であったのに対して、明代では「士大夫」の下に位置づけられる「郷紳《きょうしん》」層、さらには商人などの庶人層にまで広がったことを指して、儒教（道学）の「大衆化」が行われ、それが陽明学に代表される明代儒教の性格を規定しているというものであった。溝口氏は儒教以外のことには言及されなかったが、儒教という知的営為にこうした現象が認められるのであれば、儒教を実践していた人々が幅広い教養の一部として担っていた、それ以外の文化的事象にも同様なことを認めるのはそれほど困難ではないだろう。

詩文の制作は、古代から中国の知識人にとってみずからの教養を示す必須のアイテムであり、そのことは宋代の知識人の中心を占めた「士大夫」層や、明代の「郷紳」層においても同様であった。宋代の儒教のなかで詩文の制作が修養の妨げになるか否かという議論が起こるのも、彼らの教養の基底に詩文が位置づけられていたからにほかならない。さきに紹介した朱熹の「思想詩」などは、知識人としての優位性を象徴する詩文の制作を「玩物喪志」として単純に否定することができないという判断に立って、むしろそれを修養の過程に積極的に取り込もうとしたことから生まれたものと言えるだろう。もちろん、それ以前に禅僧を中心として詩によって自己の境地を示すという「文学」の形式が成立しており、それを模倣したにすぎないということがあったにしても、である。

明代になると、こうした教養としての詩文制作が「郷紳」層にまで拡大する。それとともに、儒教における指導的な役割とは別に、詩文における専門家とも言うべき人々が登場するようになる。専門家が専門家たりうるためには、一つの領域がある種独立した領域として確立される必要があるのだが、さらにその独自性を保証するための理論化――そこで用いられた技法の特異化でもある――と、さらに時代を遡っての系譜化が行われて、その分野がすでに確立されていた領域であるかのような言説が成立することになる。それは儒教における修養のなかに組み込まれていたものが、儒教における評価とは別の基準によって評価されることにより、自立的な領域を確保したということである。このことは詩文だけでなく、書や絵画、篆刻といった分野においても同様であった。もともとは知識人における文芸的な教養の一部としてひとまとまりとなっていたものが、それぞれに自立して、そこにその専門家が輩出するようになる。さらに、自分自身でそれらを生産するだけでなく、その批評、すなわち真贋の鑑定や作者の系譜化などの作業を通じて、収集家・鑑賞家といった新しいジャンルも登場することになったのである。

重要なのは、「古文辞」という詩文制作に関する活動が、こうした明代に起きた大きな変化、すなわち、それ以前の「士大夫」における教養としての行為の「自立化」と「大衆化」を代表するものであったということである。明代の古文辞運動は、唐・宋の古文運動と同じく古代の文章の復元を主張したが、唐・宋の古文運動はそれに失敗したという批判意識のもとに、より徹底した古代の模倣を主張する。とくに「後七子」に数えられる李攀龍は、より厳密な「古典」の選定とその模倣を主張したが、それは数少ない「古典」をもとに詩文の制作が可能になるという点で、多くの書籍を渉猟できない階層でも詩文を作ることができるという「大衆化」の方向を切り開くことになった。もちろん、李攀龍自身は、このように主張することによって、「大衆化」された詩文制作の分野における専門家、権威として大きな影響力を保持することになった。李攀龍による「古文辞」の提唱は、「士大夫」が長きにわたって身につけた教養を自在に操って自己の心境や風景への感慨を詠うものから、すでに象られて約束事化された心象風景――これだけであればすでに唐・宋の詩文において確立されていた――の表現方法に関してさらに様式性を強めて、特定の「古典」で用いられた語句をちりばめながら詠うものへと、文芸創作が大きく変化したということであるが、それによって教養の確かではない人々もそれなりの作品を作ることができるようになったのである。教養を確実なものとするためには、幼少期からの学習の時間と、それを保証するだけの資産が必要とされるが、それを欠く人々でも、ある種の型を模倣しさえすれば、教養あるがごとき作品を作ることが可能になるという点が、「古文辞」という手法のもっとも肝要なところであった。

そして、幼少期からの研鑽《けんさん》を積みあげるという点では、近世前期までの日本人も、中国の「士大夫」より下の階層の人々と同じような境遇にあったと見ることができよう。大人になって漢詩文に関心を抱くようになった武士や商人などが、中国の「士大夫」が科挙合格のために幼少期から学習することによって得られるような教養を身につけることができたとは考えられない。本書のなかで徂徠が誉めあげている若者たちは、親の財力や知的関心から、幼少期から中国の漢詩文に親しむことができた者たちであるが、それは徂徠の時期になってようやく、そうしたある種の教養人が日本でも出現するようになったことを示している。しかし、徂徠とその同世代は、人生の途中から漢詩文と取り組みだしたのであり、そこにはてっとりばやく型を修得する必要が生じていた。このように見てくると、「古文辞」における「大衆化」とは、個性的であるよりは、共同の感性というものに作者が身を委ねることで可能になった現象であったと言えよう。共同の感性を前提としながら、そのなかでいかに個性を発揮するかが「古文辞」の重要なポイントであったのである。

話をもとに戻すと、徂徠が「古文辞」以前に取り組んだ「唐話」学習で読まれた作品は

『水滸伝』『西遊記』『西廂記《せいそうき》』といった白話《はくわ》小説であったが、これらが文芸における「大衆化」の産物であったことは論を俟《ま》たないだろう。そして、この「大衆化」の波は、文芸の世界だけでなく、それと深く関わっていた書や絵画にも同様に窺うことができる。そして、それらのほとんどは中国との貿易の入り口である長崎から日本全体に広まっていった。そうしたなかで比較的新しい芸術である篆刻を例に取ると、宋代の書画で高名な米芾《べいふつ》に始まるとされる篆刻は、明代になって飛躍的に発展する。もともと「印章」は画家や書家が、自分の作品が真にみずから制作したものであることを「証明」するために押したものであったが、画家や書家みずからの芸術性を示す別個の作品として独立するようになったばかりでなく、それを専門に制作する人々も登場して、篆刻という分野が確立されたのが中国の明代に起きた現象であった。その意味で篆刻は明代を代表する新興芸術なのである。

こうした中国の影響を受けて、日本では江戸初期に藤原惺窩や林羅山などが「私印」を用いることはあったが、すぐには個性溢れる芸術的な作品を作りだすには至らなかった。明代に流行した芸術としての篆刻は、日本に渡ってきた黄檗僧、とりわけ隠元隆琦《いんげんりゅうき》とともに日本に来た独立性易《どくりゅうしょうえき》が書画とともにその技法を広めたとされる。この独立性易の技法は、弟子の高玄岱《こうげんたい》を通じて、榊原篁洲《こうしゅう》・池永道雲・細井広沢などといった「初期江戸派」の人々に伝えられた。池永道雲と細井広沢は徂徠とも交流があり、道雲については、日本最初の篆刻書と言われる『一刀万象』、広沢については、やはり長崎から広まった「唐様《からよう》」と呼ばれた明代の書法に関する著作である『紫薇字様』に関する徂徠の序文が第1巻の7と20とに収録されている。なお、日本の篆刻史では東皐心越《とうこうしんえつ》から篆刻が広まったとする説明もされるが、これも榊原篁洲や細井広沢によって継承・発展されてゆく。本書に収録された書画や篆刻に関する諸作品を読むと、このような明代の新しい芸術が受容され、それが江戸や長崎の人々によって自分たちに見合うものへと作りかえられていくという動向のなかで、「古文辞」そのものを理解しなければならないことがよくわかるだろう。

初期のいくつかの作品、たとえば宝永五年（一七〇八）に書かれた「次公の字に叙して行に贈る」（第1巻3）は、山県周南の「次公」という字《あざな》が漢代の人物に見られることを指摘し、そこからかれがもともと「古学」に関わりがあり、それゆえ自分のもとで学ぶようになった経緯を述べたものであるが、そうした内容であるために『史記』や『漢書』から多くの語句を採用して文章を構成している。歌舞伎の説明で「世界」という用語がよく用いられるが、この「古文辞」の作品でも議論を展開させるべき「背景」が最初に設定される。ついで、その「背景」あるいは「世界」を「見立て」るために必要な書物がいくつか選定される。それらの書物は「古文辞」として認定された「古典」ということになるのだが、秦漢以前の経書、諸子、『史記』『漢書』などの史書、さらには『楚辞』や『文選』に収録された諸作品など、作品の内容にふさわしいものである。それらのなかから適宜必要な語句が選ばれるが、それゆえ、そこで表現された内容は、いわば和歌の「本歌取り」のように、本来の典拠の文脈における意味と、新たに徂徠が叙述してゆく文章の意味とが二重に表現されることになる。読者は、そのバックグラウンドの「世界」のなんたるかを知り、さらに徂徠が使用する語句の本来の意味を理解しながら、徂徠の叙述の展開を楽しむのである。

このようにして作られた「古文辞」における作者と読者との関係――これは一方通行的ではなく、双方向的であった――は、江戸時代の芸術についてよく使用される「いき（粋）」と「つう（通）」の関係に近いと言える。何が「いき（粋）」であるかは、それを表現する者によって示されるものであるが、同時にそれを理解する「つう（通）」と呼ばれる存在がなければ成り立たないものでもある。そのうえ「いき（粋）」である人々は同時に「つう（通）」でもあり、さらにこの人々はお互いに分かりあえるということから一定のサークルを形成することになる。もちろん、漢詩文そのもの、あるいは和歌や俳諧など、古典と呼ばれる芸術のほとんどが特定の作者と読者を想定したものであったとはいえ、「古文辞」はそれをさらに強めて、ほかの文芸以上の緊密な関係性を構築することになっていた。近世前期では、漢詩文という文芸も儒教の普及によって和歌や俳諧とともに慣れ親しまれるようになったにしても、日本ではまだまだ「高級」な文化であり、それに関われる人々も限られていた。

徂徠が活躍する中期になると、この漢詩文の制作においても「大衆化」が進行することになるが、そこに明代における「大衆化」の産物であった「古文辞」が関与できる余地が生じたのである。ただし、日本では「古文辞」という詩文制作の方法が最新の知識と技術であったことを忘れてはならない。最新のものを追いかけるという流行への希求が、一方では「古文辞」への関心を呼び起こしていたからである。

こうした日本における特殊な事情はあるが、本書に収録された作品からは、大名や幕臣――ここには武士だけでなく、医師や儒学者も含まれる――、あるいは藩の重職や一般の武士、裕福な町人や市井に暮らす庶民、僧侶といった人々までに「古文辞」を通じた交遊が拡大していることがわかる。もちろん徂徠が「吾党《ごとう》」と呼ぶサークルは、徂徠の門人を中心としたもっと狭いものではあったが、その人々を中核として、より広い範囲にまで交遊関係が及んでいることは確認できる。「吾党」に組み込まれた人々は、詩文制作を目的とした会合を頻繁に開き、そこでは現実の身分などといった「制約」は解消され、ある種対等に「古文辞」という言語的遊戯を楽しんでいる。徂徠は、現実社会においては、『政談』に見られるように秩序の確立と維持を主張しているが、詩文の世界、あるいは情感的な世界では、身分的格差を超えた繋がりを認めている。もちろん、ここに成立した世界はフィクショナルなものでしかなく、中国的な「文人」世界の模倣にすぎないと突き放すことも可能であるが、それでもある種の「共感」的空間がそこに成立していたことは認めることができる。それが丸山眞男が指摘するほどに「近代的」であったかは別として、「古文辞」という約束事がそれを担保するために重要な役割を果たしていたことは確かである。

上記のような「古文辞」の制作法は、宝永六年（一七〇九）の「香洲師を送るの序」（第1巻5）に代表されるように、作品の「世界」と徂徠が使用する書物や典拠の関係がやや複雑化してゆく。この「香洲師を送るの序」は、同時に書かれた安藤東野の「序」を含めて蘐園における「古文辞」の制作方法がほぼ確立されたと目される作品であった。有能な僧侶である従兄弟の香洲が、世俗化した仏教界を嫌って各地を転々としたあげく、一時逗留していた徂徠のもとを去って、さらに奥州に行くのを送るための作品であるが、現実の場所ではなく、詩文の世界に逃避することを勧める内容となっている。ただし、そこに徂徠なりの工夫があり、僧侶と隠逸との類似を主張しながら、より正確に言えば、両者の類似を否定する世の知識人たちを批判し、むしろ両者は同類だと認められることを主張しながら、それゆえに詩文への逃避がもっとも有効なのだという論理を展開していて、かなり複雑な構成になっている。そこで、『史記』や『漢書』、さらには『論語』や『孟子』という古典の語句を用いるほかに、老荘や六朝期の隠逸に関する書籍、さらには仏典などからの語句が用いられて文章が綴られることになる。徂徠自身の文章の展開を楽しみながら、さらにそこで使用される語句の「詮索」を楽しめるという、二重の楽しみがそこに認められるのである。

さらに後期の作品になると、制作法がかなり手の込んだものとなり、徂徠がどのような書籍を典拠にしているか、容易には分からないような工夫がされている。いくつかの作品の訳注で述べたが、おそらくはある語句の一部を、字書の説明で使用されている語に入れ替えて、意味の似かよった別の語句であるかのように装う方法が取られたり、ある語句を、その典拠となっている書物の注釈で使用されている語に入れ替えて使用するという方法が取られるなど、かなり手の込んだ語句の使用が多く見られるようになる。単純な語句の採用から、そこにひと工夫を加えることで、徂徠の「個性」をより際立たせることが可能になる。作品の構成も、単純に一つの「世界」だけで作られるのではなく、いくつもの「世界」が、叙述によって変わっていったり、入れ子式に組みあわされるなどして、そこにもやはり徂徠なりの「個性」が示されているのである。

たとえば享保六年（一七二一）に書かれた「水足氏父子詩巻の序」（本巻25）は、熊本の水足屏山・博泉親子が、朝鮮の使節と応酬した詩文をまとめた書物への序文であるが、おそらく実話と思われる徂徠幼少の思い出、祖母から聞かされた加藤清正の逸話や熊本の情景を述べるところから始めて、かつては武力で闘った朝鮮と熊本が、今は文学によって闘うことになったと述べ、熊本の「文化」的水準を賞賛しながら、とりわけ若い博泉の将来性を褒め讃えるという内容になっている。書物の序文であるので、短い文章ではあるが、大きな場面転換を織り込んだ、力強い作品と言える。そのなかで祖母が細々《こまごま》と語る様子を表現した「娓娓《びび》乎《こ》」という語句は、『詩経』大雅・文王の「亹亹《びび》文王」の「亹亹」、その意味は「一心に、休むことなく励む」ということであるが、『正字通』に「娓、本作亹」とあるのに基づいて「娓娓」に変えて使用されたという解説が、江戸時代に著された『徂徠集』の注釈書に見える。また藪震庵と住江滄浪が古典を深く探究していたことを表現した「湛滛墳籍」は、『楚辞』（七諫）や『文選』（上林賦）などに見える「浸滛」を、『集韻』の「浸、或作湛」に基づいて「湛滛」に替えて使用したと、やはり注釈書に見えている。

もちろん、こうした徂徠が使用した典拠をもとに作品を分析することは、「古文辞」によって結ばれた人々の、さらにはのちにそれを鑑賞する人々の主要な関心だとはいえ、ほとんどが憶測にすぎない。徂徠自身が手の内を明らかにしていない以上、「読者」の側の理解でしかないのである。先に挙げた「水足氏父子詩巻の序」の「娓娓」が、『詩経』の語句を『正字通』によって替えたという説明は、江戸時代の「読者」の理解にすぎない。じつは「娓娓乎」という用例はなくはないのだが、それが朱熹の「南剣州尤渓県学記」（『朱子文集』巻七十七）に見える「娓娓乎唐虞三代之隆矣」だとなると、徂徠がはたして『朱子文集』をどこまで読んでいたかという別の問題が浮上して、それを典拠として確定することはいっそう困難である。江戸時代の「注釈者」も、あるいはそれを承知のうえで、別の説明を試みたのかもしれないのである。そうではあるが、ここには「解釈」を共有する「読者」が紛れもなく存在していたことを、またそれを前提とした出版が生まれていたことを確認することができる。

以上、徂徠の作品に即しながら「古文辞」という表現方法がいかなるものであるかについて解説してきた。中国・明代の文化やそれを受け入れた近世日本中期の文化全般については必ずしも十分な説明ができたとは言えないが、徂徠やその門人たちが魅力を感じた「古文辞」がいかなる性質のものであるか、その問題点がどこにあるかについては、おおよそ理解していただけたかと思う。作品を構成する「世界」とそれと密接に関わる典拠、すなわち「古文辞」として規範化されたテキストとの往復運動なくして、徂徠の作品は成りたたないのであるが、そうであるがゆえに、それはまた読者が「想像」しながら、楽しむものでもあった。そこにこそ「古文辞」にとってもっとも重要な「共感」世界が確保されるのである。

このことから、不確かな「伝達」であるからこそ、それを了解するためには言語化されているもの以外の「コード」が必要とされるという、徂徠の思想のもっとも基底にある発想が「古文辞」という方法意識と密接に関わっていたことが分かるのだが、それを十分に説明するためには、『弁道』や『弁名』、とりわけ従来の徂徠研究では分析や理解がおろそかであった『弁名』について、さらに再検討を加えなければならないだろう。しかし、それはこの解説の範囲を超えている。ここでは、「古文辞」という表現方法が、「文学」という領域において分析するに十分なだけの内容を持っていただけでなく、それが同時に思想・哲学の領域においても多くの興味深い問題を提示していることが確認できればよしとしたい。

最後に、今回の企画を平凡社に働きかけてくださった東北大学の片岡龍氏、また厳しくもあったが、こちらの意図を最大限汲んで寛容なる対応をしてくださった編集前任者の関正則氏、その後を受けて、出版までの具体的な作業を丁寧にてがけてくださった現編集担当の直井祐二氏と校閲の方々、資料収集を手伝ってくれた関西大学の横山俊一郎氏に、訳注者を代表して、この場を借りて感謝を申しあげたい。

澤井啓一《さわいけいいち》

1950年生まれ。早稲田大学大学院後期課程修了。恵泉女学園大学名誉教授。著書に『〈記号〉としての儒学』(光芒社、2000年)、『山崎闇斎』(ミネルヴァ書房、2014年)など。

岡本光生《おかもとみつお》

1949年生まれ。早稲田大学大学院博士課程修了。埼玉工業大学名誉教授。著書に『墨子思想図解』(台北、商周出版、2005年)など。

相原耕作《あいはらこうさく》

1970年生まれ。東京都立大学大学院博士課程単位取得退学。博士(政治学)。明治大学政治経済学部専任講師。論文に「国学・言語・秩序」(『日本思想史講座3』、ぺりかん社、2012年)など。

高山大毅《たかやまだいき》

1981年生まれ。東京大学大学院博士課程修了。博士(文学)。駒澤大学文学部専任講師。著書に『近世日本の「礼楽」と「修辞」』(東京大学出版会、2016年)など。

徂徠集 序類2(全2巻)　東洋文庫880

2017年1月19日　初版第1刷発行

訳注者　澤井啓一
岡本光生
相原耕作
高山大毅

発行者　西田裕一

印刷　藤原印刷株式会社
製本　大口製本印刷株式会社

発行所　電話編集 03-3230-6579　営業 03-3230-6573　振替 00180-0-29639

〒101-0051 東京都千代田区神田神保町3-29
株式会社 平凡社

平凡社ホームページ http://www.heibonsha.co.jp/

ISBN 978-4-582-80880-3
NDC 分類番号121.56　全書判(17.5 cm)　総ページ352